谨以此书献给中国改革开放40周年

中国财税改革和财税法制建设40年回顾与展望

俞光远　著

法律出版社
LAW PRESS · CHINA

俞光远

上海市人，我国著名财税学和财税法学专家，中国法学会财税法学研究会顾问，曾连任三届中国法学会财税法学研究会副会长。长期从事财税政策理论研究和财税法制建设工作。1968 年毕业于北京第二外国语学院，曾于 1985 年在国际货币基金学院财政统计班进修，1987～1989 年在墨西哥国立自治大学研究生部及墨西哥州立大学经济研究所进修和研究财经管理，先后任财政部财政科研所研究室副主任、全国人大财经委员会办公室财金处长、全国人大常委会预算工委法案室主任。在国内外发表重要财经论文300多篇，编著出版《企业理财学》《税收征管法实用指南》《常用财经法律法规全书》《个人所得税法实用手册》《新编个人所得税法实用指南》《反洗钱立法的理论和实践》《反洗钱法实用手册》《反洗钱法释义》《企业所得税制改革和立法实用指南》《企业所得税法辅导读本》《企业所得税法释义》《中国财税改革和财税法制建设30年回顾与展望》等10多部著作，合作编著《审查监督预算实用手册》《审计法释义》《建筑法释义》等多部著作。还应邀给许多省市人大常委会、财经委和全国人大北戴河培训班分别作有关财税报告和法治讲座100多场，其有关业绩被编入《中国专家大字典》和《二十一世纪杰出专家》之中。

序

改革开放40年来，我国的财税体制改革和财税法制建设取得了举世瞩目的巨大成就。回顾我国走过的光辉历程，总结过去的基本经验，对于我们承前启后，振奋精神，开创未来，坚持中国特色社会主义道路，发展社会主义市场经济，发展社会主义民主，健全社会主义法治，把我国建设成为富强、民主、文明、和谐、美丽的社会主义现代化强国，实现中华民族伟大复兴，都有特别重要的意义。

俞光远同志长期从事财税政策研究、财税监督和财税法制建设，从1978年开始，先在财政部研究所从事13年财税政策理论研究，后在全国人大财经委和全国人大常委会预算工作委员会从事17年财税监督和财税法制建设，是40年来财税改革和财税法制建设的亲历者、参与者，有丰富的理论知识和实践经验。俞光远同志说，这本新作，是他对40年来财税改革和法制建设的系统回顾、经验总结和展望建议。为此，他呕心沥血，付出了大量辛劳，期待为我国的财税改革和法制建设做出自己的贡献。

中国特色社会主义进入新时代,财税体制已经进入全面深化改革的新阶段。俞光远同志提出,这个阶段的主要特点是:在初步实现“财政公共化”的基础上,与全面深化改革进程相伴随,我国财税体制改革进入了财政现代化的新阶段——建立现代财政制度,进而推进国家治理体系和治理能力现代化。我相信,俞光远同志对新阶段深化财税改革和法治建设的分析展望和有益探索,对于全面深化财税改革,加快现代财政制度建设有一定的借鉴意义。

俞光远同志是我的老领导,也是老同事。我刚刚出差回来,他就让我立即写几句话,并告诉我,在中国法学会财税法学研究会刘剑文会长的支持和帮助下,法律出版社已经排出清样,现在正在评审,快要出书了。据俞光远同志介绍,全书分为四编。第一编:财税改革和法制建设40年的光辉历程;第二编:财税改革和法制建设40年的主要成就和经验启示;第三编:对深化财税改革和法制建设的展望和建议;第四编:财税立法和财税监督重大专题研究。我认为,这本书是俞光远同志对改革开放40周年的一种纪念。我也期待,这本书能为广大财税及其法律工作者和广大读者提供有关财税改革和财税法制建设的有益启示。

刘修文*

2018年9月19日

---

* 全国人大常委会预算工作委员会副主任。

前　言

财税制度，涵盖一个国家财税法律法规、财税管理体制和财税征收管理制度，是国家经济基本制度的重要组成部分，又是宏观调控经济的主要手段。财税体制改革是我国经济体制改革的突破口和重要组成部分。改革开放 40 年来，我国的财税体制改革和财税法制建设取得了举世瞩目的巨大成就。财税制度改革大致经历了五个发展阶段：

一是财税改革的探索突破时期：即有计划的商品经济时期（1978 ~ 1993 年），对旧的财税体制进行调整和改革，以财税改革作为经济改革突破口，打破高度集中的传统体制，这个阶段的主要特点是：以向企业减税让利、向地方放权为起点，通过放权让利，引用物质利益原则来激发各方面发展经济的积极性。

二是财税改革的攻坚创新时期：即向社会主义市场经济体制转轨时期（1994 ~ 1999 年）进行的财税改革，这个阶段的主要特点是：按照建设社会主义市场经济体制的要求进行全面的财税体制改革，在充分发挥市场配置资源基础性功能的基础上，建立健全财税宏观调控机制，发挥财税宏观调控的重要作用。

三是财税改革的调整完善时期：即构建社会主义公共财政框架时期（2000～2007年）进行的财税改革，这个阶段的主要特点是：在市场经济条件下调整政府与市场的关系、政府与民众的关系，转变政府职能，重心转向经济调节、市场监管、社会管理和公共服务，增强财政的公共服务能力和社会保障功能，优化公共资源配置。

四是财税改革逐步完善时期：即构建社会主义和谐财税时期（2008～2013年）。这个阶段的主要特点是：围绕构建和谐社会，深化财税制度改革，加快财税法制体系建设，确保到2010年建成社会主义法律体系，推进依法理财、依法治税。

五是财税改革全面深化时期：即全面加快财税法治建设时期（2014～2018年）。这个阶段的主要特点是：全面财税改革促进全面财税法制建设，进而推进全面依法治国，促进国家治理能力和治理水平的现代化。

回顾我国走过的光辉历程，总结过去的基本经验，对于我们承前启后，振奋精神，开创未来，坚持中国特色的社会主义道路，发展社会主义市场经济，加快构建和谐社会，有着特别重要的意义。本书系统回顾了40年来我国财税体制改革和财税法制建设，展望下个阶段的财税改革和法治建设，并提出了建议。全书分为四篇。第一编：财税改革和法制建设40年的光辉历程；第二编：财税改革和法制建设40年的主要成就和经验启示；第三编：对深化财税改革和法制建设的展望和建议；第四编：财税立法和财税监督重大专题研究。

本书写作力求论述内容全面系统，引用资料翔实准确，结构安排科学合理，力求融实用性、知识性、科学性、法律性于一体，使广大读者查阅、使用方便快捷。本书是各级人大机关、财税机关工作人员、广大财务会计、法律工作者，特别是财税管理部门和财税工作者学习、了解和研究财税改革和财税法制建设不可多得的参考用书，也是适用于大专院校财政、税收、财务、会计、经济、法律等专业的广大师生教学、研究和学习用书。

本书由中国法学会财税法学研究会顾问、原副会长、全国人大常委会预算工委法案室原主任俞光远著。在编著过程中，中国法学会财税法学研究会会长刘剑文教授和北京法学会财金法学研究会会长刘隆亨教授给予颇多关心和大力支持，法律出版社财经分社社长沈小英等同志给予颇多关照和全力支持，毛镜澄编辑付出了很多劳动和心血，特在此一并表示敬意和衷心感谢！由于水平有限，时间又较仓促，难免有不足之处，希望广大读者不惜赐教，提出宝贵意见。

俞光远

2018 年 9 月于北京

目 录

第一编
财税改革和法制建设
40 年的光辉历程

第一章　财税改革的探索突破时期（发展有计划的商品经济时期 1978～1993 年）

1978 年 12 月召开的党的十一届三中全会，是我国改革历史上具有深远意义的伟大转折，确定了我党工作以经济建设为中心，提出了改革开放的重大方针。改革开放初期，要对高度集中的计划经济体制进行全面改革，从 1980～1993 年实行有计划的商品经济体制，并以财政体制改革为突破口，以向地方扩权和企业让利为中心，逐步扩大地方的财权和企业的财力。这次财政体制改革的指导思想是，既要有利于促进国民经济的调整和发展，又要有利于财政的平衡和稳定；既要有利于调节和保护各方面的经济利益，又要有利于促进微观经济活动符合宏观决策的要求。这次财政改革尽管处于探索阶段，但它的广度和深度，都超过了历史上任何一个时期的改革，从而使财政改革进入了一个新的历史发展阶段。

第一节　改革财政管理体制,逐步扩大地方财权

中国幅员辽阔,经济发展不平衡,正确处理中央与地方的财政分配关系,是财政体制改革的一项重要内容,并以扩大地方财权为中心,以权责利相结合为基础。为了扩大地方财权,加强地方责任,调动地方的积极性,从1980年起在试点的基础上,除北京、天津、上海3个直辖市继续实行"总额分成、一年一定"的体制以外,国家对其他各省、自治区实行了"划分收支、分级包干"的新财政体制。

一、实行划分收支、分级包干体制

(一)划分收支

所谓划分收支,是指按照企业事业的隶属关系,明确划分中央预算和地方预算的收支范围。将国家预算收入分为中央固定收入、地方固定收入、中央对地方的调剂收入、固定比例分成收入四种。预算支出的划分,基本上按照企业、事业的隶属关系来确定。凡属中央管辖的单位,其支出就属于中央预算支出;凡属地方管辖的单位,其支出就属于地方预算支出。

(二)分级包干

所谓分级包干,是指按照划分的收支范围,给地方财政确定一个收入和支出的包干基数实行包干。包干比例或上缴、补助数额一定几年不变。包干基数原则上以1979年的收支数字经过适当调整后作为计算依据。计算方法是,地方固定收入和固定分成收入大于地方支出的,多余部分上解中央;地方支出大于地方固定收入和固定比例分成收入的,不足部分由中央财政从工商税中确定一个比例留给地方作为调剂收入;个别地方收入较少,工商税全部留地方后,收入仍小于支出的,由中央财政给予定额补助。分成比例或补助数额确定以后,原则上5年不变。地方

在划定的包干范围内，根据地方实现的收入，统筹安排地方支出，多收多支，少收少支，自求平衡。预算收支范围划分后，还有一部分开支不适宜实行包干，如特大自然灾害救济费、支援不发达地区和老根据地的资金等，由中央财政作为专项拨款，列入地方预算，但不计算在地方预算收支包干范围之内。在试行"划分收支、分级包干"办法的同时，对有些省（直辖市）以及少数民族地区，实行以下几种不同的体制。

1. 固定比例包干办法

这一办法在江苏等省试行。具体做法是，根据前3年地方预算支出额占预算收入总额的比例情况，确定一个上缴、留用分成比例，一定几年不变。实行比例包干以后，地方所需支出在留给地方的收入中自行安排，多收多支、少收少支，自求平衡。除遇特大自然灾害等重大变化外，上缴、留用比例一般不作调整。

2. 划分收支、定额上缴（或定额补助）办法

这是结合广东、福建两省对外经济活动较多的特点，从财政上给予更多的主动权，促使其经济加快发展的一种特殊照顾办法。具体做法是，以1979年地方预算的收支数字作为计算上缴或补助的基数，收入大于支出的部分确定一个固定上缴定额，支出大于收入的部分确定一个固定补助定额，上缴或补助数额一定5年不变。5年之内，地方预算收入无论超收或短收，除按定额包干上缴或补助外，全归地方支配使用。

3. 划分收支范围，确定补助数额，保留特殊照顾的办法

这是国家从财力上对少数民族地区进行特殊照顾的一种办法，曾在内蒙古、新疆、西藏、宁夏、广西、云南、青海、贵州等8个省、自治区试行。具体做法是，划分收支范围，实行分级包干，在包干范围内增长的收入，全部留地方。保留过去对民族自治区的一些特殊照顾，如预备费按支出预算总额的5%安排，按正常支出加5%的机动金，另外，中央财政还拨一部分民族地区的补助金。中央财政对民族地区的补助数额，一定5年不变，每年按确定的补助数额再递增10%。

4. 收支挂钩、总额分成办法

这一办法在北京、上海、天津3市实行。具体做法是,中央财政对地方的收支预算指标一年一定,以支出预算总额占收入预算总额的比例作为中央和地方之间的总额分成比例,收入超收可按一定比例分成,收入短收按总额分成比例分担。

1983年对"划分收支、分级包干"的管理体制作了一些改进,规定除广东、福建两省仍继续实行"划分收支、定额上缴(或定额补助)"的大包干管理体制外,其他省、市、自治区一律实行"收入按固定比例总额分成"的包干办法,并根据前3年收支变化的实际情况,相应地调整了收支包干基数。

二、全国各地实行的包干办法

在实行"利改税"和"划分收支、分级包干"体制的基础上,国务院决定从1985年起,对各省、自治区、直辖市实行"划分税种、核定收支、分级包干"体制。"划分税种、核定收支、分级包干"体制,是向分税制分级财政过渡的一种方法,但是第二步"利改税"形成的税制还不够完善,国营企业所得税和调节税的收入仍按隶属关系上缴,不能完全按税种划分收入;以1983年决算数为基数划分收支,地区间存在包干基数不合理,形成地区间不平衡;保证地方既得财力,中央财政收入占整个财政收入的比例仍然偏低。这种体制没有推广实行,并决定在执行新体制前两年实行"分级包干、总额分成"办法。从1988年起,又在全国实行各种形式的包干办法。

1. 收入递增包干办法

这种办法是以1987年财政决算收入和地方应得的支出财力为基数,参照各地前几年的财政收入增长情况,确定地方收入递增率(环比)和留成、上解比例。在递增率以内的收入,按确定比例,实行中央与地方分成;超过递增率的收入,全部留归地方;收入达不到递增率,影响上解中央部分,由地方自有财力补足。实行这种办法的有北京市、河北省、辽宁省、沈阳市、哈尔滨市、江苏省、浙江省、宁波市、河南省、重庆市。

2. 总额分成办法

这种办法是根据前两年的收支情况，核定收支基数，以地方支出占总收入的比重，确定地方分成和上解中央比例。实行这种办法的有天津市、山西省和安徽省。

3. 总额分成加增长分成办法

这种办法是在上述总额分成办法的基础上，收入比上年增长的部分，另加分成比例，即每年以上年实际收入为基数，基数部分按总额分成比例分成，实际收入比上年增长的部分，除按总额分成比例分成外，另加增长分成比例。实行这种办法的有大连市、青岛市和武汉市。

4. 上解额递增包干办法

这种办法是以1987年上解中央的收入为基数，每年按一定比例递增上缴。实行这种办法的有广东省和湖南省。

5. 定额上解办法

这种办法是按原来核实的收支基数，收大于支的部分，确定固定的上解数额。实行这种办法的有上海市、山东省和黑龙江省。

6. 定额补助办法

这种办法是按原来核实的收支基数，支大于收的部分实行固定数额补助。实行这种办法的有吉林省、江西省、陕西省、福建省、内蒙古自治区、广西壮族自治区、西藏自治区、宁夏回族自治区、新疆维吾尔自治区、贵州省、云南省、青海省、海南省、湖北省和四川省。湖北省因划出武汉市、四川省因划出重庆市，由上缴省变为补助省，其支出大于收入的差额补助数额，分别由其划出市上缴本省解决，作为中央财政对地方的定额补助。

三、实行分级包干财政体制的主要特点

实行分级包干的财政体制，是国家财政管理体制的重大改革。它在收支结构、财权划分和财力分配等方面，都发生了很大变化。同传统的

财政体制比较,分级包干的财政体制有以下几个主要特点:

1. 由“一灶吃饭”改为“分灶吃饭”

改革前一段时期内,全国财政基本上是“开一个灶”“吃大锅饭”,实行分级包干的财政体制后改为中央与地方“分灶吃饭”,由一个灶变为二十多个灶,打破了过去那种“吃大锅饭”的局面,打破了高度集中、统收统支的财政体制。明确划分中央财政与地方财政的收入和支出,各自负责和承担各自财政的收支平衡。在这种体制下,中央财政和地方财政各过各的“日子”,不仅有利于调动中央和地方两个方面的积极性,促进国民经济的调整和发展,而且作为经济体制改革的突破口,财政体制改革为打破高度集中的计划经济体制创造了有利条件。

2. 财力分配由“条条”为主改为“块块”为主

改革前各项财政支出,原则上都由“条条”分配,地方很难统筹安排,调剂使用。“分灶吃饭”以后,对于应当由地方安排的支出,中央各部不再归口安排支出,下达指标,改由地方根据中央的方针政策、国家计划和地方的财力统筹安排。这样就大大增加地方的财政权限,有利于地方因地制宜地发展经济建设。

3. 分成比例和补助数额,由“一年一定”改为“五年一定”

改革前每年都要核定财政收支,1 年一变,每年各地方都要吵基数、争指标,矛盾多。实行“分灶吃饭”后,一定 5 年不变,不用再年年吵基数、争指标了。同时,一定 5 年不变,使地方财政“五年早知道”,有利于地方制定和执行中长远规划,协调地发展经济和教育、科学、文化、卫生等事业。

4. 财权与事权相适应,责任与权利相结合

分级包干的财政体制是根据两级财政和计划管理的原则设计的,财政的收支范围是根据企事业单位的隶属关系划分的。隶属谁的企业,其收入就归谁支配;隶属谁的各项事业,其支出就由谁安排。因而分级包干的财政体制,不仅使中央政府与地方政府的财权与事权相适应,而且

中央财政与地方财政又要自求收支平衡，使责任与权力、利益紧密结合。

实践证明，分级包干的财政体制与统收统支的财政体制相比有着很大的优越性：一是扩大了地方的财权，加强了地方的经济责任，促使地方各级领导大力加强对地方各级财政工作的领导，提高地方发展本地区经济建设的积极性和内在经济动力，促使他们大挖本地区的生产、物资和资金的潜力，有重点地合理安排资金，提高资金的使用效果，不断增加财政收入。二是由于节约归己，促使地方非常注意节约财政支出，节约使用资金，反对铺张浪费，处处精打细算。三是严格了财经纪律，许多地方领导还改变了“乱批条子、乱开口子”的做法，实行了“一支笔”审批开支。

第二节　改革企业财务管理体制，逐步扩大企业财权

财政体制的改革，不仅要正确处理中央与地方的分配关系，而且要正确处理国家与企业的分配关系。长期以来，政府对处理好国家与企业的分配关系重视不够，国家对企业统得过多，管得太死，企业缺乏生产经营自主权，企业的财权和财力太小。党的十一届三中全会以后，逐步扩大企业的自主权，实行多种形式的经济责任制，把改革企业财务管理体制放到重要位置。

一、实行企业基金制度

为了配合经济体制的改革，扩大企业财权，把责、权、利紧密结合起来，从 1978 年起，对国营企业试行企业基金制度，凡是全面完成国家下达的产量、品种、质量、原材料、燃料、动力消耗、劳动生产率、成本、利润、流动资金占用等年度计划指标以及供货合同的工业企业，可按职工全年工资总额的 5% 提取企业基金。没有全面完成计划指标，但完成产量、品种、质量、利润 4 项指标和供货合同的工业企业，可按工资总额的 3% 提取企业基金；在完成产量、品种、质量、利润 4 项指标和供货合同前提下，

其他指标每多完成1项按工资总额增0.5%的企业基金。没有完成上述4项指标和供货合同的,不能提取企业基金。企业基金主要用于集体福利设施,发给职工社会主义竞赛奖金。在执行过程中,由于这个办法考核指标过多,不利于调动企业增产增收的积极性,因而于1979年10月作了修改,将提取条件中8项指标改为4项指标,主管部门提取的超计划利润企业基金改为基层企业从当年增长利润中提取,主管部门集中不超过企业提取数20%的增长利润企业基金。增长利润企业基金主要用于生产技术措施。

二、实行企业利润留成制度

从1979年开始,为了进一步扩大企业的财权,在一些扩权试点的工业企业试行了利润留成制度。其办法主要是:

1. 企业利润留成总的水平约占企业增长利润的40%

即留给企业使用的利润,约占当年企业利润增长部分的40%,国家约得60%。从当时国家财力状况来看,在一年增加的利润中留给企业使用40%的财力已经相当大了。

2. 企业利润留成的计提实行基数利润留成加增长利润留成的办法

开始时规定,实行全额利润留成办法,即按照1978年的职工福利基金、职工奖金、企业基金、国家拨的科研经费和职工培训费4项资金,加上一定数额的新产品试制费为基数,同利润挂钩而确定一个留成比例,企业按比例从利润中提取留成资金。实行这个办法,由于4项资金中的前3项是按工资总额的一定比例提取的,在试点中原来利润少,增加收入潜力大,用人较多的企业,留成比例高,从利润增长中得到的好处多;而经营管理好,原来利润多,用人又少的企业,留成比例反而低,从利润增长中得到的好处反而少,“鞭打快牛”,不够合理。为了适当解决这个问题,鼓励企业增产增收,后来将全额利润留成办法改为基数利润留成加增长利润留成的办法。即企业当年利润高于上年利润的,其中相等于上年利润的部分,按核定比例提取基数利润留成资金;比上年增长利润的部分,另按国家规定的比例提取增长利润留成资金。这样修改以后,企业从增长利润中得到的好处,比原来增加了一倍。

3. 提取利润留成资金的考核条件包括利润在内 4 项计划指标

开始时规定,企业只要有利润,就可以按照核定的比例提取利润留成资金。由于这样规定不利于促进企业全面完成国家下达的各项计划指标,为了防止企业单纯追求利润,后来又明确规定,试点企业必须完成产量、质量、利润和供货合同 4 项计划指标,才能按规定的留成比例提取全部应提的利润留成资金,没有全面完成国家计划的,每少完成一项,扣减其应提利润留成资金,包括基数利润留成和增长利润留成资金的 10%。

4. 对利润留成资金的使用作了原则规定

为了体现在发展生产的基础上逐步改善职工生活的原则,企业的增长利润留成资金,规定用于发展生产方面的不得少于 60%,用于职工福利和奖金方面的不得超过 40%。此外,针对一些企业的不同情况,还分别试行了"基数包干,超收分成""基数递增包干,超收分成或留用""基数包干,超收留用,短收自负""亏损补贴包干,减亏分成或留用"等办法。

从当时情况来看,利润留成办法的主要优点是,兼顾了国家、企业和职工个人三者的利益,把企业所得、职工福利奖金与企业的经营好坏、利润多少直接挂钩,对于发挥企业和职工的主动性,促进企业积极关心生产成果,改善经营管理,努力增加盈利,起到了积极的作用。在这次改革之前,全国企业能够自己支配的财力,主要包括企业折旧费、职工福利基金等每年有 100 多亿元,通过这次改革,全国企业可以支配的财力比过去增加了 50 多亿元,企业可用财力平均增加了 50% 以上,较大地增强了企业的活力和发展后劲。

第三节　实行"利改税"和工商税制改革

1984 年 10 月党的十二届三中全会通过的《关于经济体制改革的决

定》,是我国全面进行经济体制改革的纲领性文件,它系统地提出和阐述了一系列重大的理论和实践问题,丰富了我国社会主义经济理论,提出了发展有计划的社会主义商品经济,自觉运用价值规律,充分发挥税收等经济杠杆的作用,搞活经济,加强宏观调节;突破了所有制理论,提出了所有权与经营权分离的论点,肯定了集体经济、个体经济和私营经济存在的必要性;提出了增强企业活力是经济体制改革的中心环节等。这些内容分别写进了党的十三大报告、十二届三中全会《关于经济体制改革的决定》和《宪法修正案》等一系列重要文件。从而为这个时期的税制改革提供了强大的理论武器和法律、政策依据,并取得了改革开放以后税制改革的第一次重大突破。

根据党的十二大精神和十二届三中全会《关于经济体制改革的决定》的要求,从1983~1985年实行国营企业“利改税”和工商税制改革。所谓“利改税”,就是指对国营企业实行由上缴利润改为缴纳所得税。在此次改革前,曾实行过企业利润留成制度和各种形式的利润包干等的改革。由于企业盈利情况千差万别,各地掌握尺度不尽统一,核定企业的利润基数有高有低,核定的包干数额或包干比例有大有小,这就造成以下后果:一是企业之间留利出现“苦乐不均”的现象;二是国家与企业之间出现生产增长而上缴国家财政收入下降的问题。为了从根本上理顺国家与企业的分配关系,有必要把上缴利润改为依法纳税。作为企业财务改革的一项重大措施,突破了国营企业只能向国家缴纳利润,国家不能向国营企业征收所得税的禁区,是国家与企业分配关系改革的一次历史性转变。

一、第一步“利改税”改革

遵照第五届全国人大五次会议通过的《关于第六个五年计划的报告》中提出的实施步骤,利改“税改革”分两步走。第一步“利改税”改革从1983年6月1日开始实施。主要内容是:

1. 凡有盈利的国营大中型企业(包括金融保险组织)均根据实现的

利润，按 55% 的税率缴纳所得税。

企业缴纳所得税后的利润，一部分上缴国家，一部分按照国家核定的留利水平留给企业。上缴国家的部分，可根据企业不同情况，分别采取：递增包干上缴的办法，固定比例上缴的办法，交纳调节税的办法，定额包干上缴的办法。以上办法，逐级核定，3 年不变。

2. 凡有盈利的国营小型企业均根据实现的利润，按八级超额累进税率交纳所得税。

交税以后，由企业自负盈亏，国家不再拨款。但对税后利润较多的企业，国家可以收取一定的承包费，或者按固定数额上缴一部分利润。

3. 营业性的宾馆、饭店、招待所和饮食服务公司，都交纳 15% 的所得税。

交税以后，企业的利润归企业支配，国家对其所需各项资金也不再给以拨款。对北京、天津、上海 3 市的饮食服务公司，商业部可以从企业税后留利中适当集中一部分资金，用于补助边远、困难地区。

4. 县以上供销社，以县公司或县供销社为单位，按八级超额累进税交纳所得税，国家不再拨款；除国家规定的个别商品外，国家也不负担价格补贴。

5. 国营企业归还各种专项贷款时，经财政部门审查同意后，可用交纳所得税之前该贷款项目新增的利润归还等。

实践证明，“利改税”第一步改革，比利润留成、利润包干等办法，具有更大的优越性，主要表现在：一是企业的大部分利润用征收所得税的办法上缴，把国家与企业的分配关系基本上固定下来，对促进企业加强经营管理和稳定国家财政收入，起到了良好的作用。二是较好地处理了国家、企业和职工三者的利益关系。1983 年国营工业企业实现利润 474 亿元，比上年增加 42 亿元，在当年增加的利润中，国家所得占 61.8%，企业所得占 38.2%。企业内部各项基金分配的比例，大体是：生产发展基金占 47.6%，职工集体福利基金占 17.4%，奖励基金占 35%。商业企业当年新增利润中，国家所得占65.3%，企业所得占34.7%。这些都说明："利改税"第一步改革执行的结果，体现了国家得大头、企业得中头、个人得小头的原则。三是扩大了企业财权，调动了企业和职工的积极性。当年实行"利改税"的工业、交通、商业企业共留利121亿元，比1982年增加27亿元，企业留利占税利总额的比例，也由上年的15.7%提高到17.9%。总体来说，国营企业"利改税"第一步改革是成功的，但还存在一些问题和不足，其主要问题：一是税种比较单一，难以更好地充分发挥税收调节经济的杠杆作用；二是税后利润的分配办法仍较繁杂，同时，一些企业之间留利还存在过于悬殊的问题。这些问题有待于通过第二步"利改税"改革加以解决。

二、第二步"利改税"和工商税制的全面改革

根据第一步"利改税"的经验和推进城市经济体制改革的需要，从1984年10月1日起，对国营企业实行"利改税"的第二步改革。实行第二步"利改税"的指导思想是：要进一步处理好国家与企业的分配关系，从根本上解决企业吃国家"大锅饭"的问题，并且为解决职工吃企业"大锅饭"的问题创造条件；既要保证国家财政收入的稳定增长，又要使企业在经营管理和发展上有一定的财力保证和自主权，在政策上使企业感到有奔头，有更大的后劲；要更好地发挥税收杠杆的调节作用，体现国家的奖励和限制政策，并缓解价格不合理所带来的一些矛盾，有利于推进城市经济体制的配套改革。

第二步"利改税"的基本设想是：将国营企业应当上缴的财政收入分别按11个税种向国家缴税，也就是由"税利并存"逐步过渡到完全的"以税代利"。对盈利的国营大中型企业仍然征收调节税，根据企业的不同情况分别核定。为了鼓励企业改善经营管理，从提高经济效益中得到更多的利益，放宽了减免政策。当年实现的利润比核定的基年利润增长的部分，由减征60%改为减征70%，增长利润计算方法由环比改为定比，一定7年不变。因此，企业利润增长越多，企业所得也越多，越往后企业的后劲就越大;对微利企业和亏损企业,继续实行盈亏包干、减亏分成的办法。一定 1 年或一定 3 年不变。凡属经营管理不善而造成亏损的,限期扭亏为盈;超过期限的,不再补贴。由于这 11 种税,除了调节税以外,也向集体企业征收,因而从税收制度建设来说,实际上是一次工商税制的全面改革。其基本内容如下:

1. 在流转税方面

把现行的工商税按性质分解为产品税、增值税、营业税和盐税,并陆续开征了这 4 个税种。同时,为了更好地发挥税收调节生产、流通和缓解价格矛盾的作用,在产品税、增值税中对部分产品适当调整了税率。

2. 在资源课税方面

对部分采掘企业开征资源税和盐税,以调节由于自然资源和开发条件不同而形成的级差收入,促进企业合理地利用国家资源。

3. 在财产税方面

陆续开征和恢复了城市房产税、土地使用税、车船使用税和城市维护建设税 4 种地方税,有以利于合理地、节约地使用土地、房产,适当地解决城市维护和建设的资金来源。(4 种地方税限于某些条件,暂缓征收。)

4. 在国内所得税方面

陆续开征了国营企业所得税、集体企业所得税、城乡个体工商业户所得税、私营企业所得税、个人收入调节税,健全了所得税体系;对盈利的国营企业征收所得税,其中大中型企业按 55% 的比例税率交纳,小型企业按新的八级超额累进税率交纳,在征收八级超额累进税以后的利润,一般可以留给企业支配使用,但对那些留利过多的要收取一定数额的承包费和租赁费。新的八级超额累进税率,调整了累进的起点和级距,减轻了小型企业的所得税负担,有利于这些企业逐步过渡到国家所有、自主经营、依法纳税、自负盈亏的管理体制。

5. 在涉外税收方面

为了配合贯彻国家的对外开放政策,第一步先行解决对外征税的问题,从1980年9月到1981年12月,我国第五届全国人民代表大会先后审议通过并公布了《中外合资经营企业所得税法》《个人所得税法》《外国企业所得税法》,陆续开征了中外合资经营企业所得税、外国企业所得税和个人所得税。同时,对中外合资企业、外国企业和外国人继续征收工商统一税、城市房地产税和车船使用牌照税。1991年4月9日第七届全国人民代表大会第四次会议将《中外合资企业所得税法》与《外国企业所得税法》合并修改为《外商投资企业和外国企业所得税法》。因此,就初步形成了一套大体适用的涉外税收制度,适应了我国对外开放初期引进外资,开展对外经济技术合作的需要。

6. 在农业税方面

将农业特产收入从农业税中分离出来,按照特产品实际收入分别核定税率的办法征收农业特产农业税(以下简称农业特产税),这是适应农村经济改革和农业生产发展需要的一项重大改革措施。通过征收农业特产税可以对收入较高的农业特产品进行适当调节,平衡粮食等基本农产品和农业特产品之间的税收负担。因此,既有利于合理调整农业产业结构,鼓励发展粮食生产,又有利于组织财政收入,完善农业税制体系。

7. 在调节特定行为税收方面

还开征了建筑税(后改为固定资产投资方向调节税)、国营企业工资调节税、奖金税、筵席税等。

总体来看,“利改税”第二步改革与第一步改革相比,无论在广度上和深度上都向前迈进了一大步,它不仅是财税制度的重大改革,而且是整个城市经济改革的关键步骤。它的作用主要在于:一是国家与企业的分配关系以法律的形式固定下来了,使国家财政收入能够随着经济的发展而稳定增长。二是企业将从新增加的利润中得到较多的收益,从而增强了自我发展、自我改造的能力。三是通过税收杠杆的调节作用,可以缓解价格不合理带来的矛盾,有利于鼓励先进,鞭策落后。四是企业不再按行政隶属关系上缴利润,有利于合理解决“条条”与“块块”、中央与地方的经济关系，有利于进一步完善财税管理体制和促进其他经济管理体制的配套改革。

通过工商税制的全面改革，到 1993 年我国共有 34 种税收，即产品税、增值税、营业税、资源税、盐税、城镇土地使用税、国营企业所得税、国营企业调节税、集体企业所得税、私营企业所得税、城乡个体工商业户所得税、个人收入调节税、国营企业奖金税、集体企业奖金税、事业单位奖金税、国营企业工资调节税、固定资产投资方向调节税、城市维护建设税、烧油特别税、筵席税、特别消费税、房产税、车船使用税、印花税、屠宰税、集市交易税、牲畜交易税、外商投资企业和外国企业所得税、个人所得税、工商统一税、城市房地产税和车船使用牌照税。初步建立了一套内外有别的，以流转税（约占整个税收收入总额的 60% 以上）和所得税（约占整个税收收入总额的近 30%）为主体，其他税种相配合的新的税制体系。

新工商税制的建立，在理论上和实践上突破了长期以来自我封闭的约束，由封闭型税制转变为开放型税制；突破了统收统支的财力分配的关系，重新确定了国家与企业的分配关系；突破了以往税制改革片面强调简化税制的框架，由单一税制转变为复合税制，注重多环节、多层次、多方面地发挥税收的经济杠杆作用，基本适应我国财经体制改革起步阶段的经济状况。这些突破使中国的税制建设开始进入健康发展的新轨道，并与我国财经体制改革的总体进程相协调，促进税收职能作用全面加强，税收收入持续稳定增长，宏观调控作用明显增强，促进了国民经济的持续快速发展和国家综合实力的不断增强。

第四节　财税法制建设取得突破性进展

一、在涉外税收法律制度方面

为了配合贯彻国家的对外开放政策，第一步先行解决对外征税的问题,1980年9月10日第五届全国人民代表大会第三次会议审议通过并公布了我国《中外合资经营企业所得税法》和《个人所得税法》,1981年12月13日第五届全国人民代表大会第四次会议审议通过并公布了《外国企业所得税法》,先后开征了中外合资经营企业所得税、外国企业所得税和个人所得税。同时,对中外合资企业、外国企业和外国人继续征收工商统一税、城市房地产税和车船使用牌照税。第五届全国人大常委会还分别于1981年修改了《外国企业所得税法》,于1983年修改《中外合资经营企业所得税法》。1991年第七届全国人民代表大会第四次会议将《中外合资企业所得税法》与《外国企业所得税法》合并修改为《外商投资企业和外国企业所得税法》,该法根据税收来源地管辖权和居民管辖权原则,确立了对我国外资企业所得税的管辖范围,对外资企业坚持了"税负从轻,优惠从宽,手续从简"的原则,注重税收政策的稳定性和税法的适用性,保持了税法的连续性和税收负担的稳定性,同时,在借鉴国际税收经验的基础上,结合我国的具体情况,第一次通过税收立法对关联企业转让定价的税收问题作出了防范规定。1993年全国人大常委会审议通过了《关于外商投资企业和外国企业适用增值税、消费税和营业税等税收暂行条例的决定》。我国涉外税法体系的建立健全,对于深化经济改革,扩大对外开放,增强企业活力,起到十分重要的促进作用。

1985年4月24日第六届全国人大常委会第七次会议通过了《关于授权国务院在经济体制改革和对外开放方面可以制定暂行的规定和条例的决定》,为了保障经济体制改革和对外开放的顺利进行,授权国务院对于经济体制改革和对外开放方面的问题,必要时可以根据我国《宪法》,在同有关法律和全国人大常委会的有关决定不相抵触的前提下,制定暂行的规定或条例,颁布实施,并报全国人大常委会备案。根据全国人大常委会的这个授权,国务院制定出台了一些有关涉外税收的暂行规定和条例,初步形成了一套大体适用的涉外税收制度,适应了我国对外开放初期引进外资,开展对外经济技术合作的需要,促进了我国经济的快速发展。

二、在个人所得税法律制度方面

党的十一届三中全会以后，随着改革开放的不断发展，在中国工作、提供劳务的外籍人员日益增多，中国公民的收入渠道逐步多元化，收入水平不断提高。为了维护我国的经济权益，适当调节个人收入，全国人大和国务院分别于 1980 年 9 月、1986 年 1 月和 1986 年 9 月先后制定公布了《个人所得税法》《城乡个体工商户所得税暂行条例》和《个人所得调节税暂行条例》。这 3 部法律、法规的施行，对于维护我国的权益，调节个人收入水平，增加财政收入，缓和社会分配不公，促进对外技术合作与交流等方面都起到了积极作用。但随着社会经济的迅速发展，三税并存及其税种本身的一些规定已不能适应形势发展的需要，我国《个人所得税法》也存在区别纳税人分设税制、税政不统一、税负不合理等的问题。按照适应社会主义市场经济发展的需要，合并税种，简化税制，公平税负，强化组织财政收入和适当调节个人收入的职能，维护国家权益，培养公民纳税意识，使个人所得税制度更好地为发展经济和改革开放服务的指导思想，1993 年 10 月 31 日第八届全国人大常委会第四次会议审议通过了《关于修改中华人民共和国个人所得税法的决定》，对个人所得税制度作了第一次重大修订。修订后的个人所得税法从 1994 年 1 月 1 日起施行。1994 年 1 月 28 日国务院发布了配套法规《个人所得税法实施条例》。修订后的《个人所得税法》有以下主要特点：一是实行分类征收。个人所得税采用分类所得税制，即将各种个人所得分为 11 类，分别适用不同的扣除规定、不同的税率和不同的计税方法。既方便征纳双方，又便于体现国家政策。二是累进税率与比例税率并用。对工资、薪金所得，个体工商户生产经营所得，对企事业单位的承包经营所得，采用累进税率，实行量能负担；对劳务报酬、稿酬等其他所得，采用比例税率，实行等比负担。三是费用扣除额较宽。对工资、薪金所得，每月扣除费用 800 元，对劳务报酬等所得，每次收入不超过 4000 元的扣除 800 元，每次收入超过4000元的扣除20%的费用。四是计算简易方便。对各种所得项目实行分类计算,各有明确的费用扣除标准,费用扣除方法简单明了,计算简便易行,符合税制简便原则。五是采取源泉扣缴和纳税人自行申报两种征纳方法。即对纳税人的应纳税额分别采取由支付单位源泉扣除和纳税人自行申报两种方法。我国《个人所得税法》的修订,对于调节收入分配,维护社会稳定,扩大聚财渠道,增加财政收入,增强公民的纳税意识和法制意识,为经济发展创造良好的社会环境等方面,起到了非常好的积极作用。

三、在"利改税"和工商税制建设方面

国务院于1983年批准公布了《关于国有企业利改税试行办法》,于1984年公布了《国有企业第二步利改税试行办法》。1984年9月18日第六届全国人大常委会第七次会议通过了《关于授权国务院改革工商税制发布有关税收条例草案试行的决定》,决定授权国务院在实施国营企业"利改税"和改革工商税制的过程中,拟定有关税收条例,以草案形式发布试行,再根据试行的经验加以修订,提请全国人大常委会审议。根据全国人大常委会的这个授权决定,国务院先后制定了《产品税条例(草案)》《营业税条例(草案)》《增值税条例(草案)》《资源税条例(草案)》《城市维护建设税暂行条例》《集体企业所得税暂行条例》《城乡工商业户所得税暂行条例》《房产税暂行条例》《车船使用税暂行条例》《个人收入调节税暂行条例》《私营企业所得税暂行条例》《印花税暂行条例》等。到1992年,随着改革的逐步深入和经济的不断发展,我国的工商税制改革取得了很大进展,工商税从改革前的7个税种发展到32个税种,初步建立了一套内外有别的,以流转税和所得税为主体,其他税种为辅助的新税制体系,突破了统收统支的财力分配关系,注重发挥税收多方面、多层次、多环节的经济调节作用,使我国的税制建设开始进入健康发展的轨道,并与我国财经改革的总体进程基本协调。

四、在税收征收管理法律制度方面

为了强化税收工作,使税收征收管理有法可依,1992年9月第七届全国人大常委会第二十七次会议审议通过了《税收征收管理法》，自 1993 年起施行。该法共 6 章 62 条，其主要内容包括：总则、税务管理、税款征收、税务检查、法律责任和附则 6 个部分，与 1986 年由国务院颁布的《税收征收管理条例》相比，主要有以下的发展和变化：一是统一了国内企业与外商投资企业和外国企业以及中国公民与外籍人员在税收征纳程序、征纳制度和征纳责权上的管理规定；二是加强了对纳税人合法权益的保护；三是明确了税务分局、税务所的法律地位；四是赋予税务机关采取税收保全措施，强制执行措施及扣押、查封、拍卖财产的权力；五是规定了税务机关必要的检查权。所有这些规定对于保护纳税人的合法权益，规范税务机关的征收管理行为，实现有效的税务管理，都有一定的促进和保障作用。

五、在改革财政管理体制方面

为了理顺中央财政与地方财政之间的分配关系，规范财政管理体制，自 1979 年起，国务院先后发布《关于实行“划分收支、分级包干”财政管理体制的规定》《关于实行“划分税种、核定收支、分级包干”的财政管理体制的规定》《关于地方实行包干办法的决定》等。实行财政包干体制，对于打破统收统支、高度集中的财政体制，扩大地方的财权和财力，调动地方政府理财的积极性，促进地方经济的发展，有着非常重要的作用。

第二章　财税改革的攻坚创新时期（向社会主义市场经济体制转轨时期 1994～1999 年）

第一节　对税制进行全面改革

一、税制全面改革的主要背景

1992 年 9 月召开党的十四大，提出了建立社会主义市场经济体制的战略目标，我国的改革开放进入了一个新的历史时期，税收制度也进入全面改革的阶段。1993 年 6 月党中央、国务院作出了关于加强宏观调控的一系列重要决策，其中的重要措施之一，就是要加快税制改革。1993 年 12 月党的十四届三中全会通过了《关于建立社会主义市场经济体制若干问题的决定》，明确提出了税制改革的基本原则和主要内容。提出建立社会主义市场经济体制的战略目标，既给我国的经济改革指明了方向，为税制改革提供了一次极好的机遇，又给我国全面推行税制改革带来了许多新的情况和要求：从发挥市场机制来看，要求统一税法、简化税制、公平税负、促进竞争；从加强宏观经济管理来看，要求运用财政税收经济杠杆加强宏观调控，体现产业政策，调整经济结构，优化资源配置，调节收入分配，保证财政收入，并配合其他改革的推行。从扩大对外开放来看，需要借鉴外国税制的先进经验，不断完善我国税制，并与国际惯例衔接，以适应扩大对外开放的需要。为此，在党中央、国务院的直接领导下，从 1992 年开始加快税制改革的准备工作，1993 年迅速制定了全面改革工商税制的总体方案和各项具体措施，并完成了有关法律、法规的必要程序，于 1993 年年底之前陆续公布改革方案，从 1994 年起在全国实施税制的全面改革。这是我国改革开放以后第二次大规模的税制改革。

二、税制全面改革的主要内容

根据建立社会主义市场经济体制的客观要求，从 1994 年起进行税制全面改革，其主要内容：一是全面改革了流转税制，实行了以比较规范的增值税为主体，消费税、营业税并行，内外统一的流转税制。二是改革了企业所得税制，将过去对国营企业、集体企业和私营企业分别征收的多种所得税合并为统一的企业所得税。三是改革了个人所得税制，将过去对外国人征收的个人所得税、对中国人征收的个人收入调节税和个体工商业户所得税合并为统一的个人所得税。四是改革了其他工商税制，对资源税、特别目的税、财产税、行为税作了大幅度的调整，扩大了资源税的征收范围，开征了土地增值税，取消了盐税、奖金税、集市交易税等 7 个税种，并将屠宰税、筵席税的管理权下放到省级地方政府，新设了证券交易税和遗产税（但是一直没有立法开征）。五是改革农业税制，将原农林特产农业税、原产品税和原工商统一税中的农林牧水产品税目合并，改为农业特产税。扩大了征收范围，适当降低了部分产品的税率。通过这次税制全面改革，税种设置由原有的 37 个减至 23 个，初步实现了税制简化与高效的统一。这次税制全面改革是新中国成立以来范围最广泛、内容最丰富、意义最深刻的一次税制变革，在总体上取得了很大的成功。

三、税制全面改革的主要成效

新税制改革取得了巨大成就：一是初步构建了符合国际税制发展趋势、适应我国市场经济体制需要的税收制度框架，建立了以流转税和所得税为主体的、以其他税种为辅助的税制结构，使我国税制趋于规范、简化、高效、公平。二是规范了税收分配关系，强化了税收的聚财功能，促进了税收收入的持续大幅度增长，极大地增强了我国的综合国力，从1995～1998年，每年全国税收收入增加一千多亿元，特别是1999年全国税收收入突破了一万亿元大关。三是新税制改革建立了多功能、多层次、多环节的税收调节制度，同时将主要税权和大部分税收收入集中到中央政府，加强了税收的宏观调控功能，促进了国民经济的持续、快速、健康发展，同时维护了社会安定团结的局面。四是促进了依法行政、依法治税的深入开展，税务机关由对纳税人的管理观念转向服务观念，严格了税收征收管理，促进了税收职能作用的全面加强。经过1994年新税制改革和以后几年的逐步完善，我国已经初步建立了适应社会主义市场经济体制需要的税收制度，对于保证财政收入，加强宏观调控，深化经济改革，扩大对外开放，促进经济与社会的协调发展，起到了非常重要的作用。

第二节　实行分税制财政管理体制改革

一、建立分税制财政管理体制的缘由

改革开放以后，我国对财政管理体制进行了改革，在全国绝大多数地区逐步实行了不同形式的财政包干体制。财政包干体制改变了统收

统支体制下财权、财力高度集中的状况，扩大了地方的财权和财力，在一定程度上调动了地方理财的积极性，促进了地方经济的发展。但是，随着经济的发展和市场取向改革的深化，财政包干体制自身存在的缺陷日益显现，也带来了一些新的问题，已不适应发展社会主义市场经济的要求。其主要问题表现在以下几方面：

1. 财政包干体制使“两个比重”不断下降，财力过于分散严重影响国家宏观调控能力。

在地方财政包干和企业上缴税利包干体制下，加上其他减税让利因素影响，企业生产发展并没有完全反映到财政增收上，制约了国家财政收入的合理增长，特别是严重影响了中央财政收入的增长。从1980~1993年，国家财政收入占国内生产总值的比重由25.7%下降到12.6%，中央财政收入占全国财政收入的比重由27.5%下降到22%。这“两个比重”远远低于国际平均水平，弱化了国家财政的分配职能和宏观调控作用。

2. 财政包干办法助长了地方重复建设和经济封锁，影响全国统一市场的形成和结构调整。

在财政包干体制下，凡是在收入基数和递增率确定以后，超过基数和递增率的收入，全部都归地方支配。一些地方为了扩大自己的财源，取得更多的财政收入，不断扩大基本建设，热衷于办税高利大的企业。一些地方也因利益关系建设过多的小酒厂、小烟厂。由于重复建设和盲目建设屡禁不止，产业结构很不合理，难于落实国家的产业政策和结构调整。同时，地区之间相互封锁商品流通的现象也时有发生，影响全国统一市场的形成和地区之间的协调发展。

3. 财政包干种类繁多、办法不够科学，难于规范中央与地方财政分配关系。

如上所述，财政包干办法的种类多种多样，加上许多变通的做法，在全国至少有几十种具体形式。实行包干办法，对地方财政收支核定长期采用基数法,既不够科学合理,又不太规范,一些人为因素的影响较大,造成地区之间财政收支差距加大、苦乐不均悬殊,影响区域经济均衡发展。

为了解决上述问题,1992年我国开始进行了分税制财政管理体制改革的试点。所谓分税制,是将国家的全部税种在中央政府和地方政府之间进行划分,以此确定中央财政和地方财政的收入范围。其实质是根据中央政府和地方政府的事权确定其相应的财权,通过税种的划分形成中央与地方的收入体系。它是当今市场经济国家普遍推行的一种财政管理体制模式。

具体来说,分税制包括分事、分税、分管三层含义:一是分事,是按照一定时期政治体制和经济体制的要求,在各级政府间划分社会管理和经济管理权,并以此为依据确定各级政府的预算支出范围;二是分税,是在划分事权和支出范围的基础上,按照财权与事权相统一的原则,在中央与地方之间划分税种,即将税种划分为中央税、地方税和中央地方共享税,以划定中央和地方的收入来源;三是分管,是在分事和分税的基础上实行分级财政管理,建立中央与地方两级税收征管体系和金库体系,设置中央和地方两套税收征管机构和金库机构,分别负责中央税和地方税的征收管理和收入入库工作。实行分税制必须配合以中央对地方、上级政府对下级政府的转移支付制度,以此来调节不同地区预算财力的差距,实现公平分配的原则要求和财权与事权的最后统一。

与财政包干体制相比,分税制财政管理体制有着较大的优越性,主要表现在以下几个方面:一是较好地处理政府间的财政分配关系,有利于调动中央政府与地方政府两个方面的积极性,促进国家财政收入的合理增长;二是按税种合理划分中央政府与地方政府的收入范围,有利于提高中央财政收入占全国财政收入的比重,增强中央政府的宏观调控能力;三是避免出现中央财政与地方财政相互间挤占收入的现象,有效地调动地方政府发展经济、培植财源的积极性,有利于区域经济的协调发展；四是通过建立健全科学、规范的转移支付制度，减少中央财政对地方财政拨款的随意性，有利于形成财政分配关系的公平化、规范化、法制化；五是按税种划分收入的办法，有利于全国统一市场的形成和发展，促进企业开展公平竞争；六是改变按企业隶属关系划分财政收入的办法，有利于转变政府职能和把企业推向市场，促进资源优化配置和产业结构调整。

从1994年起在全国各省、自治区、直辖市以及计划单列市实行分税制财政管理体制改革，将全部税种在中央政府与地方政府之间划分为中央税、地方税和共享税，确定中央财政和地方财政的收入来源和范围；按照现行中央政府和地方政府的事权划分其相应的财权，确定其相应的财政支出范围；分设中央和地方两套税务机构和金库机构，分别负责中央税和地方税的征收管理和收入入库工作；按照统一比例确定中央对地方税收的返还比例；实行过渡期中央对地方、上级政府对下级政府的转移支付制度，调节不同地区财力的差距，实现公平分配的要求和财权与事权的统一。

二、分税制财政管理体制的主要内容

（一）划分中央与地方的事权和支出范围

根据现行中央政府与地方政府事权的划分，中央财政主要承担国家安全、外交和中央国家机关运转所需经费，调整国民经济结构、协调地区发展、实施宏观调控所必需的支出以及由中央直接管理的社会事业发展支出。具体包括：国防费、武警经费、外交和援外支出，中央级行政管理费，中央统管的基本建设投资，中央直属企业的技术改造和新产品试制费，地质勘探费，由中央财政安排的支农支出，由中央负担的国内外债务还本付息支出以及由中央本级负担的公检法支出和文化、教育、卫生、科学等各项事业费支出。

地方财政主要承担本地区政权机关运转所需支出以及本地区经济、社会事业发展所需支出。具体包括：地方行政管理费，公检法支出，地方统筹的基本建设投资，地方企业的技术改造和新产品试制费，支农支出，城市维护和建设经费，地方文化、教育、卫生等各项事业费，价格补贴支出以及其他支出等。

（二）划分中央与地方的收入范围

根据事权与财权相结合的原则，按税种划分中央与地方的收入。将维护国家权益、实施宏观调控所必需的税种划分为中央税；将同经济发展直接相关的主要税种划分为中央与地方共享税；将适合地方征管的税种划分为地方税，充实地方税税种，增加地方税收入。分设了中央与地方两套税务机构，中央税务机构征收中央税和中央与地方共享税，地方税务机构征收地方税。具体划分如下：

中央固定收入包括：关税，海关代征的消费税和增值税，消费税，中央企业所得税，非银行金融企业所得税，铁道、各银行总行、保险总公司等部门集中缴纳的收入（包括营业税、所得税、利润和城市维护建设税），中央企业上缴利润等收入。外贸企业出口退税，除1993年地方实际负担的20%部分列入地方财政上缴中央基数外，以后发生的出口退税全部由中央财政负担。

地方固定收入包括：营业税（不含各银行总行、铁道、各保险总公司集中缴纳的营业税），地方企业所得税（不含上述地方银行和外资银行及非银行金融企业所得税），地方企业上缴利润，个人所得税，城镇土地使用税，固定资产投资方向调节税，城市维护建设税（不含铁道部门、各银行总行、各保险总公司集中缴纳的部分），房产税，车船使用税，印花税，屠宰税，农牧业税，农业特产税，耕地占用税，契税，国有土地有偿使用收入等。

中央与地方共享收入包括：增值税、资源税、证券交易（印花）税。增值税中央分享75%，地方分享25%。资源税按不同的资源品种划分，海洋石油资源税作为中央收入，其他资源税作为地方收入。证券交易（印花）税，中央与地方各分享50%。

上述内容是 1994 年实行分税制财政管理体制时对收入的划分。后来，根据分税制运行情况和宏观调控的需要，对收入划分又作了一些调整。如从 1997 年 1 月 1 日起，将证券交易（印花）税分享比例由原来中央与地方各占 50%，调整为中央占 80%，地方占 20%，后又调整为中央占 88%，地方占 12%；将金融保险业营业税税率由 5% 提高到 8%，提高税率增加的收入归中央财政；为了严格控制土地使用，对国有土地有偿使用收入分配作必要调整，将其中新批转为非农建设用地的部分收入上缴中央财政等。

（三）建立过渡期政府间财政转移支付制度

由于各地情况不同，按统一规定划分收入和支出后，通常会产生中央与地方以及地方之间财政的横向和纵向不平衡，必须通过各种形式的政府间财政转移支付来解决。转移支付制度是以各级政府之间财政收入的能力差异为基础，以实现各地公共服务支出均等化为目标而实行的一种财政资金平衡制度。财政转移支付制度是分税制体制的重要组成部分。1994 年实行的分税制改革，在重新划分中央财政与地方财政收入的基础上，相应地调整了政府间财政转移支付数量和形式，除保留了原体制中央财政对地方的定额补助、专项补助和地方上解外，根据中央财政固定收入范围扩大、数量增加的新情况，着重建立了中央财政对地方财政的税收返还制度，其目的是保证地方既得利益，实现新体制的平稳过渡。税收返还的具体办法是，中央税收上缴完成后，通过中央财政支出，将一部分收入返还给地方使用。税收返还以 1993 年为基数，以后逐年递增，即 1993 年中央将净上划中央的收入全额返还地方，1994 年以后，税收返还额在 1993 年基数上逐年递增，递增率按各地增值税和消费税的平均增长率的 1∶0.3 系数确定，即上述两税每增长 1%，中央财政对地方的税收返还增长 0.3%。

鉴于当时我国实现规范化转移支付制度条件还不成熟，从 1995 年起实行了过渡期转移支付办法，即根据中央财政收入情况，中央每年增加安排一部分资金，采用相对规范的做法，重点解决一些困难地区特别是少数民族地区的财政困难。具体办法是，按影响财政支出的因素，核定各地的标准支出数额，凡地方财力能够满足标准支出需要的，中央财政不再转移支付；对地方财力不能满足支出需要的，要对财政收入进行因素分析，凡财政收入达不到全国平均水平的地区，收入不足的部分由地方通过增收解决相应的支出需要；凡财政收入达到全国平均水平或达不到全国平均水平而且通过增收仍不能解决其支出需要的，其财力缺口作为计算转移支付的依据，由中央财政根据新增的转移支付资金的总额和各地的财力缺口分配补助资金。各地享受新增转移支付额的计算公式为：

某省区转移支付补助数 =（该省区标准支出 - 该省区财力 - 该省区收入努力不足额）× 客观因素转移支付系数 + 政策性转移支付额

1996年对上述办法作了一些改进，在公式中用"标准收入"代替"财力"因素，对标准支出测算进一步细化，改善了激励机制。通过调整转移支付增量和改进转移支付办法，逐步规范财政转移支付制度。

（四）调整预算编报口径，核定资金调度比例

实行分税制后，中央和地方都要按照新口径编报财政预算。中央预算收入包括：中央固定收入、中央分享的共享收入、地方按体制规定上解中央的收入。中央预算支出包括：中央本级支出、中央对地方的税收返还支出、按体制规定补助地方的支出、中央对地方的专项拨款补助支出和一般性补助支出等。地方预算收入包括：地方固定收入、地方分享的共享收入、中央税收返还收入、中央专项拨款、一般性补助收入和下级财政按体制规定上解的收入。地方预算支出包括：地方本级支出、体制上解支出、对下级财政税收返还支出、按体制规定对下级财政的补助支出、对下级财政的专项补助和一般性补助支出。

由于中央对地方的税收返还支出数额很大，为避免资金的往返划拨，保证地方财政正常用款，将中央税收返还数和地方的原上解数抵扣，

按抵扣后的净额占当年预计中央消费税和增值税收入数的比重，核定一个"资金调度比例"，由金库按此比例划拨消费税和中央分享的增值税给地方。

三、分税制财政管理体制改革取得的主要成效

通过分税制财政管理体制改革，初步建立起适应社会主义市场经济发展要求的财政体制的基本框架，取得了以下几方面的主要成效：

1. 基本建立中央与地方财政收入的稳定渠道，提高了全国财政收入占国内生产总值的比重

由于改革前的财政分配关系大都以包干方式固定下来，因而财政收入不能随经济增长而增长。财政收入特别是中央财政收入基本是个固定的数字，国家财政每年能增收 200 亿～300 亿元就已经不错了。实行分税制体制后，充分调动各级政府理财的积极性，各地普遍加强了税收征管，扭转了以往随意减免税的状况，减少了税收流失。1998 年全国财政收入 9853 亿元，比改革前的 1993 年 4349 亿元增加 5504 亿元，5 年增长 1.27 倍，财政收入分年增长速度分别为 20%、19.6%、18.7%、16.8%和 13.9%，年均递增 17.8%，年均增加额为 1100 亿元。1 年增加额相当于过去一个五年计划的增加额。随着国民经济的平稳运行和财政收入的大幅度增长，遏制了财政收入占国内生产总值比重的下降趋势，并从 1996 年开始回升。这一年全国财政收入占国内生产总值的比重比上年提高了 0.2%，1997 年和 1998 年又分别提高了 0.7%和 0.8%。

2. 逐步提高了中央财政收入占全国财政收入的比重，增强了中央宏观调控能力

从中央收入项目构成来看，与国内生产总值增长呈明显正相关关系的消费税、增值税上划中央或中央与地方共享，形成了中央财政收入稳定增长的来源，为提高中央财政收入的比重提供了必要条件。1993 年中央财政本级收入占全国财政收入的比重只有 22%，1994 年这一比重上升为 55.7%，1995 年为 52.2%，后几年又逐步上升到 60%左右。中央财

政收入比重的上升，有利于中央政府加强对地方行为的宏观调控，改变了包干体制下中央财政支出依靠地方上解的被动局面。这种收入分配格局对于保证中央财政支出的重点需要、调节地区之间的财力差距起到了重要作用。

3. 加快了财政税务机构建设，有效加强了税收征收管理

根据中央政府与地方政府的收入范围，分别设置了国税和地税征收机构，改变了过去中央委托地方代理征收税收的关系，两套税务机构开始发挥效能，保障了分税制财政管理体制的正常运转，加强了税收征收管理工作。

4. 调动了地方各级政府培植新财源的积极性，促进了产业结构的调整

地方各级政府根据本地区的实际情况，寻找新的经济增长点，积极培植新的财源，减少了对国家产业政策限制发展的烟酒等行业的投入，小烟厂、小酒厂等盲目发展的现象得到遏制，农业、服务业有所加强，促进了产业结构调整和优化资源配置。

5. 建立了财政收支平衡的激励约束机制，增强了地方财政的预算约束

新体制实施以后，由于分税制明确了各级地方政府的收入和支出范围，不少省区以实现财政平衡为目标，在财政管理方面进行了很多有益尝试，特别是江西、山东、安徽等省，不仅几年实现了县县财政平衡，而且消化了历史滚存的财政赤字。江西省是一个经济基础薄弱的内陆省份，经过自身的不懈努力，做到了连续6年财政收支县县平衡，没有欠发工资现象。山东省注重把握好生财、聚财、用财的关系，建立了财政平衡的激励和约束机制，连续10年全省无赤字，并在1996年年底实现了县县无赤字。安徽省以实现平衡、消化赤字为重点，调整财源建设思路，促使各地注意力向内，谋求发展，成为全国财政收入增长很快的省份。

四、分税制财政管理体制存在的主要问题

实行分税制体制改革是一项重大制度创新，由于当时受一些客观因素的制约，这项改革需要经历一个逐步完善的过程，自1994年分税制财

政管理体制实施以后，虽然根据实际情况作了一些调整和改进，但分税制体制运行中还存在一些问题，主要表现在以下几个方面。

1. 政府间事权和支出范围的划分不够清晰规范

中央与地方政府间事权划分是分税制财政管理体制的基础。1994 年我国财政体制改革是在当时中央与地方事权划分基础上进行的，基本维持了原来的支出范围。目前中央与地方政府事权和财政支出范围的划分总的来看基本上是清楚的，但在某些方面还不太明确，有些交叉不尽合理，如一些属于地方事权、应由地方财政负担支出的事务，中央财政也安排支出；反之，有些属于中央事权、应由中央财政负担支出的事务，地方财政也负担一部分经费。中央与地方的事权划分还缺乏明确的法律界定，我国《宪法》对各级政府间事权划分只作了原则性规定，在一些具体事务上，中央政府与地方政府的职责权限划分不够清晰，特别是在经济性事务的划分上较为模糊。

2. 政府间收入范围的划分不尽科学合理

实行分税制财政管理体制，对中央与地方间收入范围的划分总体来说是合理的，但某些收入划分并不符合科学规范原则，如企业所得税仍按隶属关系划分，带有原财政包干体制的色彩，不符合政企分离的原则。随着改革开放的不断深入发展，企业所有制结构发生了很大变化，中央与地方企业之间的联合重组也日益增多，按企业隶属关系划分所得税，不仅越来越难以操作，也不利于企业平等参与市场的公平竞争。

3. 地方税收体系尚不健全稳定

1994 年实行的分税制财政管理体制，在建立地方税收体系方面迈出了重要一步。但在许多方面，地方税收体系还不适应市场经济的发展要求，除营业税是地方的主体税种外，其他大多属于零星的小额税种，而且各税之间缺乏内在的互补性，县、乡两级财政收入不够稳定。目前地方税的立法权和大多数地方税的减免权都集中在中央，随着改革的深化，这种过分集中的地方税管理模式，难以准确反映各地千差万别的经济状况和税源情况，难以充分发挥税收的调节作用。

4. 省以下分税制体制改革不够落实

各地按照中央对省的分税制改革的基本原则与模式，结合本地区的实际情况，实施了对下级政府的分税制财政管理体制。但较为普遍的现象是，多数收入划为共享收入，作为一级政府的专享税种较少，有的地方财政还缺乏稳定的收入来源。有些地方资金调度不落实。中央财政在核定地方资金调度比例时，曾明确规定各地必须将资金调度比例逐级核定到县级，以保证县级财政资金周转需要，但这项规定执行不够彻底，在一定程度上影响了县级财政正常的资金需要，各省辖区的地区间财力差异也较为悬殊。

5. 政府间财政转移支付制度尚不规范科学

实行分税制财政管理体制后，我国政府间财政转移支付由体制补助、税收返还、专项补助等各种形式构成，1995年后实行了过渡期转移支付办法，增加对一部分困难地区的补助。但转移支付办法尚不规范、不科学，离基本实现各地公共服务支出均等化、强化中央政府宏观调控的目标还有较大差距：一是一般性转移支付制度还不规范。分税制改革后实行的税收返还、体制补助和上解是从原来体制延用过来的，由中央财政列支拨出返给地方，中央不规定用途，由地方自主安排使用，其性质属于一般性转移支付，但由于其决定因素不是地方标准收入和支出的差额，而是新旧体制衔接过程对既得利益的补偿，因而难于发挥均衡地方财力、缓解地区间公共服务水平差异的调节作用。1995年后采用过渡期转移支付办法，对困难地区增加一些补助，由于中央财政困难，这部分转移支付数量有限，均衡作用不大。二是中央对地方专项补助分配和使用与财政分级管理的原则不相适应。相当部分专款用于地方事权范围和支出，体现中央事权和宏观调控的作用不够，分配办法也不规范。三是中央政府有关部门管理的某些补助地方的资金，如预算内基本建设投资、技术改造、农业开发投资等，还没有统一纳入中央政府对地方的转移支付范畴，未与财政转移支付资金统筹运用，影响使用效果。

五、改进完善分税制财政管理体制的主要内容

2002年12月26日国务院同意财政部《关于完善省以下财政管理体制有关问题的意见》，以通知转发给各省、自治区、直辖市人民政府和国务院各部委、各直属机构，贯彻执行。改进分税制的主要内容和做法包括以下几方面。

1. 完善省以下财政管理体制的目标和原则

近期内，完善省以下财政管理体制的目标是：充分调动各级政府增收节支的积极性，切实保证机关事业单位工作人员工资的及时足额发放和基层政权的正常运转，逐步缩小辖区内地区间财力差距，促进国民经济及各项事业的持续快速健康发展。完善省以下财政管理体制应坚持的原则是：突出重点，适当增强财政困难县的财力；保证各级地方财政的平稳运行，其财力调整主要通过增量进行；简明规范完善省以下财政管理体制目标实现的办法，力求简单透明，统一规范，便于操作。

2. 合理界定省以下各级政府的事权范围和财政支出责任

各地要按照建立公共财政框架的基本要求，依法界定各级政府的事权范围，进一步明确省以下各级政府的财政支出责任。在明确划分各级政府财政支出责任的基础上，各级政府要各负其责，严格实行行政执法责任制。属于共同事务，应根据各方受益程序，并考虑县、乡财政的承受能力，确定合理的负担比例，积极探索共同事务的经费负担办法。

3. 合理划分省以下各级政府财政收入

各地要根据各级政府的财政支出责任以及收入分布结构，合理确定各级政府财政收入占全省财政收入的比重。有的要适当降低省、市级财政收入比重，以保证基层财政有稳定的收入来源；有的要适当提高省、市级财政收入比重，并将因此而增加的收入用于对县、乡的转移支付，调节地区间财政收入差距。省、市级财政不得将因完善体制增加的收入用于提高本级财政支出标准或增加本级财政支出。省以下各级政府间财政收入的划分，要按照规定的原则并结合各地实际，采用按税种或按比例分享等规范办法，打破按企业隶属关系划分收入的做法。一方面要为推进企业的改组、改制、兼并重组和建立现代企业制度创造条件；另一方面要为保证县、乡财政收入的稳定创造条件。

4. 进一步规范省以下转移支付制度

省、市级财政要采取有效措施，切实帮助解决县、乡财政困难。在明确划分省以下各级政府财政收入和财政支出的基础上，建立规范的财政转移支付制度。省级财政要按照有关客观因素和开支标准，合理测算所属市级、县级机关事业单位工作人员工资和政权正常运转等基本财政支出需求。对县、乡财政收入不能满足基本财政支出需求，省、市级财政要通过增加一般性转移支付的方式逐步加以解决。省、市政府要承揽起分级管理的应尽职责，要通过多种方式，积极筹措资金，增加一般性转移支付资金规模，加大对财政困难县、乡的支持力度。转移支付资金的分配要力求公平、公正和合理。省、市级财政要采取措施保证中央安排的转移支付资金落实到县、乡。

5. 根据乡经济状况合理确定乡财政管理体制

各地要根据乡经济状况，区别对待，妥善处理县与乡的财政分配关系，避免向乡财政转嫁支出。对经济欠发达财政收入规模较小的乡和对经济较为发达、财政收入规模较大的乡，县财政要区别对待。要进一步加强对乡财政的管理，约束乡政府行为。乡财政要严格执行国家有关规定，除接受中央转贷外，不得举债或为企业、建设项目出具担保。

6. 强化财政预算管理，提高财政资金使用效率

一要按照建立公共财政框架的要求，并区别轻重缓急，调整支出结构，合理确定财政支出顺序。对按国家规定由财政安排的机关事业单位职工工资性支出，各级财政要足额安排，并全部纳入财政在国库开设的工资专户，专门用于工资发放。二要进一步规范财政资金供给范围，解决财政供养人口过多、包揽过宽的问题。三要通过实行部门预算、国库

集中收付和政府采购制度等改革措施，强化预算。

近几年来，各地贯彻落实国务院《关于完善省以下财政管理体制有关问题的意见》的精神，进一步完善省以下财政管理体制，在调整政府间支出责任划分、收入划分、建立和规范转移支付制度等方面做了大量工作。一是首先推进“省直管县”财政管理体制改革，即省级财政直接管理地（市）级和县（市）级财政，地方政府间在事权和支出责任、收入的划分，以及省对下转移支付补助、专项拨款补助、各项结算补助、预算资金调度等方面，都由省级财政直接对地（市）和县（市）级财政，目前全国已有 20 多个省份实施了“省直管县”。二是推进“乡财县管乡用”的财政管理方式改革。在乡镇政府管理财政的法律主体地位不变，财政资金所有权和使用权不变，乡镇享有的债权及负担的债务不变的前提下，县级财政部门在预算编制、账户统设、集中收付、采购统办和票据统管等方面，对乡镇财政进行管理和监督，帮助乡镇财政提高管理水平。

第三节　财税法制建设取得显著成效

一、在工商税制建设方面

按照“统一税法、公平税负、简化税制、合理分权，理顺分配关系，保障财政收入，建立符合社会主义市场经济要求的税制体系”的指导思想，国务院于 1993 年 12 月 13 日发布了《增值税暂行条例》《消费税暂行条例》《营业税暂行条例》《企业所得税暂行条例》《土地增值税暂行条例》，又于 12 月 25 日发布了《资源税暂行条例》，上述暂行条例从 1994 年 1 月 1 日起施行。加上在 20 世纪 80 年代颁布和实施的一些税收暂行条例，初步形成了基本适应社会主义市场经济发展的税收法规体系。众多的税收法规配合税收法律，使税收领域基本做到有法可依、有法必依，对于严格依法治税，增加财政收入，加强宏观调控，深化经济改革，扩大对外开放,促进社会经济协调发展,发挥了极其重要的作用。

二、在企业所得税法律制度方面

自20世纪80年代以来,为适应改革开放的需要,按照循序渐进的特点,我国按不同的资金来源和所有制性质分别立法,实行不同的企业所得税制度。1991年我国将适用于外商独资企业和外国企业的两个所得税法合并为《外商独资企业和外国企业所得税法》,国务院将适用于国有、集体和私营企业等内资企业的所得税条例合并,于1993年12月13日颁布《企业所得税暂行条例》,从1994年起施行,形成内资企业、外资企业两套所得税制度。这从当时来看是必要的,对于吸引外商投资,维护国家权益,促进经济发展,起到了积极作用。企业所得税有以下主要特点:一是企业所得税的计税依据为应纳税所得额,即纳税人的收入总额扣除各项成本费用、税金、损失等支出后的净额,因而企业所得税是一种不同于商品劳务税的税种;二是征税遵循了以量能负担为原则,企业所得税以纳税人的生产经营所得和其他所得为计税依据,体现量能负担原则,即所得多的多缴,所得少的少缴,所得无的不缴;三是实行按年计征、分期预缴的征收管理办法,即以全年的应纳税所得额作为纳税依据,分月或分季预缴,年终汇算清缴,与会计年度及核算期限一致,有利于征收管理。

三、在预算管理法律制度方面

为了建立适应社会主义市场经济体制的预算管理制度,规范预算行为,严格预算管理,加强预算监督,1994年3月22日第八届全国人民代表大会审议通过了《预算法》,并于1995年1月1日实施。我国《预算法》共有11章79条,主要内容包括:一是确定了预算法的立法宗旨、立法依据,国家预算级次及构成、预算原则、预算体制、预算年度等;二是规定了预算管理职权,包括对各级人民代表大会及其常务委员会、各级政府各级财政部门、各部门、各单位的预算管理权限作了具体规定;三是确定了预算收支范围,主要涉及预算的组成,预算收入和预算支出的构成,中央与地方之间预算收支的划分形式及管理原则；四是规定了预算编制，主要包括预算编制的时间、依据、方式、原则和各级政府及其财政部门在预算编制中的职责等；五是确定了预算的审查和批准，主要涉及预算审查批准的程序和各级人民代表大会对预算的审查批准等；六是规定了预算执行，主要包括预算组织及其权限，预算执行的依据，预算收支的执行，预算收支的管理，预备费和周转金的动用和管理等；七是确定了预算调整，包括预算调整的概念，预算调整的审批机关和审批程序等；八是规定了决算，主要包括决算草案的编制机关、编制时间和编制要求，决算草案的审查批准等；九是规定了监督，主要包括预算、决算的监督机构及其监督职权，各级政府及其财政部门接受监督时的责任和义务，预算、决算的监督形式等；十是确定了法律责任，主要是对违反我国《预算法》规定应承担的法律责任作了规定。预算法的出台标志着我国预算法制建设取得了实质性的进展，预算管理逐步纳入规范化、法制化的轨道，对于规范政府预算行为，协调各种预算关系，严格预算监督，加强预算管理，起到十分重要的促进作用。1995 年 11 月国务院颁布了《预算法实施条例》，1996 年颁布了《关于加强预算外资金管理的决定》，作为《预算法》的配套法规，对《预算法》的具体条款进行了具体补充和诠释。初步建立了基本符合社会主义市场经济要求的预算管理法律制度，有力推进了我国依法理财、依法治税的进程。

四、在财务会计法律制度方面

为了规范会计行为，保证会计资料真实、完整，加强经济管理和财务管理，提高经济效益，维护社会主义市场经济秩序，1985 年 1 月 21 日第六届全国人大常务委员会第九次会议审议通过《会计法》，根据 1993 年 12 月 29 日第八届全国人大常务委员会第五次会议《关于修改〈中华人民共和国会计法〉的决定》修正。1993 年 10 月 31 日第八届全国人大常委会第四次会议审议通过了《注册会计师法》，自 1984 年 1 月 1 日起施行，成立了中国注册会计师协会，由财政部门对注册会计师及其事务所和协会进行管理。1999年10月31日第九届全国人大常务委员会第十二次会议重新修订了《会计法》，为规范会计工作，保障会计人员行使职权，发挥会计工作在经济建设中的作用提供了法律依据。1991年国务院制定了《总会计师条例》，专门对总会计师的职责权限作出规定。1992年年底至1993年年初，先后制定颁布了《企业财务通则》和行业财务制度、《企业会计准则》和行业会计制度（以下简称两则两制），实行了以两则两制为标志的财务会计制度改革，完成了我国财会制度的模式转换，基本实现了我国会计制度与国际会计制度的接轨，确立了国际通行的“资产=负债+所有者权益”这个会计平衡等式，科学反映企业资源的规模、结构和质量，以及企业债权和债务，为后来建立现代企业制度、合理界定企业资产、指导企业有效利用资源、保证企业资产的流动性和推进财税以及金融体制改革提供了依据。通过规范企业的财务活动与核算办法，不仅扩大了企业理财自主权，改变了过去管得过多、统得过死的状况，有利于促进各类企业参与市场公平竞争，而且尽量与国际惯例接轨，使会计报表成为通用的商业语言，为企业转换经营机制，促进企业面向市场、走向世界创造良好的外部环境。

五、在财政管理体制方面

随着市场取向改革的逐步深化和经济的不断发展，财政包干体制已经不能适应发展社会主义市场经济的要求，国务院于1993年发布了《关于实行分税制财政管理体制的决定》，自1994年起改革过去的财政包干体制，对省、自治区、直辖市和计划单列市实行分税制财政体制。分税制体制改革的实施，对于规范中央财政与地方财政的收入渠道，调动各级政府理财的积极性，优化资源配置，提高中央财政收入占全国财政收入的比重，加强中央宏观调控能力，起到非常重要的积极作用。

第三章　财税体制的调整完善时期（构建社会主义公共财政框架时期 2000～2007 年）

市场经济是资源配置的有效方式，但市场机制自身也存在一些缺陷：市场很难提供公共产品和公共服务，市场机制难以兼顾效率和公平，市场信息失灵等。在社会主义市场经济条件下，政府和市场应当有明确的分工：市场对资源配置起基础性作用，通过提供私人物品或服务，满足私人个别需要；而政府主要致力于弥补市场缺陷，解决市场失灵问题，通过提供公共物品或服务，满足公共需要。

第一节　构建公共财政框架，转变财政职能

1999 年 3 月第九届全国人大第二次会议审议

同意财政部受国务院所作的"关于1998年中央和地方预算执行情况及1999年中央和地方预算草案的报告"中正式提出了要"转变财政职能,优化支出结构,建立公共财政的基本框架"。建设社会主义公共财政是发展市场经济、转变财政职能的客观要求,是现阶段财政改革的方向和目标。所谓公共财政,是指为市场和社会公共领域提供公共服务或公共产品的财政。它是在社会主义市场经济条件下弥补市场失效,发挥财政宏观调控作用,促进资源优化配置的必然选择。公共财政的内容主要包括:一是政府财政支出主要体现为公共支出;二是政府财政收入主要来源于社会的公共收入;三是政府公共收入与政府公共服务支出在总量上保持一致。公共财政的基本职能是:(1)调节经济达到总供求的基本平衡;(2)矫正竞争和市场不完善,促进资源优化配置;(3)通过政策工具和政策限度,实现收入在全社会公平分配;(4)运用各种宏观调控手段,实现经济稳定与发展。

我国构建社会主义公共财政框架,重点需要在两个方面进行定位调整:一是在政府与市场关系方面,要充分发挥市场配置资源的基础性作用,凡是市场能够配置资源的都要交给市场去办,凡是市场配置不好和不能配置资源的则由政府来弥补,政府活动的范围主要限定在社会公共领域,财政职能转向为市场经济提供公共服务,为社会公众提供公共服务,同时还要注重防范和化解财政风险和公共风险。为此,财政要逐步退出"越位"的一般性生产建设领域,特别是竞争性、营利性领域,加强填补"缺位"的提供社会公共产品和服务领域,为社会有效提供更多的公共产品和服务,同时为市场经济创造公平竞争的市场秩序和良好环境,使财政成为市场提供公共服务的财政。二是在政府与公众关系方面,财政要由"以国家为主体"转为"以公众为本位",从管理与被管理的关系转为受托办理与委托代理的关系,公共财政说到底就是受托人(政府)用委托人(公众即纳税人)的税金去办理委托人的代理事项,要从法律制度上保证社会公众对政府财政活动的知情权、决定权和监督权,使社会公众真正成为财政的主人，使财政真正成为社会公众的财政。在社会主义市场经济条件下，随着政府职能重心逐步转向经济调控、社会管理和公共服务，我国财政职能也随之相应转换。

为了适应社会主义市场经济发展的要求，逐步建立公共财政管理体制，构建公共财政基本框架的基本思路是：积极推进税费改革，规范收入分配体系；逐步建立以税收收入为主、规费收入为辅的政府财政收入体系；规范公共财政支出范围，财政资金逐步退出经营性、竞争性领域，转到提供社会公共服务方面来，建立与市场经济条件下政府职能相适应的财政支出结构，促进经济和科教文卫环保等社会各项事业协调发展；同时，改革预算管理制度，加强预算监督，提高财政资金使用效益。围绕构建公共财政框架，我国从2000年起主要展开了以下财政改革：

一、积极推进税费改革，规范公共收入分配体系

税费改革的总体要求和主要内容是，对各种收费、基金区分不同类别和不同情况，采取“一清、二转、三改、四留”的改革措施。“一清”是根据转变政府职能和建立公共财政的要求，对现行收费进行全面清理整顿的基础上，坚决取消不合法、不合理的收费项目；“二转”是按照政企分开的要求，将一些不再体现政府职能、属于经营性的收费，如收费道路、桥梁的车辆通行费等，对其所得收入要依法纳税；“三改”是将一部分具有税收特征的收费，按照优化税制的要求，改为相应的税收，纳入政府税收收入体系；“四留”是保留少量符合国际惯例和国际条约的收费，及其政府对社会实施特定管理和提供特殊服务收取的规费，并明确收费标准，实行规范化的财政管理。

二、深化“收支两条线”管理改革，规范公共收支渠道

这项改革的核心是实行收支脱钩和收缴分离。“收支两条线”管理改革的主要内容是：对中央34个有预算外收入的行政执法机关和代行行政职能的事业单位，实行收支脱钩管理。即预算外收入全部上缴财政，收支在部门预算中按有关标准统一安排，由财政部门平衡、审核。

2002年改革的主要内容：一是清理整顿现行收费、基金项目，将100多项行政事业性收费和26项政府性基金纳入预算管理；二是中央部门采取将预算外资金纳入预算管理或实行收支脱钩的办法，编制综合预算；三是改革预算外资金收缴制度，实行收缴分离，取消原先部分预算外资金按一定比例留用的政策，预算外资金全额缴入财政专户管理。2005年继续清理整顿政府性基金、行政事业性收费，同时完善预算外资金收缴分离制度。通过“收支两条线”管理改革，规范公共收支渠道，将所有的财政性资金全都纳入财政部门的统一管理和监督之下，强化公共收支监管。

三、推进部门预算改革，规范和细化公共预算编制

根据我国《预算法》的有关规定，改变现行的功能预算编制方法，细化公共预算编制的内容，推行市场经济国家普遍采用的部门预算编制方法，将预算支出按部门和支出项目进行分配。按照全国人大常委会的要求，2000年改进国家预算编制办法，试编部门预算，中央各部门按照统一规定和标准表格，统一编制反映本部门所有收支情况的预算，选择教育部、农业部、科技部、劳动和社会保障部作为试编部门预算的试点单位，并将这4个单位的部门预算报送全国人民代表大会。2001年我国部门预算改革扩大试编和上报部门预算的范围，由4个中央部门增加到26个部门，并细化了上报的内容，改进了上报的形式，试行部门决算审计和签审制度，同时进行定员定额和项目预算试点工作，并确定国家计委等10个部委进行试点。2002年进一步扩大中央部门预算的报送范围，最高人民检察院、最高人民法院和国务院承担行政管理职能的直属机构都要向人大报送部门预算，全面推行部门决算审计和签审制度。2003年深化部门预算基本支出和项目支出的改革，改进项目管理方式，实行滚动的项目预算管理模式，同时为了配合部门预算基本支出和项目支出改革，改进部门预算的编报内容和形式；规范部门预算编制规程，完善部门预算的批复格式。2004年继续推进部门预算改革，主要包括深化基本支出预算管理改革,研究建立预算绩效评价体体系,加强项目支出和项目库管理工作。到2005年已有国务院40个部委向全国人大提交了部门预算表,深化部门预算改革的重点内容:一是完善定员定额标准体系,扩大实物费用定额试点范围;二是加强项目支出预算管理基础工作;三是稳步推进绩效考评试点工作;四是加强对部门财政拨款结余资金的管理;五是推进综合预算管理。

通过实行部门预算改革,使国家预算不断规范和细化,不仅大大提高了公共预算的科学性和透明度,有力促进财政部门合理分配和有效监管预算资金,缩短预算批复时间,解决批复不及时的问题,强化执行中的预算约束,有效防止挤占挪移,而且为各级人大对国家预算、部门预算进行有效的审查监督创造了良好条件,增强了人大审查监督预算的力度,使预算资金的投向更加科学合理,促进政府职能的转变,强化财政公共服务职能,促进财税部门严格依法理财、依法治税,提高公共预算管理水平。

四、推行所得税收入分享改革,规范中央与地方的财政分配关系

为了规范中央与地方的财政分配关系,建立合理的分配机制,从2002年起打破现行按隶属关系和税目划分所得税的办法,除少数特殊行业或企业外,对其他企业所得税和个人所得税的收入实行中央与地方按比例分享。这个改革的主要原则和内容:一是中央与地方分享比例,2002年为5∶5,2003年为6∶4;二是以2001年为基数,对地方净上划中央所得税定额返还地方;三是中央通过改革增收的收入,按照公开、公正、公平的原则,采用规范的方法进行分配,全部用于对中西部地区的一般性转移支付。从2004年起继续按中央分享60%,地方分享40%执行。

五、调整优化财政支出结构,增强财政公共服务功能

随着市场资源配置基础性作用的逐步增强和政府职能的逐步转变,按照构建公共财政的要求,加大财政支出结构调整力度,增强财政公共服务功能，重点保证教育、科技、文化、卫生、环境保护和社会保障等的需要。在合理控制财政支出总量的同时，优化财政支出结构，逐步解决财政的“缺位”和“越位”问题。将那些不属于政府承担的事务逐步推向市场，与财政供给脱钩，财政支出优先保证重点事业发展的需要。财政逐步退出竞争性、盈利性投资领域，通过压缩一般性项目投资，增加对农业、能源、交通等基础产业和基础设施投资，在财政政策上支持国家支柱产业和高新技术产业发展，并增加对教育科技、医疗卫生、环境保护和社会保障等方面的投入，政府与市场的分工逐渐在财政支出结构上体现出来。随着财政收入较快增长和国债发行规模扩大，各项支出均有较大幅度增加；与此同时，各级财政加大调整支出结构的力度，财政用于社会性支出的比重不断提高。到2007年用于社会公共服务方面的支出占全国财政总支出的比重分别为：教育支出占14.3%，科学技术支出占3.6%，医疗卫生支出占4.0%，就业和社会保障支出占总支出的10.9%。2008年1~7月在全国财政支出同比增长29.7%的情况下，用于社会公共服务方面的支出又有较大幅度的增长。其中，教育支出同比增长23.7%，科学技术支出同比增长43.8%，医疗卫生支出同比增长34.7%，环境保护支出同比增长92%，就业和社会保障支出同比增长46.5%。

六、改革财政支出管理制度，提高公共支出的使用效益

与财政收入管理体制改革相比，我国财政支出管理体制改革明显滞后。实行政府采购制度、国库集中支付制度和改革预算科目分类体系是改革财政支出管理制度的重要内容，是加强财政支出管理的基础。

1. 全面推行政府采购制度

政府采购制度是国际上通行有效的一种财政支出管理法，被称为“阳光工程”。实行这个制度，要求政府各部门的直接支出，包括各类办公用品、设备、公共设施及政府所需的其他劳务，都要按法律、法规规定的方式向社会购买。在条件允许的情况下，大力推行集中购买、公开招标的方式，以遏制腐败行为的发生，提高资金使用效益。我国政府采购制度改革的试点工作是从地方开始的，到1998年年底，已有29个省、自治区、直辖市和计划单列市不同程度地开展了试点工作。2003年1月1日我国开始实施《政府采购法》，有力推动政府采购制度改革取得新进展：一是政府采购配套制度建设全面展开，使政府采购逐步走上规范化、法制化的轨道；二是政府采购范围更加明确，采购规模继续扩大；三是政府采购管理与执行机构分离取得实质性进展。政府采购实行集中购买、公开招标以后，不仅遏制腐败行为的发生，而且有效节约财政资金，从政府采购实施的情况来看，我国政府采购资金平均节约率在13%以上，极大提高了财政资金的使用效益。

2. 逐步实施国库集中支付制度

所谓国库集中支付制度，是将所有财政性收入，包括预算内收入和预算外收入存入国库单一账户，进行集中收纳管理，同时对各部门、单位的财政性支出都通过国库单一帐户进行集中支付。国库集中支付制度是规范财政性资金收付的最彻底、最可靠的模式。在这种制度下各种财政性收入不再通过各种中间环节，而直接缴入国库账户，财政部门对各部门、单位的经费不再按期预拨，各部门、单位根据自身履行职能的需要，在预算确定的范围内，决定购买何种商品和劳务，但付款由国库集中处理。财政（国库）管理部门办理支付的过程中，可以直接对各部门、单位的支出实行全过程监督。2001年国务院批准《财政国库管理制度改革方案》。从2002年起有35个中央部门纳入改革范围，到2003年年底已有82个中央部门及其所属1288个基层预算单位进行了改革，初步建立了规范的财政国库管理制度框架；地方已有26个省区607个省级预算单位进行了改革；国库集中支付制度信息系统开发运行为改革提供了技术保障。到2005年年底，中央160多个部门及其所属3300个基层预算单位、涉及3700亿元财政资金纳入了国库集中支付的范围。这项改革的试点表明，不仅极大提高资金收付的效率，而且有效预防腐败现象的发生。

3. 改革完善预算科目体系

为了适应社会主义市场经济发展的要求，从2001年起推进预算科目体系改革，以全面反映政府公共预算所有收支活动。特别是实行部门预算后，需要进行相应的预算收支科目改革，完善社会主义公共预算科目体系。一是根据发展社会主义市场经济的要求，按照支出功能分类的一般原则，对类、款、项、目四级科目进行科学的调整和改造；二是调整和细化公共预算收支科目，特别是细化目级科目，克服预算收支科目中目级分类过于简单的缺陷；三是规范和统一公共预算科目，统一部门预算编制，把体现部门职能的所有收支统一纳入预算，统一在预算收支科目中反映出来。通过预算科目体系改革，逐步建立与社会主义公共财政相适应的公共预算科目体系。

第二节　按照国际税制改革的发展趋势，改革完善我国税制

一、新时期新一轮税制改革的必要性

从20世纪末到21世纪初，随着我国改革开放和世界经济一体化的发展，特别是2001年我国正式加入了世界贸易组织（World Trade Organization，WTO）后，国内外社会经济形势发生了深刻变化。从国际形势来看，面向21世纪的世界面临经济全球化的发展趋势，特别是国际贸易的迅速发展，跨国投资的急剧增长和国际经济协调的增强，正在对各国经济的发展产生越来越重大的影响，我国经济的发展与世界经济的发展具有越来越紧密的联系，我国的经济需要在国际竞争与合作中发展，因而研究我国的税制改革，必须注意研究世界经济和各国税制的发展趋势。

从国内形势来看，2002年11月召开的党的十六大提出了全面建设

小康社会的战略目标，第八届全国人大第四次会议批准的《国民经济和社会发展“九五”计划和2010年远景目标纲要》提出，到2010年我国要建立比较完善的社会主义市场经济体制。自改革开放以来，虽然我国的经济发展已经取得了举世瞩目的巨大成就，财税体制改革也取得了突破性进展，为下一步的税制改革与经济发展奠定了较好的基础。但是，我们取得的改革成果与所要达到的战略目标相比，还是初步的、阶段性的，我国现行税制中还存在不少问题，新时期经济社会的新变化也会给我国税制带来许多新情况。已经暴露出来的缺陷和问题主要有：一是税制结构不够完善，没有充分体现市场经济条件下公平竞争的原则，对不同所有制经济和不同地区之间的税收政策存在差异，税收负担轻重不一，不利于新形势下经济协调发展。二是有些税种设置不够合理，有的税种税率偏高，部分企业税负过重，有的税种税基偏窄，税源“滴漏”比较普遍。三是税收征管政出多门，特殊政策过多过乱，依法征管不够严格，偷逃避税现象较多，收入流失比较严重。四是税收宏观调控功能的发挥还不够理想，特别是对社会收入分配不公的调节力度比较薄弱。上述问题从根本上说，就是要进一步解决好依法治税的问题。

二、新一轮税制改革的基本原则和主要任务

党的十六届三中全会通过的《中共中央关于完善社会主义市场经济若干问题的决定》，明确提出了进一步深化我国经济体制改革的目标和任务，并鲜明提出：按照“简税制、宽税基、低税率、严征管”的原则，稳步推进税收改革。这12字的税制改革原则，是我们进行新一轮税收改革，设计新的税收体系框架必须遵循的基本指导原则。上述改革原则，不仅充分体现了我国现阶段的基本国情，而且为我们现实地指明了新一轮税制改革的基本取向。新一轮税制改革主要有以下几项任务。

1. 深化农村税费改革，切实减轻农民负担

《中共中央关于完善社会主义市场经济若干问题的决定》指出，农村税费改革是减轻农民负担和深化农村改革的重大举措。我们应当把这

项改革提高到是贯彻落实党中央关于统筹城乡经济发展,发展农村经济,解决"三农"问题的一项不可忽视的大政策,是党中央"治农"的一项德政。还明确提出了取消农业特产税和逐步降低农业税率,并在5年内最终取消农业税的两大决策。

推行农村税费改革的第一阶段是调费改税,主要包括"三取消""两调整""一改革"的措施。"三取消":一是取消乡统筹费、农村教育集资等专门面向农民征收的行政事业性收费和政府性基金、集资;二是取消屠宰税;三是取消统一规定的劳动积累工和义务工。"两调整":一是调整农业税政策,二是调整农业特产税政策。"一改革":是指改革村提留征收使用办法。

第二阶段是取消农业税。从2000年起加快农村税费改革步伐,扩大农村税费改革试点范围,增加改革试点的省份,减轻农民负担,同时取消不合理的收费,规范政府收入行为,用税收取代部分具有税收特征的收费。2002年做好农村税费改革试点地区农民负担监督管理工作,普遍推行农业税收公示制,强化减轻农民负担工作责任,继续抓好农民负担的监督检查,规范农业税收征管,落实好灾区和贫困地区农业税费减免政策,防止平摊税收。2003年在总结经验、完善农村税费改革试点的各项政策的基础上,在全国全面推行农村税费改革,不断完善改革试点政策,推进县乡机构和农村义务教育体制等的综合配套改革,初步实现农民负担明显减轻的改革目标。2004年改革粮食流通体制,对农民实行直接补贴,全面取消了除烟叶外的农业特产税。为了进一步减轻农民的负担,加强农业的基础地位,促进农村的发展,增加农民收入,2005年全国人大常委会审议通过《关于废止农业税的决定》,从2006年起在全国范围内废止农业税,这标志着对农民征收几千年的"皇粮国税"终于成为历史。同时增加对农村的转移支付,确保农民负担得到明显减轻,确保县乡镇机构和村级组织正常运转,确保农村义务教育经费正常需要。

2. 改革出口退税制度,促进外向性经济发展

出口退税制度是我国实行鼓励出口的一项政策措施,也是国际通行的规则。1994 年分税制改革时,出口退税改由中央全部负担,随着外贸出口持续高速增长,出口退税增长远远高于国内增值税增长,尽管中央出口退税预算指标一再增加,但出口退税应退数和实退数仍存在差距,使得欠退税情况越来越严重,影响外向性经济的发展,中央财政负担沉重,改革势在必行。这项改革的主要思路是:从体制创新入手,按照“新账不欠,老账要还,完善机制,共同负担,推动改革,促进发展”的原则,形成中央、地方、企业共同负担出口退税的新机制。按照这个改革思路,2003 年 10 月 13 日国务院发布了《关于改革现行出口退税机制的决定》,明确了对出口退税制度改革的具体内容:一是适当降低出口退税率;二是加大中央财政对出口退税的支持力度;三是建立中央和地方共同负担出口退税的新机制;四是推进外贸体制改革,调整出口产品结构;五是累计欠退税由中央财政负担。同时,财政部、国家税务总局联合发出了《关于调整出口货物退税率的通知》。

这项改革从 2004 年 1 月 1 日起实施,以 2003 年出口退税实退指标为基数,对超基数部分的应退税额,由中央和地方按 75:25 的比例共同负担。对截至 2003 年年底累计欠企业的出口退税款和按增值税分享体制影响地方的财政收入,全部由中央财政负担。2005 年针对出口退税机制改革后出现的一些新情况和问题,决定在维持 2004 年经国务院批准核定的各地出口退税基数不变的基础上,对超基数部分,从 2005 年 1 月 1 日起,中央、地方按照 92.5:7.5 的比例负担。各省级政府根据本地实际情况,自行制定省以下出口退税分担办法。对所属市县出口退税负担不均衡等问题,由省级财政负担统筹解决。

3. 统一各类企业税收制度,促进企业公平竞争

由于历史原因,我国曾对不同所有制类型的企业,实行不同的税收制度的区别对待政策。改革开放以来,虽然逐步消除这种差别对待政

策,但内资企业与外资企业仍存在待遇不同的两套税制。随着我国经济体制改革和对外开放的不断发展,按照WTO规则及我国加入WTO的承诺,各类企业要求统一税制、公平税负、实现公平竞争。改革的基本取向是,对现有税制实施统一规范,不再区分不同所有制形式。企业所得税制改革的指导思想是:根据完善社会主义市场经济体制的总体要求,按照"简税制、宽税基、底税率、严征管"的税制改革原则,借鉴国际经验,建立各类企业统一适用的科学、规范的企业所得税制度,为各类企业创造公平竞争的市场环境。根据上述指导思想,2007年3月第十届全国人民代表大会第五次会议审议通过了《企业所得税法》,新的《企业所得税法》实现了5个"统一",即统一对内外资企业不同规定的我国《企业所得税法》,统一对内外资企业不同待遇的企业所得税制,统一并适当降低企业所得税税率,统一和规范税前扣除办法和标准,统一企业所得税优惠政策和税收征管。

4. 加快增值税转型改革,完善增值税制度

自1994年税制改革以后,我国实行"生产型增值税",也就是增值税对"进项税额"的扣除,只允许扣除购入的原材料等所含税金,不允许扣除外购固定资产所含税金。当时选择生产型增值税,主要目的是保证财政收入需要和抑制投资膨胀。在执行中生产性增值税的一些弊端日益显露出来:一是由于企业购置固定资产所含的税金,不能扣除,不利于促进企业扩大投资、设备更新和技术进步;二是由于基础产业和高新技术产业资本有机构成高,因而税负重于其他产业,不利于基础产业和高新技术产业的发展;三是由于国内产品税负重于外国产品,不利于内外产品平等竞争。增值税由生产型转为消费型后,企业所有外购项目包括原材料、固定资产在内,所含税金都允许扣除,有利于消除重复征税,有利于鼓励民间投资,推动经济增长,也有利于结构调整和技术升级。增值税转型的试点是从2004年东北地区8大行业开始的,到2007年逐步扩大到中部地区6个省部分城市。2008年11月10日国务院宣布,在全国

所有地区、所有行业推行增值税改革，从 2009 年 1 月 1 日起实施。改革的主要内容是：允许企业抵扣新购入设备所含的增值税，同时，取消进口设备免征增值税和外商投资企业采购国产设备增值税退税政策，将小规模纳税人的增值税征收率统一调低至 3%，将矿产品增值税税率恢复到 17%。经测算，2010 年实施该项改革将减少当年增值税收入共 1200 多亿元，以利于减轻企业负担，提高企业资本有机构成，促进企业设备更新和技术进步。

5. 适当扩大消费税税基，完善消费税制度

消费税是对特定消费品和消费行为在特定环节征收的间接税，对国家组织收入和实施宏观调控有重要作用。改革完善消费税制度，有以下主要内容：一是适当扩大征收范围，将尚未纳入税目的部分消费量较大、有一定盈利水平、税基较宽的消费品和部分高档消费品以及对环境危害较大的产品纳入征税范围；二是根据经济发展、结构调整和人民生活提高情况的变化，对现行税率做降低或调高的改革；三是对目前个别重要消费品和消费行为，由于种种原因征收不到位，应通过完善政策，改革管理办法，实现规范管理。消费税的改革应当与增值税、营业税的改革配套进行。

6. 改革完善个人所得税，实行综合与分类相结合的税制

随着我国收入分配制度的改革，个人收入出现了多样化，个人收入差异不断扩大，为了扭转收入差异扩大的趋势，加大对个人收入差异的调节力度，必须改革个人所得税制度。现行的个人所得税实行分类计征办法，将个人所得分为 11 个税目，并相应规定税率、费用扣除标准和计税办法。这个计征办法暴露出一系列问题：一是个人所得税的调节力度受到分项征收税制的很大限制，不能充分体现公平税负的原则；二是容易出现分解收入、多次扣费的现象，便于施行逃税避税，造成税收流失；三是个人所得税的边际税率偏高，不利于形成自觉纳税的良好环境，也不利于吸引高水平人才。个人所得税的改革方向主要是：实行综合与分

类相结合的税制,即将连续性较强的、数额较大的收入列为综合项目,汇总起来统一计算,统一实行超额累进税率,加大对高收入的调节力度;对财产转让、特许权费、利息等连续性较弱的、收入较少的收入项目,仍按分项计算,分别实行比例税率;调整税率级距和税负水平,适当降低最高边际税率水平;同时,统一规范税前的费用扣除标准等。

7. 严格依法治税,强化税收征管

主要包括以下内容:一是必须严格依法征税、依律计征,切实改变过去依照计划指标征税的做法,同时严格执行法律规定的税收优惠政策,严禁越权减免税、征收"过头税";二是必须建立健全各类规章制度,实行规范化管理,同时大力加强各项基础工作,积极推行计算机化管理,逐步形成网络化管理;三是不断提高税务人员的综合素质,转变税务机关管理纳税人的观念,增强税务人员为纳税人服务的意识,为纳税人提供优良服务,特别要加强税收宣传和咨询服务;四是加强税务机关与其他各有关部门的配合,改善依法治税的社会环境,严惩偷税、逃税、骗税、避税等违法行为,堵塞税收收入流失,同时不断提高征税效率,努力降低税收成本。通过上述改革措施,确保国家税收收入的不断增长,逐步将税收收入占国内生产总值的比重提高到20%以上。

三、新一轮税制改革的主要特点

我国新一轮税制改革有着与过去税制改革不同的显著特点,主要表现为结构性的不断调整和渐进式的逐步完善。

增值税转型改革方面,自2004年7月1日起,在东北老工业地区对装备制造业等八大行业实行了生产型增值税向消费型增值税转型改革试点,允许企业新购进机器设备所含的增值税进项税额在企业增值税税额中扣除,并逐步向全国推广增值税转型试点范围。自2007年7月1日起,改革试点扩大到中部6省26个老工业城市的八大行业。2008年10月10日国务院宣布,在全国所有地区、所有行业推行增值税转型改革,于2009年1月1日实施。

个人所得税改革方面，我国《个人所得税法》经过多次修改，逐步提高个人所得税对工资、薪金所得费用的税前扣除标准，从2006年1月1日起由每月800元调整到1600元，自2008年3月1日起又提高到2000元。

农村税费改革方面，2000年加快改革的步伐，扩大农村税费改革试点范围，增加改革试点的省份，减轻农民负担，同时取消不合理的收费，规范政府收入行为，用税收取代部分具有税收特征的收费，2003年在总结经验、完善农村税费改革试点的各项政策的基础上，在全国全面推行农村税费改革，不断完善改革试点政策，推进县乡机构和农村义务教育体制等的综合配套改革，在农村税费改革的基础上，2006年在全国范围内废止了农业税。

企业所得税改革方面，1991年我国将适用于外商独资企业和外国企业的两个所得税法合并统一为《外商独资企业和外国企业所得税法》，1993年又将适用于国有、集体和私营企业等内资企业的所得税条例合并统一为《企业所得税暂行条例》，2007年3月第十届全国人大第五次会议审议通过内外资企业统一适用的《企业所得税法》，改革了内外资企业待遇不同的两套企业所得税制，从2008年1月1日起正式实施，结束了我国实行内外有别的两套企业所得税法、两套企业所得税制的历史，逐步建立起一个有利于企业公平竞争的税制环境。通过新一轮税制改革，还修订了耕地占用税和城镇土地使用税，统一了车船税；遵循加入WTO承诺，我国关税税率总水平也由2001年15.4%降至2004年的10.4%，2007年进一步降至9.8%。

第三节　财税法制体系基本建成

一、在修改完善税收征管法律制度方面

我国《税收征收管理法》出台以后，1995年2月经第八届全国人大

常委会第二十二次会议审议通过,对《税收征收管理法》第14条有关增值税专用发票的条款进行了修改。1996年国务院颁布了《关于坚决打击骗取出口退税严厉惩治金融和财政领域违法乱纪行为的决定》。随着我国税收征收管理法律体系的不断健全完善,法律规定日臻规范,可操作性明显增强,对于保障税收收入,维护纳税人合法权益,协调征纳关系规范化、法制化等方面起到了非常重要的作用。但随着客观形势的发展变化,特别是新税制的实施和税收征管的改革,原有税收征管体系已经难以适应,我国《税收征收管理法》自身的不足也逐步显露出来,各种税收违法行为日益猖獗,偷逃骗税和反偷逃骗税斗争日益激烈,为了加强税收征管,迫切需要修订和完善《税收征收管理法》,2001年4月28日第九届全国人大常委会第二十一次会议对《税收征收管理法》进行了第二次修订,审议通过了《税收征收管理法(修订案)》,从2001年5月1日起施行。

新《税收征收管理法》的颁布施行,对于打击税收违法行为,整顿规范市场经济秩序,进一步保护纳税人的合法权益,规范税务机关的执法行为,促进经济发展和社会进步具有非常重要的意义,是依法治国、依法行政、依法治税在社会主义市场经济条件下的新发展。与原《税收征收管理法》相比,新修订的《税收征收管理法》在许多方面有了重大突破:一是进一步明确了税务机关执法主体的地位,突出了规范税务机关行为的要求,规定了税务机关应加强内部监督制约、依法行政、文明执法并依法接受社会监督;二是大量增加了保护纳税人合法权益和依法享有权利的内容和条款;三是增加了防范涉税犯罪行为的措施,加大了打击偷税骗税的力度;四是扩大了税收保全措施和强制执行措施的适用范围,建立了改制企业的税收清缴制度,明确了国家税收的优先地位等,为加强税收征管和依法治税提供了广阔空间和法律保障。上述内容的修改和调整,体现了税收面向21世纪的发展方向,符合税收征管工作的实际需要,同时也对税收工作提出了更高的标准和要求。

二、在修改完善个人所得税法律制度方面

1999 年 8 月 30 日第九届全国人大常委会第十一次会议审议通过了《关于修改〈中华人民共和国个人所得税法〉的决定》，对我国《个人所得税法》进行了第二次修改，取消了存款利息免除个人所得税的规定。《个人所得税法》自 1993 年修订并实施以来，个人所得税在调节收入分配和组织财政收入方面的功能不断加强，对促进经济和社会的发展发挥了积极作用。但是，由于在此期间城镇居民的工资水平有了较大的提高，收入来源结构、消费支出结构和社会分配结构发生了很大变化，《个人所得税法》已不能适应新形势发展的需要，应当进行以扩大税基、调整税率、建立综合和分类相结合的税制为目标的改革。鉴于当时全面修改《个人所得税法》的条件还不够成熟，首先解决社会反响比较突出的问题，2005 年 10 月 27 日第十届全国人大常委会第十八次会议审议通过《关于修改〈中华人民共和国个人所得税法〉的决定》，对我国《个人所得税法》进行第三次修改。

这次修改《个人所得税法》的主要内容：一是提高工资、薪金所得的税前费用减除标准，将工薪所得的费用减除从每月 800 元提高到 1600 元，减轻中低收入纳税人的税收负担；二是规定个人所得超过一定数额的高收入者应当自行申报纳税，加强对高收入者的税收征管，既可堵塞税收收入流失，又可缓解收入分配不公；三是进一步规定个人所得税的扣缴义务人应当办理全员全额扣缴申报，使税务部门更为准确地掌握和核定纳税人的收入来源、数额和结构，及时堵塞个人所得税的征管漏洞，有效防止税收收入的流失。2008 年又将工薪所得的费用减除标准从每月 1600 元提高到 2000 元。

三、统一企业所得税法律制度方面

随着我国社会主义市场经济体制的逐步建立，经济社会情况发生了很大变化，特别是我国加入世界贸易组织后，对内资企业与外资企业内外有别的两套企业所得税法、两套所得税制，已经不能适应新形势发展的需要，出现了许多矛盾和问题，其中最主要的有以下问题：一是两套税制违反国民待遇原则，由于内外资企业所得税没有统一，外资企业在享受税收优惠超国民待遇的同时，也存在一些非国民待遇，适用于内资企业的某些税收优惠，如福利性、照顾性税收优惠，外资企业不能享受，不符合世贸规则和国际通行做法。二是两套税制违反税负公平原则，外资企业享受大量的税收优惠政策，内资企业不能享受同等的税收优惠政策，内资企业的实际税负大约为 25%，远高于外资企业实际税负大约为 15% 的水平，不利于企业公平竞争和内资企业的发展后劲。三是税收优惠违反适度原则和效率原则，优惠政策存在较大漏洞，不仅导致税收优惠过多过滥，税收收入白白流失，而且因对内外资企业的税收待遇不同，背离了税收中性原则，扭曲了市场经济行为，税收优惠效果不理想。为了有效解决我国企业所得税制度存在的上述问题，必须改革企业所得税制，统一企业所得税法。企业所得税制改革的指导思想是：根据科学发展观和完善社会主义市场经济体制的总体要求，按照“简税制、宽税基、低税率、严征管”的税制改革原则，借鉴国际经验，建立各类企业统一适用的科学、规范的企业所得税制度，为各类企业创造公平竞争的市场环境。根据上述指导思想，2007 年 3 月全国人民代表大会第一会议审议通过了《企业所得税法》。

我国新的《企业所得税法》有以下 5 个亮点：一是实现了 5 个统一，即统一对内外资企业不同规定的企业所得税法，统一对内外资企业不同待遇的企业所得税制，统一并适当降低企业所得税税率，统一和规范税前扣除办法和标准，统一企业所得税优惠政策和税收征管。二是取消了原先内资企业所得税法中有关以独立经济核算为标准确定纳税人的规定，按照国际上通行的做法，采用了“居民企业”和“非居民企业”的概念，居民企业承担全面的纳税义务，就其境内外全部所得纳税；非居民企业承担有限的纳税义务，就其我国境内的所得纳税；按照国际税制改革的发展趋势，考虑周边国家的税率水平，将所得税税率适当降为 25%，在国际上保持适中偏低的水平，有利于吸引外商投资，提高企业的竞争能力。三是为了缓解新《企业所得税法》出台对部分老企业增加税负的影响，对原先享受法定税收优惠的企业实行过渡措施，可在新《企业所得税法》施行5年内享受低税率过渡照顾，并在5年内逐步过渡到新的税率。四是为了规范企业所得税的征管行为，统一纳税方式，方便纳税人，降低税收征纳成本，改变内资企业以独立核算的单位为纳税人就地纳税的做法，对在中国境内设立不具有法人资格营业机构的居民企业，实行汇总计计算、缴纳企业所得税。五是为了防范各种避税行为，借鉴国际惯例，增加了特别纳税调整，对防止关联方转让定价、一般反避税、防止资本弱化、防范避税地避税等做了明确规定，强化了反避税手段，维护了国家利益。

四、在加强预算审查监督制度方面

政府预算在促进经济社会发展，维护社会稳定，改善人民生活，加强宏观调控等方面有着非常重要的作用。但由于我国的预算行为不规范，预算安排不透明，违反财经法纪的现象相当普遍，利用职权挪用财政资金时有发生，腐败现象屡禁不止。为了履行我国《宪法》赋予全国人大及其常委会的职责，贯彻依法治国的基本方略，加强预算的审查监督，规范政府的预算行为，充分发挥中央预算的重要作用，逐步建立符合社会主义市场经济发展要求的预算审查监督体系，1999年12月25日第九届全国人大常委会第十三次会议审议通过了《关于加强中央预算审查监督的决定》。

该决定主要有以下特点：一是坚持从实际出发，立足于中国国情，既要加强预算审查监督工作，又要具有可操作性；二是突出重点，针对预算中的突出问题加大审查监督力度；三是将我国《宪法》和《预算法》中有关预算审查监督的条文具体化，强调落实有关法律已经规定但尚未落实的内容。

该决定有以下重要内容：一是加强和改善预算编制工作，要细化预算编制和提前编制预算。二是加强和改善中央预算的初步审查工作，按照真实、合法有效和具有预测性的原则，对中央预算进行审查，国务院财政部门应当积极配合，提交审查需要的相应材料。三是加强对超收收入使用的监督，需要动用超收收入追加支出时，国务院应当编制超收收入使用方案，向全国人大常委会报告。四是严格控制不同预算科目之间的资金调剂，中央预算安排的重点支出资金的调减，须报全国人大常委会审查和批准。五是加强对预算外资金的监督，对暂时不能纳入预算的预算外资金，应当编制收支计划和决算，并向全国人大常委会报告。六是规定预算工作委员会协助财经委员会，承担全国人大常委会审查监督预算方面的具体工作和有关法律草案审议的具体工作，承担有关财税法律草案的起草工作等。

该决定的出台，对于加强和改善人大对预算的审查监督，促进程序性审查监督转向实质性审查监督，提高预算审查监督的质量和效果，严格预算管理，强化预算约束，促进财政职能的转变，加强财政公共服务功能等方面，起到了极其重要的作用。

五、在修改完善会计法律制度方面

为了规范会计行为，保证会计资料真实、完整，加强经济管理和财务管理，提高经济效益，维护社会主义市场经济秩序，1985 年 1 月 21 日第六届全国人大常务委员会第九次会议审议通过《会计法》，根据 1993 年 12 月 29 日第八届全国人大常务委员会第五次会议《关于修改〈中华人民共和国会计法〉的决定》修正，1999 年 10 月 31 日第九届全国人大常务委员会第十二次会议修订。

我国修订后新《会计法》的主要内容包括：一是制定《会计法》的立法宗旨；二是规定各单位必须依法设置会计账簿，并保证其真实、完整，单位负责人对本单位的会计工作和会计资料的真实性、完整性负责；三是要求会计机构、会计人员依照本法规定进行会计核算，实行会计监督，任何单位或者个人不得以任何方式授意、指使、强令会计机构、会计人员伪造、变造会计凭证、会计账簿和其他会计资料，提供虚假财务会计报告，任何单位或者个人不得对依法履行职责、抵制违反本法规定行为的会计人员实行打击报复；四是规定对认真执行本法，忠于职守、坚持原则，做出显著成绩的会计人员，给予精神的或者物质的奖励；五是确定国务院财政部门主管全国的会计工作，县级以上地方各级人民政府财政部门管理本行政区域内的会计工作；六是规定国家实行统一的会计制度，国家统一的会计制度由国务院财政部门根据本法制定并公布等。我国《会计法》的修改和完善，对于规范会计行为，保证会计资料真实、完整，加强经济核算和财务管理，提高经济效益，维护社会主义市场经济秩序，起到非常重要的积极作用。

六、在政府采购法律制度方面

为了规范政府采购行为，提高政府采购资金的使用效益，维护国家利益和社会公共利益，保护政府采购当事人的合法权益，促进廉政建设，2002 年6 月 29 日全国人大常委会审议通过了《政府采购法》，自 2003 年 1 月 1 日起施行。

这部法律包括以下主要内容：一是确定了《政府采购法》的立法宗旨；二是规定政府采购应当遵循公开透明原则、公平竞争原则、公正原则和诚实信用原则；三是要求政府采购实行集中采购和分散采购相结合，集中采购的范围由省级以上人民政府公布的集中采购目录确定，纳入集中采购目录的政府采购项目，应当实行集中采购；四是规定政府采购应当有助于实现国家的经济和社会发展政策目标，包括保护环境、扶持不发达地区和少数民族地区、促进中小企业发展等；五是规定各级人民政府财政部门是负责政府采购监督管理的部门，依法履行对政府采购活动的监督管理职责。

我国《政府采购法》的实施，被称为“阳光工程”，标志着我国政府采购工作进一步向规范化、法制化方向迈进，将政府采购置于严格的法律监管之下，不仅有效规范政府采购行为，提高政府采购资金的使用效益，我国政府采购资金的平均节约率在13%以上，而且对于维护国家利益和社会公共利益，保护政府采购当事人的合法权益，促进廉政建设，具有十分重要的意义和作用。

七、在国有资产管理法律制度方面

改革开放以来，我国国有资产管理体制和国有企业的改革，都取得了明显成效。但在有些地方、有些国有企业，也出现了将国有资产低价折股、低价出售，甚至无偿分给个人，或者以其他方式和手段侵害国有资产权益的现象，造成国有资产流失，引起人民群众的强烈不满和社会各方面的广泛关注。为了健全国有资产管理制度，堵塞国有资产流失漏洞，切实维护国有资产权益，保障国有资产安全，促进国有经济巩固和发展，2008年10月28日第十一届全国人大常委会第四次会议审议通过《企业国有资产法》，并于2009年5月1日施行。

这部《企业国有资产法》针对企业国有资产管理和监督中的突出问题，明确了监管的基本原则，健全了监管的体制机制，对关系出资人权益的重大事项，包括企业改制、资产评估转让等容易造成国有资产流失的环节，规定了严格的监管程序和要求。

这部法律的主要内容包括：一是规定了立法宗旨，即为了维护国家基本经济制度，巩固和发展国有经济，保障国有资产权益，发挥国有经济在国民经济中的主导作用，促进社会主义市场经济发展；二是确定国有资产属于国家所有，即全民所有，国务院代表国家行使国有资产所有权，对国家出资企业履行出资人职责，享有出资人权益；三是规定国务院和地方人民政府应当按照政企分开、社会公共管理职能与国有资产出资人职能分开、不干预企业依法自主经营的原则，依法履行出资人职责；四是要求国家采取措施，推动国有资本向关系国民经济命脉和国家安全的重要行业和关键领域集中，优化国有经济布局和结构，推进国有企业的改革和发展，提高国有经济的整体素质，增强国有经济的控制力、影响力；五是规定国家建立健全与社会主义市场经济发展要求相适应的国有资产管理与监督体制，建立健全国有资产保值增值考核和责任追究制度，落实国有资产保值增值责任；六是规定国家建立健全国有资产基础管理制度，具体办法按照国务院的规定制定等。

我国《企业国有资产法》的制定，对于维护国家基本经济制度，巩固和发展国有经济，优化国有经济布局和结构，推进国有企业的改革和发展，优化国有经济布局和结构，推进国有企业的改革和发展，加强企业国有资产管理，保障企业国有资产的保值增值，发挥国有经济在国民经济中的主导作用，促进社会主义市场经济发展，有着十分重要的现实意义和深远的历史意义。

八、在规范财政分配关系方面

为了推行所得税收入分享改革，规范中央与地方的财政分配关系，国务院 2001 年颁布了《关于印发所得税分享改革方案的通知》，2002 年出台了《关于完善省以下财政管理体制有关问题意见的通知》，为了建立中央财政与地方财政合理的分配机制，自 2002 年起，打破现行按隶属关系和税目划分所得税的办法，除少数特殊行业或企业外，对其他企业所得税和个人所得税的收入实行中央与地方按比例分享。这个改革的主要原则和内容：一是中央与地方分享比例，2002 年为 5∶5，2003 年为 6∶4；二是以 2001 年为基数，对地方净上划中央所得税定额返还地方；三是中央通过改革增收的收入，按照公开、公正、公平的原则，采用规范的方法进行分配，全部用于对中西部地区的一般性转移支付。2003 年颁布了《关于明确中央与地方所得税收入分享比例的通知》，从 2004 年起继续按照中央分享比例 60%，地方分享 40% 执行。

九、在依法治税方面

国务院 1998 年颁布了《关于加强依法治税严格税收管理权限的通知》，2000 年制定了《关于个人独资企业和合伙企业征收所得税问题的通知》《财务会计报告条例》《车辆购置税暂行条例》，2003 年出台了《关于改革出口退税机制的决定》，制定了《进出口关税条例》，2005 年颁布了关于修改《征收教育费附加的规定》，关于修改《个人所得税法实施条例》的决定，2006年出台了《烟叶税暂行条例》《车船税暂行条例》等。上述税收条例的颁布实施，加上其他有关税收的法律法规，使得税收领域基本上做到有法可依、依法征税，有效促进了依法治税的进程，对于规范税收征纳行为，增加财政收入，防止收入流失，促进经济社会的发展，起到非常重要的积极作用。

从总体情况来看，改革开放40年来，随着财税体制改革的逐步深化和社会主义市场经济的不断发展，我国的财税法制建设取得了巨大成就。据不完全统计，全国人民代表大会及其常委会已经制定了财税方面的法律和有关法律问题的决定20多件，国务院制定了财税方面的行政性法规和规范性文件200多件，省级人大及其常委会制定了财税方面的地方性法规和规范性文件2000多件，基本形成了适应社会主义市场经济体制要求的，以《宪法》为统率，以财税法律为主体，以相当数量的财税行政性法规和地方性法规为辅助的财税法律体系框架，并与其他法律法规相配合，在财政经济领域基本做到有法可依，不仅对于促进依法理财、依法治税，推进依法治国、建设社会主义法治国家具有重要的推动作用，而且对于深化财税改革，转变财政职能，加强财税宏观调控，强化公共服务功能，发挥极其重要的引导、促进和保障作用。与此同时，有力促进了社会经济的协调快速发展，极大增强了我国的综合实力。

第四章 财税体制逐步完善时期（构建社会主义和谐财税时期2008～2013年）

《中国共产党第十七次全国代表大会上的报告》指出，新时期最鲜明的特点是改革开放，最显著的成就是快速发展，最突出的标志是与时俱进。党的十七大报告又进一步提出，“在新的发展阶段继续全面建设小康社会、发展中国特色社会主义，必须……深入贯彻落实科学发展观。”[①]改革开放以来，经过各方面的不懈努力，我国取得了举世瞩目的伟大成就，从生产力到生产关系、从经济基础到上层建筑都发生了意义深远的重大变化，但我国仍处于社会主义初级阶段的基本国情没有变，人民日益增长的物质文化需要同落后的社会生产之间这一社会主要矛盾没有变。这是社会主义初级阶段基本国情在21世纪新阶段的具体表现，是我们推

---

① 《十七大报告辅导读本》（第1版），人民出版社2007年版，第12页。

进改革、谋划发展的根本依据。我们必须保持清醒头脑，科学分析我国全面参与经济全球化的新机遇、新挑战，全面认识工业化、信息化、城镇化、市场化、国际化深入发展的新形势、新任务，深刻把握我国发展面临的新课题、新矛盾，更加自觉地走科学发展道路。在这个时期，深入贯彻落实科学发展观，深化财税体制改革，加强和改善财税宏观调控机制，加快财税法治建设，完善社会主义财税法律体系，构建社会主义和谐财政税收，取得了突破性的新进展。

第一节　贯彻落实科学发展观，改革完善财税宏观调控机制

自1992年我国正式确立建立社会主义市场经济体制的改革目标以来，财税宏观调控在改革实践中不断探索前进，认真遵循市场经济规律，依托财税不断深化改革，明确财税宏观调控的定位、取向和运行要点，加强与金融调控的协调配合，正确处理宏观调控和体制改革的关系，注重支持经济体制改革与制度创新，注重总量和结构调控的有机结合，逐步形成具有中国特色的财税宏观调控机制。1998年我国经济面临严峻局面，针对亚洲经济危机蔓延之势，中央果断决策，实施积极的财政政策，当年将中央财政赤字调整为960亿元比上年扩大400亿元，增发1000亿元长期建设国债，同时配套增加1000亿元银行贷款，全部用于基础设施建设。1998～2004年，中央财政累计发行长期建设国债9100亿元，7年累计安排国债项目资金8643亿元，并拉动银行贷款和各方面配套资金等逾20,000亿元，不仅拉动了社会需求全面回升，显著改善基础设施，加快经济结构调整，促进国民经济持续稳定发展，而且壮大了国家财政实力、增强宏观调控能力，丰富我国宏观调控经验，提升我国的国际地位。

党的十七大报告明确指出，“科学发展观，第一要义是发展，核心是以人为本，基本要求是全面协调可持续，根本方法是统筹兼顾。”①科学发展观所倡导的发展，之所以是科学的，就在于它是全面协调可持续的发展，即又好又快发展。第一，科学发展观所追求的全面发展，就是要按照中国特色社会主义事业总体布局，以经济建设为中心，全面推进中国特色社会主义经济、政治、文化、社会四个方面的建设；第二，科学发展观所追求的协调发展，就是要各个方面的发展要相互适应，要统筹城乡发展、统筹区域发展、统筹经济社会发展、统筹人与自然和谐发展、统筹国内发展和对外开放，促进现代化建设各个环节、各个方面相互协调；第三，科学发展观所追求的可持续发展，就是发展进程要有持久性、连续性。

深入贯彻落实科学发展观，要求我们积极构建社会主义和谐社会……要通过增加社会物质财富、不断改善人民生活，又要通过发展保障社会公平正义、不断促进社会和谐。要求我们不断健全公共财政体制，完善社会保障体系，扩大社会保障覆盖面。党的十七大报告还进一步指出，要“深化财税、金融等体制改革，完善宏观调控体系”。“……综合运用财政、货币政策，提高宏观调控水平。”②党的十七大报告阐明科学发展观的上述科学内涵、主要内容及其精神实质，不仅是这个时期深化财税体制改革的指导方针和主要原则，而且是改革和完善财税宏观调控机制的指导思想和主要途径，是我国为应对2008年国际金融危机爆发而实施积极财政政策，确定保增长、扩内需、调结构、促和谐等当时宏观调控目标任务的科学依据和主攻方向。在科学发展观引领指导下，加强和改善财税宏观调控机制，增强宏观调控的针对性、灵活性和有效性，加快经济结构调整，保持经济平稳较快发展，促进社会和谐稳定。

---

① 《十七大报告辅导读本》（第1版），人民出版社2007年版，第14页。
② 《十七大报告辅导读本》（第1版），人民出版社2007年版，第26页。

在科学发展观的引领指导下，根据国内外形势的发展变化，2008年党中央对宏观调控导向作了两次调整。2008年年中适时把宏观调控的首要任务从防止经济过热、防通货膨胀，调整为保持经济平稳较快发展、控制物价过快上涨。2008年10月为了应对国际金融危机对我国经济的巨大冲击，党中央作出由稳健财政政策转向积极财政政策的重大决定。宏观调控的重点任务调整为保持经济平稳较快发展，增强宏观调控的针对性、灵活性、有效性，加快经济结构调整，大力加强自主创新，不断深化改革开放，着力保障和改善民生，巩固扩大应对国际金融危机冲击所取得的成果，促进社会和谐稳定。实施积极的财政政策后，围绕保增长、扩内需、调结构、促和谐等宏观调控目标任务，国家重点出台了增加政府公共投资和重点支出、多次提高出口退税率等的一系列政策措施，有力促进经济平稳较快发展。采取财税宏观调控措施主要包括以下几个方面。

一、扩大财政公共投资，调整优化投资结构

2008年中央推出了4万亿元的2年投资计划，该规模相当于我国上年GDP的16%，主要投向保障性安居工程、农村基础设施建设等领域。同时，当年第四季度增加安排中央建设投资1040亿元，提前安排灾后恢复重建基金200亿元。2009年中央财政公共投资10,710亿元，完成两年新增1.18万亿元目标，重点支持农业农村基础设施建设、保障性住房、教育和医疗卫生等社会事业，以及节能减排、环境保护和自主创新等方面。发行200亿元地方政府债券，优先用于公益性项目续建和收尾。2012年中央基建投资规模达5414亿元，重点在建、续建项目和新开工国家重点项目建设资金得到很好保障。加大关系民生的基础设施建设投入，加快推进保障性安居工程和农村危房改造，加强农田水利设施建设。同时，推动中央基建投资从竞争性领域退出，加大对跨省重大基础设施建设投资力度，推进城市基础设施建设市场化投融资，研究推动铁路投融资体制改革，吸引社会资金投资铁路建设。

二、实施结构性减税政策，减轻企业和居民的税收负担

连续多次提高出口退税率，降低和取消部分商品进出口关税，支持扩大出口。调整房地产税收政策,降低契税、营业税、土地增值税等税收税率,促进房地产市场稳定发展。自 2009 年 1 月 1 日起,全面实施消费性增值税,允许全国范围内的所有增值税一般纳税人抵扣其新购进设备所含的进项税额,并将小规模征税税率统一调低至 3%;自 2009 年 1 月 20 日起,对 1.6 升及以下排量乘用车实行减税政策,一年可减轻企业和居民负担约 5000 亿元。2010 年资源税改革相继在新疆和整个西部地区试点,统一内外资企业所得税和个人城市维护建设税和教育费附加制度;对部分小型微利企业实施所得税优惠政策,对 1.6 升及以下排量乘用车按 7.5% 征收车辆购置税。2012 年降低部分进口商品关税,促进增加能源资源产品、先进设备和关键零部件进口。2013 年出台了提高小微企业增值税和营业税起征点的优惠政策,为 600 万户小微企业带来实惠;扩大企业研发费用加计扣除范围。2015 年进一步扩大小微企业所得税减半征收覆盖面,延长小微企业增值税、营业税优惠执行期限,扩大企业吸收就业税收优惠政策适用人员范围;降低部分日用消费品进口关税,提高部分高附加值产品、玉米加工产品、纺织品服装出口退税率,发挥关税调控作用,推动国内产业结构升级。"营业税改征增值税"改革逐步由点扩大到面,自 2016 年 5 月 1 日起,在全国全面实施,进一步降低企业的税收负担。

三、推动经济结构调整,促进科技创新和生态保护

我国的财政宏观调控一般具有调控精准、见效显著等的特点,充分发挥财政宏观调控的职能作用,有力推动经济结构调整,促进经济发展方式的转变。

一是推动产业升级。主要包括:加强农业基础生产能力建设,增加农业科技投入,支持发展现代农业;开展现代农业示范区改革和建设试点,启动财政支持农民合作组织创新和农业生产全程社会化服务两项试点;调整完善农业补贴政策,支持耕地质量保护和粮食生产适度规模经营;加强农业生态保护建设,开展地下超采治理、湿地生态效益补偿等试点;支持农业技术推广,推进高标准农田建设,支持新型农业经营主体,推动一、二、三产业融合发展;支持企业技术改造,推动传统产业升级;支持战略新兴产业加快发展,推动现代服务业综合试点建设;支持实施“宽带中国”战略和“信息惠民”工程。促进新材料、高端装备、生物医疗、现代种业等领域关键技术突破和产业链协同创新,推进新能源财税政策转型;鼓励化解产能过剩,坚持发挥市场机制作用,通过市场竞争优胜劣汰,安排奖励资金支持淘汰落后产能等。

二是支持科技进步。主要包括:实施科技重大专项,加强创新能力建设;推动发展战略性新兴产业,落实重点产业调整振兴规划;支持开展科研装备自主研究试点,实施鼓励关键零部件、先进技术装备等进口的税收政策等;开展中央财政科技专项优化整合工作,建立“先实施,后拨款”的科技计划和科技重大专项后补助机制,完善国家科技创新示范区试点政策,扩大中央级事业单位科技成果处置权和收益权管理改革试点范围,延长试点期限;加大对基础性、前沿性科学研究和共性技术研究的支持力度,启动实施国家科技成果转化引导基金,支持科研院所改革发展;在清洁高效发电设备等14个领域启动首台(套)重大技术装备保险补偿试点,推动集成电路产业投资基金投资运营等。

三是扶持企业创新发展。主要包括:大力促进中小企业技术创新、结构调整和专业化发展;完善鼓励企业技术创新的政策措施,引导企业加大研发投入;开展科技型中小企业创业投资引导基金试点,引导创业投资机构向初创科技型中小企业投资;完善中小企业发展专项资金和中小企业信用担保资金政策,重点支持小型、微小型企业并向中西部地区倾斜;支持智能制造和工业强基,支持“双创”,将中关村职工教育经费税前扣除政策推广至全国,将科技企业转增股本、股权奖励分期缴纳个人所得税等政策推广至国家自主创新示范区;完善固定资产加速折旧政策,对符合要求的企业放宽适用折旧条件,扩大重点行业加速折旧优惠范围;支持15个试点城市开展小微企业创业创新基地城市示范等。

四是促进节能环保产业发展。主要包括：积极推进工业、农业领域清洁生产技术示范和推广，促进节能环保产业加快发展；支持重点节能工程建设，扩大节能产品惠民工程实施范围；整合专项资金支持“三河三湖”及松花江流域水污染防治和湖泊生态环境保护；继续推进天然林资源保护和退耕还林还草等工程建设，大力支持重点生态功能区建设，在639个县实施草原生态保护补偿奖励机制，覆盖了全国80%以上的草原；健全新能源全方位支持政策，支持风电、光伏、生物质能等可再生能源规模化发展，深入推进节能减排综合示范，支持大气污染、水污染和重金属污染防治，以及农村环境综合整治等。

五是推进区域经济协调发展。主要包括：完善转移支付制度，加大一般性转移支付力度，加快建立健全县级基本财力保障机制，促进基本公共服务均等化；积极扶持革命老区、民族地区、边疆地区、贫困地区加快发展；增加均衡性转移支付规模，进一步提高财力薄弱地区落实各项民生政策的保障能力等。

六是支持对外贸易转型升级。主要内容包括：完善进口税收政策，降低先进技术设备、构建零部件、能源、原材料等780多种商品的进口关税，对煤炭等300多种高耗能、高污染和资源性产品征收出口关税，增加进口贴息资金规模，积极扩大有关商品进口等。

四、强化公共服务功能，加强社会保障和民生改善

在确保我国财政可持续发展的基础上，遵循“守住底线、突出重点、完善制度、引导舆论”的思路，落实好各项民生政策，开展重点民生评估，着力建立政府、企业、个人、社会协调配合的机制，树立个人努力、各方面合理承担、勤劳致富的民生理念。合理区分公共性的层次，稳步推进民生相关领域制度建设，鼓励市场主体和社会力量参与民生建设。

一是支持教育优先发展。主要包括：进一步提高农村义务教育公用经费标准，加大对家庭经济困难学生的资助力度，支持解决进城务工人员特别是农民工随迁的就学问题。2010年对1.3亿名农村中小学生免除学杂费并免费发放教科书，中西部地区1228万名家庭经济困难寄宿生得到生活费补助。免除义务教育阶段学生学杂费，2900多万名学生受益。落实中等职业学校城乡家庭困难学生和涉农专业学生免学费政策。将普通高中家庭经济困难学生纳入国家资助政策体系，高校国家助学金平均资助标准由每年2000元提高到3000元。2012年国家财政性教育经费支出占国内生产总值的比例提高至4%等。

二是加强社会保障和就业工作。主要包括：提高事业保险金和工伤保险金的标准，提高城乡低保、农村五保等保障水平，提高优抚对象抚恤和生活补助标准；不断完善促进就业的财税政策，发挥好政府公共投资和重大项目带动就业的作用，支持中小企业和服务业吸纳就业，安排和鼓励高校毕业生参加科研项目以及到基层、中西部地区和中小企业工作，支持对下岗失业人员和农民工的职业技能培训力度。2012年新型农村和城镇居民社会养老保险制度实现全覆盖，企业退休人员养老金月人均水平达到1721元，提高城乡居民最低生活保障水平，健全社会救助和社会福利体系。2013年企业退休人员基本养老金水平月人均增加170元左右；扎实做好城乡低保、自然灾害生活救助、疾病应急救助工作等。

三是提高低收入群体收入。主要包括：进一步增加对农民的各项补贴，提前拨付农资综合补贴和粮食直补资金867亿元。自2009年1月1日起，中央财政分别按每人每月15元和10元增加城市和农村低保补助金。2009年在全国实施家电下乡和汽车下乡补助政策。2010年增加对农民的各项补贴，进一步拓宽政策覆盖范围。继续加大扶贫开发力度。继续提高企业退休人员基本养老金水平和城乡低保补助标准，调整优抚对象等人员抚恤和生活补助标准等。

四是推动医疗卫生体制改革。主要包括：2010年新型农村社会养老保险试点扩大到23%左右的县，继续提高社会保障支付标准。新型农村合作医疗城镇居民基本医疗保险财政补助标准由人均80元提高到120元。促进解决破产国有企业退休人员和困难企业职工参加城镇职工基本医疗保险问题。支持向城乡居民免费提供基本公共卫生服务，推动加强基层医疗卫生服务体系建设。2011 年新型农村和城镇居民社会养老保险覆盖范围扩大到 60% 以上地区。2012 年新型农村合作医疗、城镇居民基本医疗保险的财政补贴标准提高到每人每年 240 元，完善国家基本药物制度，加快推进以县级医院为重点的公立医院改革试点。2013 年基本公共卫生经费标准提高到每人每年 30 元，新农合和城镇居民医保财政补助标准提高到每人每年 280 元；推进建立大病医疗保险制度，大部分省份出台了实施方案；在中西部地区开展了基层医疗卫生机构全科医生特岗计划试点等。

五是支持保障性安居工程建设。主要包括：2008 年第四季度，追加了中央廉住房建设补助资金 75 亿元，提高中西部地区的补助标准，积极推进农村危房改造。2010 年开工建设城镇保障房建设 320 万套，改造各类棚户区 265 万户。2012 年中央财政实际下达补助资金 233 亿元，比上年增长 36.2%。同时，积极落实促进保障性安居工程建设的各项税费优惠政策。2013 年明确了公租房和廉租房并轨运行的制度办法等。

六是切实加大“三农”投入力度。主要包括：2010 年新增 450 个县实施小型农田水利重点县建设，推进农田综合开发，加大对产粮油大县的奖励制度，支持农民生产合作社组织发展、农业产业化经营和农业技术推广，推动现代农业发展。2011 年着力提高农业收入水平，增加对种粮农民的各项补贴规模；支持现代农业发展，加强以水利为重点的农村基础设施建设；加大农村综合改革力度，全国 98% 以上的乡镇开展了机构改革，92.2% 的集体林权确权到户。

五、积极发挥财税调控作用，保持大宗商品物价稳定

一是支持农副产品生产。主要包括：大力支持粮油、蔬菜、生猪等农副产品生产，稳定成品油、化肥等供应，实施政策性粮油定向销售，促进增加农产品供给等。

二是降低农副产品流通成本。主要包括：免收鲜活农产品运输车辆通行费,开展税费公路专项清理,降低农产品流通成本等。

三是扩大生活必需品进口。主要包括:完善进出口环节税收政策,扩大生活必需商品、能源和原材料等进口。对农村道路客运等部分公益性行业给予油价补贴等。

四是建立物价联动机制。主要内容包括:及时预测物价上涨趋势,与有关部门共同建立社会救济和保障标准与物价上涨挂钩的联动机制等。

六、适当扩大财政赤字和发债规模,加强预调微调力度

适当扩大赤字和发债规模。2009年全国财政赤字7782亿元,比2008年1262亿元增加6520亿元;2013年财政赤字11,002亿元,比2012年8700亿元,增加4000亿元;2014年全国财政收支差额预算按12,000亿元安排,比2013年增加4000亿元,在预算执行中,坚持不扩大财政赤字,把财政赤字占GDP的比重控制在2.1%。严格落实中央厉行节约的要求,压缩一般性支出。对中央一般性支出按5%比例压减,腾出的资金中央用于改善民生,各地也都按国务院的有关要求减压了支出。2015年全国财政赤字16,200亿元,比2014年增加2700亿元,赤字率为2.4%,同时,新增地方政府专项债务1000亿元。

七、规范地方政府债务管理,缓解地方债务风险

一是对地方政府债务实行余额限额管理。经全国人大批准,2015年地方政府债务限额为160,000亿元,在清理认定2014年年末地方政府债务余额基础上,额外增加7000亿元,为国务院确定的重点投资增加资金来源。

二是地方政府债券置换地方存量债务。下达三批置换债券,额度32,000亿元,降低地方利息负担,缓解地方偿债压力。为做好置换债券发行工作,还会同中国人民银行、银监会印发文件,指导地方采用承销发行方式置换债券。

三是做好2015年新增债务的发行工作。年初预算安排2015年新增债券6000亿元，优先用于支出国务院确定的重点项目建设。为规范地方政府债券管理，依法管理一般债券和专项债券预算、发行兑付和会计核算办法。

四是确保在建项目后续融资。会同中国人民银行、银监会出台文件，妥善解决地方政府融资平台公司在建项目后续融资问题。

五是推广PPP模式。财政部从2014年开始，陆续出台文件、建立机构，推广政府与社会资本合作的PPP模式。发挥各类投资引导基金"四两拨千斤"的作用，带动社会资本投资，促进公共服务领域发展。

第二节　贯彻落实科学发展观，加快推进财政各项改革

一、改革公共预算管理制度，建立新型预算分配机制

（一）改革预算编制方法，建立新型预算分配机制

1. 实行基零预算

打破了传统预算的"基数法"编制方法，将部门所有支出划分为基本支出和项目支出。基本支出预算主要采用定员定额管理方法，体现公平、透明、规范分配原则。项目支出预算采用项目库管理方式，按照项目重要程度，区分轻重缓急，使项目安排与部门的行政工作计划和事业发展规划以及年度工作重点紧密结合，并逐步建立项目预算滚动管理机制，预算分配方法向基零预算转变。

2. 实行综合预算

改变了传统预算只反映预算内收支、大量的预算外资金游离于预算管理之外的粗放管理方式，采用综合预算编制方法。通过深化"收支两条线"改革，将一个部门的所有预算内外收支、政府基金收支、经营性收支以及其他收支都按照统一的编报内容和形式，统一在一本预算中

反映。

3. 细化预算编制

一是细化预算编制主体,即将所有单位预算收支全部落实到具体的预算单位;二是细化预算编制科目,部门预算收支都要按照类、款、项、目四级科目的要求编制,即按预算科目从类、款、项一直要编制细化到目;三是将基本支出预算和项目支出预算的编制和批复都细化到基层预算单位,中央不再代编下级单位预算;四是将按要求细化的预算,作为国库拨款的依据,凡是未按要求细化预算的支出一律不得拨款;五是增加预算编制时间,为了细化预算编制,提高预算编制质量,适当增加预算编制时间,自2008年起,加长预算编制周期,由改革前的4个月加长到9个月。

(二)实施部门预算改革,建立完整的预算制度体系

1. 确立部门预算的基本模式,规范预算管理制度体系

一是部门预算改革实行综合预算,统一了预算分配权,实现了预算编制的统一性,保证了预算分配的规范性和完整性;二是部门预算改革实行定员定额和项目库管理,避免了预算分配过程中的"暗箱操作",有利于预算编制的公开、公平、公正;三是部门预算改革调整财政支出结构,规范了支出的范围和方向,强化了财政支出的公共性;四是部门预算改革早编细编预算,改变了过去"一年预算,预算一年"的状况,提高了预算年初的到位率,增强了预算的计划性和严肃性;五是部门预算改革自下而上编制预算,改变了过去层层"留机动"的做法,减少了资金在中间环节的滞留,提高了预算资金的使用效率。

2. 建立预算支出绩效评价体系,积极推进预算支出绩效考评

其主要内容包括:制定明确、合理的公共支出绩效目标;建立科学规范的绩效考核指标体系;对绩效目标的实现程度及效果实施考核和评价;运用考核结果,提高预算编制和管理水平。其中绩效考评要体现出经济性、效率性和有效性三个基本原则。

为了落实党的十六届三中全会关于“建立预算绩效评价体系”的要求，一是财税主管部门制定了《中央部门预算支出绩效考评管理办法（试行）》，清理了财政部门统一领导、各部门具体组织实施的绩效考评分工体系；二是逐步扩大了绩效考评试点范围，试点工作由2006年的3个部门4个项目，扩大到2008年的74个部门108个项目，涉及资金23亿元。

3. 增加报送人大审议的数量和内容，严格部门预算审查监督

一是增加向全国人大报送审议的部门预算数量。在向全国人大报送按功能汇总的中央财政总预算的同时，报送部门预算的数量由2000年的4个增加到2008年的50个。

二是细化报送审议的部门预算内容。中央财政用于教育、科技、社会保障等涉及人民群众根本利益的重点支出总量和结构情况都要报送全国人大审议监督。自2008年起，不仅继续增加向全国人大报送审议的重点支出项目，而且向全国人大报送审议的教育、科学技术、社会保障和就业、农林水事务等15类关系国计民生的重点支出科目进一步明细到款级科目。

三是在有关部门内部公开部门预算。为了提高部门预算的透明度，规范部门预算的执行，加强对部门预算的监督，2008年财税主管部门选择了财政部、审计署等11家中央部门推行部门预算内部公开试点，要求上述部门在内部网上查看、张贴查看和指定地点陈列查看三种方式中选择一种，在部门内部公开部门预算。

4. 建立中央预算稳定调节基金

为了科学合理地编制预算，保持中央预算的稳定性，中央财政于2006年建立了中央预算稳定调节基金，专门用于今后弥补短收年份预算执行的收支缺口，应对不时之需。中央财政视预算的平衡情况，可在安排年初预算时调入并安排使用该项基金。基金的安排使用纳入预算管理，接受全国人大及其常委会的监督。从2008年起，年度预算执行中如有超收，原则上列入中央预算稳定调节基金，转到以后年度经过预算安

排使用。建立中央预算稳定调节基金反映了稳健理财、平衡周期、控制风险的理财观念,为中央应付突发事件提供了物质保障。2008年我国发生重大雪灾和汶川特大地震引起了支出需求的临时性急剧膨胀,中央财政调用数百亿元中央预算稳定调节基金化解燃眉之急,既解决了突发的问题,又保持了当期的预算平衡。

(三)国库集中收付制度改革

我国财政国库管理制度改革的基本目标,是改革传统的财政资金银行账户管理体系和资金缴拨方式,建立以国库单一账户体系为基础、资金缴拨以国库集中收付为主要形式的现代财政国库管理制度。改革主要做法是,建立单一账户体系基础上的国库集中收付运行机制,收入收缴的资金及时进入国库单一账户或财政专户,财政资金支付按照规范程序,支付到供应商或最终收货单位,取消收付中间环节,使财政资金在未支付到收款人之前一直保持在国库里。2001年3月中央6个部门开始参加国库集中支付改革试点。

截至2008年年底,中央所有部门及所属12,000多个基层预算单位实施了国库集中支付改革。全国36个省(自治区、直辖市、计划单列市)本级300多个地市、1900多个县(区),超过28万个基层预算单位实施了国库集中支付改革。2008年在农村义务教育中央转移支付资金等实行国库集中支付的基础上,将新型农村合作医疗补助金、“普九”化债专项资金等专项转移支付资金纳入国库集中支付范围。中央和地方近20万个执收单位实施了非税收入收缴管理改革。绝大部分中央预算部门和地方省级部门推行了公务卡试点,全国公务卡发卡数量超过140万张。

截至2014年年底,全国有172个中央部门及所属15,000多个基层预算单位实施了国库集中支付制度改革,基本实现了全覆盖;有58万多个地方预算单位实施国库集中支付制度改革,预算单位改革覆盖面大于94%。有103个中央部门和36个财政专员办以及38万多个地方执行单位实施了非税收收缴入库，执收单位改革覆盖面达到 97%。规范商业银行代理中央财政国库集中收付业务，按照《中央财政国库集中收付代理银行管理办法》，做好中央财政非税收入收缴代理银行招标工作，选择中国工商银行等 12 家商业银行作为中央财政非税收入收缴代理银行。2014 年 8 月 31 日通过新的《预算法》，确立了国库集中收付制度、国库现金管理、国债余额管理和财政专户等财政国库管理基础制度的法律地位。

通过财政国库管理改革，充分体现了国库集中收付制度改革的优越性：

一是体现了科学理财和依法理财的理念。国库集中收付制度确立了一套规范的管理流程，对预算执行的各环节都有严格的规范化、程序化要求，增强了各单位财政财务管理的规范性，改变了重分配、轻管理的现象，使科学理财、依法理财的观念得到了机制保障。

二是增强了财政宏观调控能力。国库现金流量由过去各单位分散持有转变为财政部门统一持有和管理，财政部门资金调度能力发生根本改变，较好地保证了重点支出和预算的正常执行，还为实施国库现金管理、增强财政理财功能、加强财政政策和货币政策的协调实施以及加强宏观调控奠定了基础。

三是加强了预算执行过程的监督控制。加强了预算执行过程中的监督控制。以国库单一账户体系为基础建立的电子化监控系统，实现了对中央 9300 多个预算单位用款的零余额账户的每一笔支付交易实时智能化动态监控，从根本上加强了事前和事中监督，创新了财政监控模式，预算单位违规比例逐年明显下降。

四是提高了预算执行管理信息的透明度。预算执行信息的生产机制发生了较大变化，在收入收缴方面，税收收入信息由过去从相关汇总获取，改为从缴款环节直接获取；在支出支付方面，由过去一级部门批发式拨款获取支出信息，改为从各基层单位最终付款环节获取，为及时、准确生成预算执行信息提供了机制保障。

二、改革完善转移支付制度，优化转移支付结构

作为分税制的配套措施，1995年开始实施过渡期转移支付。2002年我国实施所得税收入分享改革，明确中央因改革增加的收入全部用于增加对地方主要是中西部地区的转移支付，建立了转移支付资金稳定增长的机制，过渡期转移支付同时改称为一般性转移支付。当时中央对地方的转移支付主要可分为两类：一是财力性转移支付，主要目标是增强财力薄弱地区政府的财力，促进公共服务均等化，包括一般性转移支付、民族地区转移支付、调整工资转移支付、农村税费改革转移支付和“三奖一补”转移支付等；二是专项转移支付，是中央政府对地方政府承担中央委托事务、中央地方共同事务以及符合中央政策导向事务进行的补助，享受拨款的地方政府需要安装规定的用途使用资金，实行专款专用。2009年为了规范转移支付制度，将原来的“财力性转移支付”改为“一般性转移支付”，将原来的“一般性转移支付”改为“均衡性转移支付”。

（一）规范一般性转移支付

一般性转移支付按照公平公正、公开透明原则和稳步推进原则，主要参考各地标准财政收入和标准财政支出的差额及可用于转移支付的资金规模等客观因素，按照统一的公式计算确定。其中，标准财政收入是指各地的财政收入能力，主要按税基和税率分税制测算；标准财政支出是指各地达到基本公共服务均等化水平的财政支出需求，主要是按地方政府规模、平均支出水平和客观因素测算。一般性转移支付的目标是缩小地区间财力差异，逐步实现基本服务均等化，财政越困难的地区，中央财政补助程度越高。

1. 转移支付额的确定

一般性转移支付资金分配，选取影响财政收支的客观因素，适当考虑人口规模、人口密度、海拔、少数民族等成本差异，结合各地实际财政收支情况，采用规范的公式化方法进行分配。一般性转移支付额计算，按照各地标准财政收入和标准财政支出差额以及转移支付系数确定，可

用下列公式表示：某地区一般性转移支付额＝（该地区标准财政收入－该地区标准财政支出）×该地区转移支付系数。

2. 标准财政收入的确定

各地区的标准财政收入分省（自治区、直辖市，以下简称省）计算。各省的标准财政收入由地方本级标准财政收入、中央对地方返还及补助（扣除地方上解）、计划单列市上解收入等。地方本级标准财政收入根据相关客观因素及其权重测算各税种的标准收入，统一按照“税基×税率”的公式计算测定。这部分收入包括：增值税、营业税、企业所得税、个人所得税、资源税、城市维护建设税、城镇土地使用税、房产税、烟叶农业特产税等。其他收入等少数税种或收费，由于基础数据难以取得，且数额较小，暂用实际数代替。

3. 标准财政支出的确定

测算标准财政支出时，为更好体现以人为本的理念，选取各地总人口为主要因素。按照财政管理科学化、精细化的要求，为强化各级政府的支出责任，分省、市、县（含乡镇级，下同）3 个行政级次测算标准财政支出。根据海拔、人口密度、温度、运输距离、少数民族、地方病等影响财政支出的客观因素及其权重计算确定成本差异系数。各地区地方财政标准支出项目包括：行政公检法、教育、离退休人员、卫生、农林水、文化体育、其他部门、社会保障、城市维护、优抚和社会救济、廉住房建设、困难职工取暖、粮食风险基金地方配套、地质灾害防治、按人员经费一定比例提取的支出、乡村道路建设、村级管理、救助管理、农村计划生育奖励补助、农村合作医疗等各项支出之和。

4. 转移支付系数的确定

转移支付系数是根据当年中央财政用于转移支付的资金总额以及缺口地区的标准收支差额确定的，并参照各地困难程度进行适当调整。具体办法是，转移支付资金的 50% 部分按照统一的系数度对缺口进行补助，其余 50% 的部分考虑各地困难程度进行分配。衡量各地财政的困难程度，则参考恩格尔定律的基本原理，用各地维持基本运转支出占标准收入的比重来衡量，这个比重越高，说明该地区越困难。其中，基本运转支出包括行政公检法、教育、其他部分的标准人员经费和基本公用经费，以及离退休经费。

实施分税制财政管理体制以来，随着转移支付制度的逐步完善和中央财力的不断增强，中央对地方一般性转移支付资金规模不断扩大，从1995年的21亿元增加到2014年的27,568亿元，增长1310多倍。特别是自2002年所得税分享改革以来，建立起一般性转移支付资金的稳定来源机制，转移支付规模迅速扩大，对地方收支缺口的补助水平不断提高，有力地支持了财力薄弱地区政府提高财政保障能力，促进了基本公共服务均等化。根据财政部的有关数据计算，民族地区转移支付额由2007年的176亿元增加到2014年的700亿元，①增长了近3倍。

为了缓解县乡财政困难，促进地区协调发展，2005年中央财政出台了以缓解县乡财政困难为目标的"三奖一补"激励约束机制：一是调节县级财力差距的奖励；二是继续对县乡政府精简机构、人员给予奖励；三是对产粮大县给予奖励；四是对以前缓解县乡财政困难做得好的地区给予补助。至2007年政策目标基本实现。为了巩固和扩大缓解县乡财政困难的成果，2008年中央财政进一步调整和完善了"三奖一补"转移支付办法，调整后的"三奖一补"办法改为，对调节财力差异给予奖励，对县乡政府精简机构和人员以及提高重点支出保障水平给予奖励，对产粮（油）大县给予奖励；对以前年度的财政困难县奖励基数予以补助。2014年中央对地方一般性转移支付预算数为27,217.87亿元，决算数为27,568.37亿元，比2013年决算数24,362.72亿元，增加3205.65亿元，增长13.2%。一般性转移支付中资金规模较大的项目主要包括以下几个方面：

---

① 2014年为革命老区、民族和边境地区转移支付整体数据。

一是县级基本财力保障机制奖补资金。为了缓解县级财政困难，2014 年县级基本财力保障机制奖补资金预算数为 1678 亿元，比 2013 年决算数 1525 亿元，增加 153 亿元，增长 10.0%。

二是义务教育等转移支付。为了加强城乡义务教育，推进义务教育均衡发展，2014 年义务教育等转移支付预算数为 1718.7 亿元，比 2013 年决算数 1663.77 亿元，增加 53.93 亿元，增长 0.3%。

三是老少边穷地区转移支付。为了促进老少边穷地区加快发展，2014 年老少边穷地区转移支付预算数为 695.22 亿元，比 2013 年决算数 621.9 亿元，增加 73.32 亿元，增长 12%。

四是体制结算补助。为了加大对“一带一路”建设、京津冀协同发展、长江经济带建设等的支持力度，2014 年体制结算补助预算数为 1449.58 亿元，执行数为 1865.26 亿元，主要是增加对地方的救灾及灾后恢复重建财力补助等。比 2013 年决算数为 1480.01 亿元，增加 385.25 亿元，增长 26%。

五是基本养老金和低保等转移支付。为了保障城乡居民基本养老保险基础养老金增长的需要，2014 年基本养老金和低保等转移支付预算数为 4856.9 亿元，决算数为 4942.06 亿元，完成预算的 101.8%。主要是从 2014 年 7 月 1 日起，按月人均增加 15 元调整城乡居民基本养老保险基础养老金标准，相应增加支出。比 2013 年决算数 4316.34 亿元，增加 625 亿元，增长 14%。

六是城乡居民医疗保险等转移支付。为了提高城乡居民医疗保险政府补助标准，2014 年城乡居民医疗保险等转移支付预算数为 1933.92 亿元，比 2013 年决算数 1660.04 亿元，增加 273.88 亿元，增长 16%。

为了便于研究分析转移支付总体规模及其构成情况，根据财政部《2014 年中央对地方税收返还和转移支付决算表》有关数据，2014 年我国一般转移支付规模见表 1。

表 1　2014 年我国一般性转移支付规模①

单位:亿元

项目名称	预算数	决算数
中央对地方转移支付(含税收返还)	51,874	27,568.37
一般性转移支付	27,217.87	27,568.37
均衡性转移支付	10,807.81	10,803.81
重点生态功能区转移支付	480	480
产粮大县奖励基金	349.81	349.81
县级基本财力保障机制奖补基金	1678	1678
老少边穷地区转移支付	695.22	697.02
资源枯竭型城市转移支付	178	178
成品油税费改革转移支付	740	740
固定数额补助预算数	4083.24	4095.79
体制结算补助	1449.58	1865.26
基层公检法司转移支付	431.3	431.3
城乡义务教育补助经费	1718.7	1611.97
基本养老金转移支付	4856.9	4942.06
城乡居民医疗保险转移支付	1933.92	1880.46
农村综合改革转移支付	323.2	322.7

(二)严控专项转移支付

专项转移支付是按照政府间事权与支出责任划分,由上级政府对承办网通事务、共同事务以及符合上级政府政策导向事务的下级政府所给予的补助,该类补助专款专用,又称专项拨款或有条件补助。以现行中央

① 根据财政部《2014 年中央对地方税收返还和转移支付决算表》有关数据整理。

与地方政府间事权划分为标准，专项转移支付可分为以下四种：

一是中央委托地方事务的专项转移支付。主要是对属于主要政府事权范围，但由地方政府具体组织实施更有利于实现预期目标的事务，中央财政将这部分事权委托地方承担，相应安排专项转移支付对相关地方政府进行补偿，以提高资金使用效益，如军队离退休干部安置类专款。

二是符合中央政策导向事务范围的专项转移支付。中央政府为了特定的政策目标需要安排一定的专项转移支付，如地方政府按照中央政府的特殊政策要求行使宏观调控、维护社会稳定等方面的支出等属于此类。

三是中央政府与地方政府共同事权范围内的专项转移支付。按照事权划分，有些支出属于中央与地方政府共同负责的事务，中央财政通过设立对地方的专项补助，与地方政府共同承担支出责任。如“米袋子”实行省长负责制，粮食收购方面的支出应由地方政府承担。但为了保护农民种粮的积极性，中央要求各级地方政府按照保护价格敞开收购农民手中的余粮，因此增加的支出，由中央与地方按照比例分担，中央设立补助地方粮食风险基金专项转移支付。

四是地方政府事权范围内的专项转移支付。鉴于部分中西部地区财政相对困难，为了促进这些困难地区改善生产、生活条件，加快发展步伐，中央财政对地方承担的部分事权范围内支出也安排了老少边穷地区专项转移支付。

（三）深化转移支付制度改革的发展方向

为了实现基本公共服务均等化，促进区域经济协调发展，必须进一步改革完善转移支付制度。2014 年年底国务院印发《关于改革中央对地方转移支付制度的意见》，针对中央和地方转移支付制度存在的问题和不足，提出了改革和完善转移支付制度的指导思想、基本原则和主要措施，为改革完善转移支付制度指明了方向。我国现行转移支付制度存在的问题主要表现在：一是受中央和地方事权和支出责任划分不清晰的影响，转移支付结构不够合理;二是一般性转移支付项目种类多、目标多元,均等化功能弱化;三是专项转移支付涉及领域过宽,分配使用不够科学;四是一些项目行政审批色彩较重,与简政放权改革的要求不符;五是地方配套压力较大,财政统筹能力较弱;六是转移支付管理漏洞较多、信息不够公开透明等。针对上述问题需要采取以下主要措施。

1. 完善一般性转移支付制度

一是清理整合一般性转移支付。逐步将一般性转移支付中属于中央委托事权或中央地方共同事权的项目转列专项转移支付,属于地方事权的项目归并到均衡性转移支付,建立以均衡性转移支付为主体、以老少边穷地区转移支付为补充并辅以少量体制结算补助的一般性转移支付体系。

二是建立一般性转移支付稳定增长机制。增加一般性转移支付规模和比例,逐步将一般性转移支付占比提高到60%以上。大幅度增加对老少边穷地区的转移支付。中央出台增支政策形成的地方财力缺口,原则上通过一般性转移支付调节。

三是加强一般性转移支付管理。一般性转移支付按照中央政府规定的基本标准和计算方法编制。科学设置均衡性转移支付测算因素、权重,充分考虑老少边穷地区底子薄、发展慢的特殊情况,真实反映各地的支出成本差异,建立财政转移支付同农业转移人口市民化挂钩机制,促进地区间基本公共服务均等化。规范老少边穷地区转移支付分配,促进区域协调发展。建立激励约束机制,采取适当奖惩等方式,引导地方将一般性转移支付资金投入到民生等中央确定的重点领域。

2. 从严控制专项转移支付

一是清理整合专项转移支付。清理整合要充分考虑公共服务提供的有效性、受益范围的外部性、信息获取的及时性和便利性,以及地方自主性、积极性等因素。取消专项转移支付中政策到期、政策调整、绩效低下等已无必要继续实施的项目。属于中央委托事权的项目,可由中央直接实施的，原则上调整列入中央本级支出。属于地方事权的项目，划入一般性转移支付。

二是严格控制新设专项。专项转移支付项目应当依据法律、行政法规和中央政府的规定设立。新设立的专项应有明确的政策依据、政策目标、资金需求、资金用途、主管部门和职责分工。

三是规范专项资金管理办法。做到每一个专项转移支付都有一个资金管理办法。资金管理办法要明确政策目标、部门职责分工、资金补助对象、资金使用范围、资金分配办法等内容，逐步达到分配主体统一、分配办法一致、申报审批程序唯一等要求。

3. 优化转移支付结构

在合理划分中央和地方事权与支出责任的基础上，推进转移支付制度改革，形成以均衡地区间基本财力、由地方政府统筹安排使用的一般性转移支付为主体，一般性转移支付和专项转移支付相结合的转移支付制度。属于中央事权的，由中央全额承担支出责任，原则上应通过中央本级支出安排，由中央直接实施；随着中央委托事权和支出责任的上收，应提高中央直接履行事权安排支出的比重，相应减少委托地方实施的专项转移支付。属于中央地方共同事权的，由中央和地方共同分担支出责任，中央分担部分通过专项转移支付委托地方实施。属于地方事权的，由地方承担支出责任，中央主要通过一般性转移支付给予支持，少量的引导类、救济类、应急类事务通过专项转移支付予以支持，以实现特定政策目标。

4. 强化转移支付预算管理

一是及时下达预算。加强与地方预算管理的衔接，中央应当将对地方的转移支付预计数提前下达地方，地方应当将其编入本级预算。除据实结算等特殊项目可以分期下达预算或者先预付后结算外，中央对地方一般性转移支付在全国人大批准预算后 30 日内下达，专项转移支付在 90 日内下达。中央下达的财政转移支付必须纳入地方政府预算管理，按规定向同级人大或其常委会报告。

二是推进信息公开。中央对地方转移支付预算安排及执行情况在全国人大批准后20日内由财政部向社会公开,并对重要事项作出说明。主动向社会公开一般性转移支付和专项转移支付的具体项目、规模、管理办法和分配结果等。

三是做好绩效评价。完善转移支付绩效评价制度,科学设置绩效评价机制,合理确定绩效目标,有效开展绩效评价,提高绩效评价结果的可信度。

5.加快转移支付制度规范化和法治化

为了增强我国转移支付制度的规范性和权威性,并为深化转移支付制度改革提供法律保障,必须加快我国转移支付制度的立法步伐,可先研究制定转移支付制度管理条例,待条件成熟后再依照法定程序及时上升为法律,促进转移支付制度规范化和法治化。

三、政府采购制度的改革

自2003年起,我国《政府采购法》正式实施,政府采购进入全面实施阶段阶段,全国政府采购进入新的发展时期:政府采购制度改革不断深入,制度体系日趋完善;我国政府采购规模和范围不断扩大,资金使用效益不断提高;财政部门、集中采购机构采购人运转协调的工作机制初步建立;规范化管理进一步加强,透明度不断提高,社会影响力日益增强。政府采购改革取得明显成效:

(一)政府采购范围和规模不断扩大,经济效益大幅提高

政府采购范围已有单纯的货物类采购扩大到工程类和服务类采购,工程类采购的比重呈上升趋势。政府采购资金由最初的预算内安排的资金,扩展到包括预算内外、自筹资金在内的各种财政性资金。一些关系民生的、公益性强的采购项目被纳入政府采购范围,容易增多的民生项目成为政府采购规模扩大的亮点。政府采购规模保持了快速增长,由2002年的1009.6亿元增加到2015年的21,070.5亿元,年均增长达到27.0%,其中2007年突破4000亿元。采购规模的增长,带动了资金使用效率的提

高，有效节约了财政资金。

（二）政府采购管采分离，管理体制初步建立

按照我国《政府采购法》关于政府采购职能与操作职能相分离的要求，全国政府采购机构与操作机构相分离工作取得阶段性进展。到 2007 年年底，中央、省、市、县四级政府基本上在财政部门设立了政府采购管理机构。政府采购管理机构、采购单位和集中采购机构的工作职责分工日趋合理，“管采分离、机构分设、政事分开、互相制约”的工作机制基本形成，初步建立了采购管理机构统一监督管理下的集中采购机构和采购单位具体操作执行的采购管理体制。

（三）深化政府采购制度改革，完善 PPP 项目政府采购管理体系

为了深化政府采购制度改革，适应推进政府购买服务，推广政府和社会资本合作（Public-Private Partnership，PPP）模式等工作需要，自 2014 年以来，财政主管部门推进政府与社会资本合作（PPP）模式顶层设计工作，陆续制定《政府采购竞争性磋商采购方式管理暂行办法》《政府和社会资本合作项目政府采购管理办法》等相关规范性文件，进一步完善 PPP 政府采购管理制度体系。

四、推行国有资产经营预算改革，加强人大国有资产监督职能

关于建立国有资产经营预算，早在 1993 年《中共中央关于建立社会主义市场经济体制的若干问题的决定》提出“改进和规范复式预算制度，建立政府公共预算和国有资产经营预算，并可根据需要建立社会保障预算和其他预算”。1995 年在我国首部《预算法实施条例》中规定“各级政府预算按照复式预算编制，分为政府公共预算、国有资产经营预算、社会保障预算和其他预算”。

2007 年 9 月 8 日颁布国务院《关于试行国有资本经营预算的意见》，我国国有资本经营预算进入实施阶段，正式建立关于国有资本经营预算制度。鉴于国有资本经营预算对象暂时限定为非金融类企业国有资产，因而“国有资产经营预算”改为“国有资本经营预算”。

国有资本经营预算，是国家以所有者身份取得国有资本收益，并对所得收益进行分配而发生的各项收支预算，是政府预算的重要组成部分。国有资本经营预算制度的建立，标志国家以所有者身份依法正式向国有企业收取国有资本收益，对于增强政府的宏观调控能力，完善国有企业收入分配制度，推进国有经济合理布局和结构调整，集中解决国有企业发展中的体制机制性问题，加强国有经营性资产收益等有重要意义。

（一）建立完善国有资本经营预算制度体系

自2007年起，财政主管部门会同有关部门制定发布国有资本经营预算制度及其办法，到2012年共制定印发重要制度文件20多件，按内容可划分为收益管理类、支出政策类和综合事项类三个大类。主要包括《中央企业国有资本收益收取管理暂行办法》《中央国有资本经营预算编报办法》《关于完善中央国有资本经营预算有关事项的通知》《关于国有资本经营预算收支会计核算的通知》等。根据党的十八届三中全会完善国有资本经营预算制度的要求，2016年研究制定《中央国有资本经营预算支出管理暂行办法》，加强和规范中央国有资本经营预算管理，逐步完善国有资本经营预算制度体系。

（二）国有资本经营预算收入规模持续扩大

一是经营收入不断增加。2007～2012年中央国有资本经营预算累计实现收入3866.8亿元，其中利润收入3104.9亿元。2012年中央国有资本经营收入执行数为970.8亿元，比上年增长26.9%。

二是实施范围逐步扩大。2007年国有资本经营预算执行初期，中央国有资本经营预算试行范围仅为国务院国有资产监督管理委员会监管的中央企业。自2008年起，逐步将中国烟草总公司、中国邮政集团公司以及教育部、文化部、农业部、国家体育总局、卫生部、国家电影电视总局、工业和信息化部、中国民用航空总局等中央部门的所属企业和中央文化企业纳入了实施范围。2012年纳入中央国有资本经营预算实施范围的一级企业共813户。地方国有资本经营预算的实施范围已经覆盖全国34个省、自治区、直辖市和计划单列市。2015 年又将中国铁路总公司、水利部、共青团中央委员会等 21 个部门及单位所属 67 户企业纳入中央国有资本经营预算实施范围。

三是收缴比例有所提高。在国有资本经营预算建立初期，从有利于支持国有企业改革发展出发，中央财政按照“适度、从低”原则，按税后利润的一定比例，分类收取国有资本收益：第一类，资源垄断性企业比例为 10%；第二类，一般企业比例为 5%；第三类，军工企业、转制科研院所免收 3 年起，按 5% 收取；第四类，承担政策性业务的企业免收。经国务院批准，2011 年第一、二、三类比例分别提高到 15%、10%、5%。2012 年将中国烟草总公司的上缴比例提高到 20%。2014 年中央国有独资利润收缴比例又比 2013 年提高 5%，中央国有事业单位出资企业利润收缴比例提高至 10%。

四是收缴力度不断加强。为了加强中央企业资本收益收取工作，财政主管部门制定了针对性和操作性较强的收入管理办法和流程。按照规定，每年国有企业按照规定向财政部门和预算单位同时申报国有资本收益，预算单位提出审核意见后，报财政部门复核，财政部门按照复核结果向预算单位下发收益收取通知，预算单位按照财政部门的复核结果，向申报企业下达收益上缴通知。2014 年累计收取中央企业国有资本收益 1410.9 亿元，完成年度预算的 98.9%。2015 年累计收取国有资本收益 1513.1 亿元，完成预算的 104.3%。

（三）国有资本经营预算支出结构不断优化

自国有资本经营预算制度建立以来，以支持国有企业改革发展为主线，不断调整和优化支出结构，着力解决我国体制机制性问题，推进经济结构调整和经济发展方式转变。2012 年中央国有资本经营预算重点推动中央企业兼并重组，推动国有经济的战略性调整和优化国有经济产业结构，促进国有资本向关系国家安全和国民经济命脉的重要行业和关键领域集中，促进中央企业提高自主创新能力和开展节能减排工作，加快转变经济增长方式，实现国民经济可持续发展目标。

一是重点支持国有企业改革，促进国有企业创新发展。2008～2012年中央国有资本经营预算累计安排支出3794.6亿元，其中：国有经济和产业结构调整支出1523.6亿元，中央企业改革脱困支出1096.3亿元，中央企业节能减排支出202亿元，中央企业重大科技创新支出211.9亿元，中央企业境外投资合作支出221.6亿元。

二是加大社会保障支出，维护社会安定团结。自2010年起，中央国有资本经营预算逐步加大调入公共预算用于社会保障支出，3年累计调入公共预算100亿元。截至2014年年底，中央国有资本经营预算已累计调入一般公共预算349亿元。2015年加大调入公共预算规模，调入规模达230亿元，调入比例高达16%。

三是支持国有企业改革脱困，维护企业职工切身利益。2010～2014年累计安排支出1096.6亿元，占总支出的29%，用于国有企业改革脱困，保障国有企业职工切身利益。

五、深化国债管理制度改革

（一）实现国债余额管理

为了适应新经济形势下国内债务管理的需要，2005年12月第十届全国人大常委会第四十次委员长会议审议通过国务院《关于实行国债余额管理的建议》，决定从2006年起改国债年度发行额管理为余额管理，实现了国债管理方式的重大变革。

国债余额是指中央政府历年预算收支差额之和，我国国债余额包括中央政府历年预算赤字和盈余互相冲抵后的赤字累积额、统借统还外债累积额和经全国人大常委会批准发行的特别国债的累积额，是中央政府必须偿还的国债价值总额。国债余额管理是指每年年初全国人民代表大会及其常委会为当年年末国债余额规定一个限额指标，当年中央政府可在该限额指标内自行决定国债品种结构、期限结构和发债“节奏”。

我国国债余额管理制度包括以下主要内容：

一是在每年向全国人民代表大会作预算报告时，报告当年年度预算赤字和年末国债余额限额，递交全国人民代表大会审议批准；二是在年度预算执行中，如出现特殊情况需要增加预算赤字或发行特别国债，由国务院提请全国人大常委会审议批准，相应追加年末国债余额限额；三是当年年末国债余额不得突破年末国债余额限额；四是国债借新还旧部分由国务院授权财政部自行运作，财政部每半年向全国人大有关专门委员会书面报告一次国债发行兑付情况；五是每年第一季度在中央预算批准之前，由财政部在该季度到期国债还本数额以内合理安排国债发行额。

实行国债余额管理，一方面提高我国财政的透明度，有利于加强财政管理和防范财政风险；另一方面既能增强全国人民代表大会及其常委会对政府债务的控制能力，又能增加国务院灵活调整国债品种和期限结构的回旋余地，有利于扩大国债投资需求，促进国债顺利发行和国债市场的发展完善。

（二）代理发行地方债

代理发行地方债机制，是指经国务院同意，地方债由中央代理发行，并列入地方预算管理的发行机制。地方债券到期时，由财政部代为还本付息，而后地方政府向财政部偿还相应款项。自 2008 年以来，在 40,000 亿元经济刺激政策主导下，通过地方融资平台形成的地方债加剧增加。在总结地方举债的经验的基础上，2009 年国务院放松了对地方债券的限制，首先批准由财政部代理发行地方政府债券 2000 亿元，允许地方政府发行债券，并列入省级预算管理，但必须由财政部代为发行，并由财政部代为办理偿还手续。地方债券采取财政部代为办理发行和代办兑付方式，不仅有利于提升地方债券信用等级及利用国债发行经验、技术和投资者的关系，而且有利于提高地方债的发行效率，降低地方政府的筹资成本。

为了确保地方债的顺利发行，财政部在代理发行工作中采取了以下主要措施：

一是统筹安排国债、地方债券发行,加强与地方财政部门沟通协调,协调安排国债、地方债券招标时间;二是密切跟踪国债市场发展变化,合理安排地方债券发行"节奏",每月公布一次代理发行计划;三是及时制定地方债券招标规则,采用单一利率招标方式,避免债券发行利率大幅波动,保证代理发行规范有序进行。

(三)地方政府自主发债

2011年经国务院批准,财政部发布《2011年地方政府自行发债试点办法》,将上海市、浙江省、广东省和深圳市作为地方政府自行发债试点,允许其在国务院批准的发债规模限额内自行组织发行本省市政府债券。这是由先前的中央政府代理发行地方债向地方政府自主发债的过渡性安排,是一次历史性突破。2014年经国务院批准,除上述4个省市外,增加江苏、山东、北京、江西、宁夏、青岛等10个省市试点地方政府债券自发自还制度,这是地方债发行朝着市场化道路迈出的实质性步伐。

为了平稳推进地方债自发自还试点,在广泛征求意见的基础上,财政部研究制定了《2014年地方债自发自还试点办法》等一系列制度办法,规范地方债自发自还相关工作。在试点过程中,建立制度机制,举办业务培训,加强业务指导,积极引导舆论,认真总结试点省份好的做法和经验,及时进行推广,并分析存在问题,提出今后工作建议。

(四)规范地方政府债务管理

为了规范地方政府债务管理,防范地方政府债务风险,我国2014年通过修订《预算法》和颁布有关法律法规,赋予地方政府一定的发债融资权。同时按照疏堵结合、"开前门、堵后门、筑围墙"的改革思路,新《预算法》从五个方面作出限制性规定。

一是限制发债主体,经国务院批准的省级政府可以举借债务;二是限制债务用途,举借债务只能用于公益性支出,不得用于经常性支出;三是限制债务规模,举借债务的规模由国务院报全国人大或者全国人大常委会审查批准,省级政府在国务院下达的限额范围内举借的债务,列入本级预算调整方案，报本级人大常委会审查批准；四是限制举债方式，举借地方债务只能采取发行地方政府债券的方式，不得采取其他方式筹措，除法律另有规定外，不得为任何单位和个人的债务以任何方式提供担保；五是控制债务风险，举借债务应当有偿还计划和稳定的偿还资金来源，国务院建立地方政府债务风险评估和预警机制、应急处置机制以及责任追究制度。

这样既坚持了从严控制地方政府债务的原则，又适应了地方经济社会发展的需要，从法律制度上解决了地方政府怎么举借债务、怎么管理债务、怎么归还债务的问题，不仅有利于把地方政府融资引导到阳光下，建立起规范合理的地方政府举债融资机制，而且有利于加强人大监督和社会监督，防范和化解政府债务风险。

（五）地方债务改革取得显著成效

在地方政府债务融资近 20 年的探索过程中，我国地方债务改革取得了明显成效：

一是规范地方政府债务发行，增强了地方安排配套资金和扩大政府投资的能力。2011 年涉及 31 个省（自治区、直辖市）代理发行地方政府债券 1771 亿元，平均利率 3.97%。经国务院批准，2014 年发行地方政府债务 4000 亿元。地方债券的发行增强了地方安排配套资金和扩大政府投资的能力，加快了改善民生的进程，促进了中央扩大内需政策目标的实现。

二是坚持权责利相结合，形成地方债自发自还机制。2014 年地方债自发自还试点实现了地方政府在地方债融资方面权责利相匹配，有利于推动建立“借、用、还”相统一的地方政府债务管理机制。

三是发挥政府信用优势，降低地方债的融资成本和债务风险。同时，各地结合存量债务到期情况等因素合理安排债券的发行时间、规模等要素，及时筹集资金偿还到期债务，有效防范系统性、区域性债务风险的发生。

四是完善地方债务发行机制，推动了地方债市场的健康发展，减少了地方债的融资风险。

(六)地方债务改革的发展方向

我国新修改的《预算法》和2014年9月21日颁布的国务院《关于加强地方政府性债券管理的意见》明确规定了加强地方政府债券管理的指导思想和基本原则,为地方债务改革指明了发展方向。

1. 加快建立规范的地方政府举债融资机制

一是赋予地方政府依法适度举债权限。经国务院批准,省、自治区、直辖市政府可以适度举借债务,市县级政府确需举借债务的由省、自治区、直辖市政府代为举借。政府债务只能通过政府及其部门举借,不得通过企事业单位等举借。

二是建立规范的地方政府举债融资机制。地方政府举债采取政府债券方式。没有收益的公益性事业发展确需政府举借一般债务的,由地方政府发行一般债券融资,主要以一般公共预算收入偿还。有一定收益的公益性事业发展确需政府举借专项债务的,由地方政府通过发行专项债券融资,以对应政府性基金或专项收入的偿还。

三是推广使用政府与社会资本合作模式。鼓励社会资本通过特许经营等方式,参与城市基础设施等有一定收益的公益性事业投资和运营。政府通过特许经营权、合理定价、财政补贴等事先公开的收益约定规则,使投资者有长期稳定收益。投资者按照市场化原则出资,按约定规则独自或与政府共同成立特别目的公司建设和运营合作项目。

2. 对地方政府债务实行规模控制和预算管理

一是对地方政府债务实行规模控制。地方政府债务规模实行限额管理,地方政府举债不得突破批准的限额。地方政府一般债务和专项债务规模纳入限额管理,由国务院确定并报全国人大或其常委会批准,分地区限额由财政部在全国人大或其常委会批准的地方政府债务规模内根据各地区债务风险、财力状况等因素测算并报国务院批准。

二是严格限定地方政府举债程序和资金用途。地方政府在国务院批准的分地区限额内举借债务,必须报本级人大或其常委会批准。建立地方政府信用评级制度,逐步完善地方政府债券市场。地方政府举借的债务,只能用于公益性资本支出和适度归还存量债务,不得用于经常性支出。

三是把地方政府债务分门别类纳入全口径预算管理。地方政府要将一般债务收支纳入一般公共预算管理,将专项债务收支纳入政府性基金预算管理,将政府与社会资本合作项目中的财政补贴等支出按性质纳入相应政府预算管理。地方政府各部门、各单位要将债务收支纳入部门和单位预算管理。

3. 控制和化解地方政府性债务风险

一是建立地方政府性债务风险预警机制。财政部根据各地区一般债务、专项债务、偿还债务等情况,测算债务率、新增债务率、偿债率、逾期债务率等指标,评估各地区债务风险状况,对债务高风险地区进行风险预警。列入风险预警范围的债务高风险地区,要积极采取措施,逐步降低风险。债务风险相对较低的地区,要合理控制债务余额的规模和增长速度。

二是建立债务风险应急处置机制。要硬化预算约束,防范道德风险,地方政府对其举借的债务负有偿还责任,中央政府实行不救助原则。各级政府要制定应急处置预案,建立责任追究机制。地方政府难以自行偿还债务时,要及时上报,本级和上级政府要启动债务风险应急处置预案和责任追究机制,切实化解债务风险,并追究相关人员责任。

三是严肃财经纪律。建立对违法违规融资和违规使用政府性债务资金的惩罚机制,加大对地方政府性债务管理的监督检查力度。地方政府及其所属部门不得在预算之外违法违规举借债务,不得以支持公益性事业发展名义举借债务并用于经常性支出或楼堂馆所建设,不得挪用债务资金或改变既定资金用途。

4. 完善地方政府性债务配套制度

一是完善债务报告和公开制度。完善地方政府性债务统计报告制度,加快建立权责发生制的政府综合财务报告制度,全面反映政府的资产负债情况。建立地方政府性债务公开制度,加强政府信用体系建设。各地区要定期向社会公开政府性债务及其项目建设情况,自觉接受社会监督。

二是建立考核问责机制。把政府性债务作为一个硬指标纳入政绩考核。明确责任落实,各省、自治区、直辖市政府要对本地区地方政府性债务负责任。对脱离实际过度举债、违法违规举债或担保、违规使用债务资金、恶意逃废债务等行为,要追究相关责任人责任。

三是强化债权人约束。金融机构等不得违法违规向地方政府提供融资,不得要求地方政府违法违规提供担保。

第三节　贯彻落实科学发展观,加快税制各项改革

2005年10月党的十六届五中全会通过的《中共中央关于制定国民经济和社会发展第十一个五年规划的建议》,进一步明确了推进税制改革的总体思路和具体措施,包括完善增值税制度,实现增值税转型;统一各类企业税收制度;实行综合和分类相结合的个人所得税制度;调整和完善资源税;实施燃油税;稳步推进物业税。2006年10月党的十六届六中全会通过的《中共中央关于构建社会主义和谐社会若干重大问题的决定》提出了实行促进就业的财税政策,健全财力与事权相匹配的财税体制,完善有利于环境保护的财税政策等促进和谐社会建设的税收措施。2007年10月党的十七大报告提出了"实行有利于科学发展的财税制度,建立健全资源有偿使用制度和生态环境补偿机制"的新要求。①

一、统一内外资企业所得税制度,促进企业公平竞争

为了适应改革开放深入发展的需要,促进内外资企业公平竞争,根据

---

①《十七大报告辅导读本》(第1版),人民出版社2007年版,第26页。

党的十六届三中全会关于"统一各类企业税收制度"的精神，财税主管部门在深入调查研究和广泛征求意见的基础上，形成了内外资企业"两法合并"的改革方案，主要内容体现为"四统一、一过渡"，即统一内外资企业适用的《企业所得税法》，实行法人所得税制；统一并适当降低企业所得税税率，将法定税率由 33% 降至 25%；统一和规范税前扣除办法和标准；统一税收优惠政策，建立以"产业政策为主、区域优惠为辅"的新的税收优惠体系；同时对我国新《企业所得税法》公布前已设立的老企业实行一定期限的税收优惠过渡措施。2007 年 3 月 16 日第十届全国人民代表大会第五次会议审议通过了《企业所得税法》，于 2008 年正式施行。为了确保《企业所得税法》的顺利实施，2007 年 11 月 28 日国务院第 197 次常务会议通过了《企业所得税法实施条例（草案）》。同时，财税主管部门还研究制定了税收优惠目录、过渡优惠办法等若干配套的政策措施。这项改革结束了我国企业所得税法律制度内外资两套分立的局面，不仅是我国税制现代化建设中的大事，而且是我国社会主义市场经济体制逐步走向成熟的重要标志。

二、全面实施增值税转型改革，完善增值税制度

为了落实党中央关于促进中部地区崛起的决定精神，自 2007 年 7 月 1 日起，将增值税转型改革试点从东北地区的装备制造业等八大行业，扩大到中部 6 省 26 个老工业基地城市的电力业、采掘业等八大行业。自 2008 年 7 月 1 日起，根据《东北地区振兴规划》，再一次将增值税转型改革试点扩大到内蒙古东部地区的呼伦贝尔市、兴安盟、通辽市、赤峰市和锡林郭勒盟 5 个地区的装备制造业、石油化工业、冶金业、船舶制造业、汽车制造业、高新技术产业、军品工业和农产品加工业。由于转型改革办法逐步成熟，改革试点的政策效果初步显现，并为增值税转型改革在全国的推开积累了宝贵经验。

自 2009 年起，全面实施增值税转型改革，在全国范围内对增值税一般纳税人购进机器设备的进口款项允许抵扣。这次改革降低了小规模纳税人征收率、为小企业创造了公平竞争的税收环境,有利于小企业发展壮大和促进大众就业;还降低了一般纳税人标准,将更多增值税纳税人纳入抵扣链条,进一步完善增值税抵扣机制。

经国务院同意,2011年11月16日财税主管部门制定并颁布了《营业税改征增值税试点方案》,标志着营业税改征增值税(以下简称"营改增")试点工作正式步入启动实施阶段。2012年9月1日至12月1日,"营改增"试点由上海市分4批次扩大至北京、江苏、安徽、福建、广东、天津、浙江、湖北8省市。自2013年8月1日起,"营改增"试点向全国推开,同时将交通运输业和广播影视服务业纳入试点范围。2014年试点行业进一步扩大,试点范围扩大到10(3+7)个行业,即交通运输业、邮政业、电信业3个行业,研发技术、信息技术、文化创意、物流辅助、有形动产租赁、鉴证咨询、广播影视7个现代服务业,试点成效逐步显现,改革红利持续释放。据统计,截至2015年年底,全国试点纳税人592万户,全年"营改增"改革共减税2666亿元。

按照财税主管部门《关于全面推开营业税改征增值税试点的通知》,自2016年5月1日起,在全国范围全面推开"营改增"试点,建筑业、房地产业、金融业、生活服务业等全部营业税纳税人纳入试点范围,由缴纳营业税改为缴纳增值税。全面推开"营改增"试点,不仅是实施积极财政政策的重大减税措施,而且是推动结构性改革的重要内容。

三、调整消费税政策,增强消费税调控功能

为了更好地引导生产和消费,促进环境保护和资源节约,根据党的十六届三中全会提出的"完善消费税,适当扩大税基"的要求,自2006年4月1日起,对消费税政策进行重大的调整。主要内容包括两大方面:一是对应税品目进行有增有减的调整。新增加了高尔夫球及其球具、高档手表、游艇、木制一次性筷子、实木地板、成品油税目;同时取消了护肤护发品税目,并将原属于护肤护发品征税范围的高档护肤类化妆品列入化妆品税目。二是对原有税目的税率进行有高有低的调整。在现行11个税目中，涉及税目调整的有白酒、小汽车、摩托车、汽车轮胎等税目。经过调整后，税目由原来的11个增至14个。

为了建立规范交通税费制度，完善成品油价格形成机制，促进节能减排和结构调整，交通运输主管部门和财税主管部门共同研究成品油税费改革方案，经国务院批准后，自2009年1月1日起实施成品油税费改革，主要内容包括：取消公路养路费、航道养护费、公路运输管理费、公路客货运附加费、水路运输管理费、水运客货运附加费六项收费；逐步有序取消政府还贷二级公路收费，相应提高成品油消费税单位税额替代上述各项收费。通过成品油税费改革，正税清费，建立规范的交通税费体制。

为了引导合理消费，2016年9月30日财税主管部门发布了《关于调整化妆品消费税政策的通知》，取消对普通美容、修饰类化妆品征收消费税，将“化妆品”税目名称更名为“高档化妆品”。

四、修订我国《个人所得税法》，减轻居民税收负担

个人所得税既是筹集税收收入的重要工具，又是调节个人收入分配的主要手段。2007年12月23日第十届全国人民代表大会常务委员会审议通过了国务院《关于调整个人所得税工薪所得费用减除标准的议案》，决定将工薪所得费用减除标准由每人每月1600元提高至2000元。为了增加居民收入，缓解物价上涨对储户收益的影响，2007年8月15日第十届全国人大常委会审议通过了国务院《关于减征利息税的议案》，决定将居民储蓄存款利息个人所得税税率由20%调低至5%。通过修订《个人所得税法》和调整个人所得税相关政策，减轻了居民个人所得税的负担，也使该税负担水平更加符合我国客观实际情况。

2011年国务院公布修改后的《个人所得税实施条例》，其修改的主要内容包括：一是将个人所得税工资、薪金所得项目费用扣除标准由每人每月2000元提高到3500元；二是调整工资、薪金所得项目税率表，取消15%、40%两档税率，将最低税率由5%降为3%，适当拉长中低税率的纳税级次，降低中低收入者的税负；同时取消40%税率后，月收入8万元以上的纳税人直接适用45%的税率，加大对高收入者的调节作用。

五、完善耕地占用税和城镇土地使用税，加强对土地利用的税收调节

为了更好地合理利用土地资源、加强对农用耕地的保护，国务院对1987年颁布实施的《耕地占用税暂行条例》进行了修订。修订的内容主要包括：一是提高耕地占用税的税额标准；二是将外资企业纳入耕地占用税的征收范围；三是从严控制减免税项目，取消了对铁路线路、飞机场跑道、停机坪、炸药库占地免税的规定；四是明确了耕地占用税的征收管理。自2008年1月1日起，实施新的《耕地占用税暂行条例》，加强了对农用耕地的保护。

为了加强对土地的宏观调控，促进房地产市场的健康发展，促进税制的统一和规范，使内外资企业在土地保有环节的税负公平，国务院对《城镇土地使用税暂行条例》进行了修订。修订的主要内容包括调整土地使用税税额幅度，将土地使用税的征收范围扩大到外资企业。自2007年1月1日起，实施新的《城镇土地使用税暂行条例》，促进税负公平。

六、改革车船使用税制度，统一内外资企业车船税政策

为了统一内外资企业的车船税制度，公平内外资企业税负，根据我国经济发展、物价指数上升和居民收入水平提高的客观实际情况，国务院修订了《车船税暂行条例》。修订的主要内容包括：缩小减免税范围，调整现行税目，适当提高税率标准，并统一适用于内外资企业等。自2007年1月1日起，实施新的《车船税暂行条例》，统一了内外资企业税负。

七、调整出口退税政策，促进外贸增长方式转变

为了完善出口退税机制，有效解决我国出口退税长期积存的问题，对出口退税率进行了结构性的调整。自2007年7月1日起，调整了2831项商品的出口退税政策，取消了553项“高耗能、高污染、资源性”产品的出口退税，降低了2268项容易引起贸易摩擦的商品的出口退税率，将10项商品的出口退税改为免税政策。经过这次调整以后，出口退税率变为5%、9%、11%、13%、17%五档。为了稳固国内粮食供应、抑制粮价上涨势头，自 2007 年年底起，取消了小麦、稻谷、大米、玉米、大豆等原粮及其制粉产品的出口退税。通过调整出口退税政策，不仅促进外贸增长方式的转变，而且有利于保障国内重要商品的市场供应，抑制物价上涨势头。

八、改革完善关税制度，实施关税减让义务

自 2007 年 1 月 1 日起，根据我国加入世界贸易组织谈判中承诺的关税减让义务，实施第 6 次降税，进一步降低了 44 个税目的最惠国税率，主要有鲜草莓、对苯二甲酸、聚乙烯等。调整后的关税总水平由 9.9% 变为 9.8%。同时，对小麦、玉米等 8 类农产品和化肥共计 45 个税目继续实行关税配额管理。自 2008 年 1 月 1 日起，我国根据承诺降低了 45 个税目的最惠国税率，这些税目的平均税率由 2007 年的 9.2% 降至 8.0%，平均降幅 1.2%，其中对苯二甲酸、聚乙烯、聚丙烯、ABS 树脂、聚氯乙烯染料、液压油等 42 个税目的化工品于 2008 年完成降税义务，税率降至 6.5%。经过 2008 年的调整，我国关税总水平已由 2007 年的 9.94% 降至 9.8%，其中工业品平均税率由 8.95% 降至 8.92%。同时，对小麦、玉米等 8 类农产品和化肥共计 45 个税目商品实行关税配额管理。从 2018 年 11 月 1 日起，降低 1585 个税目工业品等商品进口关税税率。由此，我国关税总水平已由上年的 9.8% 降至 7.5%。实施上述关税改革措施，不仅降低了关税总水平，而且进一步完善了关税制度。

第四节　贯彻落实科学发展观，全面建设小康社会

党的十七大报告提出，"在新的发展阶段继续全面建设小康社会、发展中国特色社会主义，必须深入贯彻落实科学发展观"，①其基本要求是全面协调可持续发展，根本方法统筹兼顾。在党的十六大确立的全面建设

① 《十七大报告辅导读本》（第 1 版），人民出版社 2007 年版，第 14 页。

小康社会目标的基础上对我国发展提出了新的更高要求：一是增强发展协调性，努力实现经济又快又好发展；二是扩大社会主义民主，更好保障人民权益和社会公平正义；三是加强文化建设，明显提高全民族文明素质；四是加快发展社会事业，全面改善人民生活；五是建设生态文明，基本形成节约能源资源和保护生态环境的产业结构、增长方式、消费模式。

一、落实科学发展观，加强和改善财税宏观调控

党的十七大报告指出，“深化财税、金融等体制改革，完善宏观调控体系。围绕推进基本公共服务均等化和主体功能区建设，完善公共财政体系”。① 要根据党的十七大精神，按照科学发展观的要求，根据经济运行的发展变化趋势，把握财税宏观政策取向，综合运用各种财税政策工具，积极发挥财税政策在稳定经济增长、优化经济结构、协调区域发展等方面的积极作用，并注重与货币政策、产业政策等的协调配合，不断增强财税宏观调控的前瞻性、及时性、针对性、协调性和有效性，进一步提高财税宏观调控水平。在促进经济又快又好发展的基础上，保持财政收入与经济协调增长，不断壮大财政实力，为加强和改善财税宏观调控提供强大的物质基础和财力保障。

（一）积极扩大内需特别是消费需求

一是改善扩大内需特别是消费需求的宏观环境。一方面，深化政府投资体制改革，落实企业投资自主权，合理开放投资领域，优化政府投资结构，加强公共服务基础设施建设，增加社会事业和环境生态建设投资，改善生产生活服务，为扩大内需特别是消费需求创造良好条件，促进投资与消费、内需和外需结构合理化。另一方面，完善税费制度，清理取消涉及消费的不合理收费，完善有利于消费结构升级的税收和收费政策。

二是支持教育、卫生和社会保障等事业发展。全面实施城乡免费义务教育，健全基本卫生医疗制度，深化社会保障体制改革，完善廉住房保

① 《十七大报告辅导读本》（第1版），人民出版社2007年版，第25页。

障制度，逐步实现"学有所教、劳有所得、病有所医、老有所养、住有所居"，稳定居民消费预期，扩大居民即期消费。

三是深化收入分配制度改革。建立居民收入稳定增长机制，以增加低收入群体收入为重点，逐步提高居民收入占国民收入分配中的比重，提高劳动报酬占初次分配中的比重，提高居民收入预期。继续完善增加农民收入的政策和企业职工最低工资制度，健全工资正常增长和支付保障机制。实施事业单位绩效工资制度，进一步规范公务员津贴和补贴制度。注重提高低收入群体收入，加强对高收入的调节，积极培育中低收入群体，形成"两头小、中间大"橄榄型的分配结构。

（二）加快社会主义新农村建设

一是改革农业税制，减轻农民负担。为了进一步减轻农民负担，促进农村的发展，加强农业的基础地位，增加农民收入，2005 年全国人民代表大会常务委员会审议通过《关于废止农业税的决定》，自 2006 年起在全国范围内废止农业税。2005 ~ 2006 年国务院审议决定先后取消牧业税和屠宰税，对过去征收农业特产税的烟叶产品改征烟叶税。

二是加大财政支农投入力度，逐步提高"三农"支出的比重。通过财税体制改革，在逐步减轻农民负担的同时，加快完善财政支农资金稳定增长机制。继续加大良种补贴力度，增加农机具补贴资金，稳定粮食直补资金规模，加大农民培训支出力度，推进扶贫开发等。

三是研究建立综合性的支农投入政策，调动地方政府和社会资金建设新农村的积极性。创新中央投入示范和激励机制，综合运用财政贴息、保费补贴、以物代资、以奖代补等财政政策措施，引导地方政府以及信贷、社会资金投入新农村建设，形成多元化的支农投入格局。

四是规范支农资金管理，建立健全有利于实现城乡统筹发展的财政支农政策体系，重点促进农业生产发展和农民增收，加强农村基础设施建设和加快农村社会事业发展，扎实推进农村综合改革，促进粮食增产、农业生产发展和农民增收。

(三)推动自主创新和科技进步

一是加大财政投入力度。制定完善符合科技发展规律的规范、稳定、长效的财政科技投入政策。加大财政对科技的投入力度,优化投入结构,重点支持市场机制不能配置的基础研究、前沿技术研究、社会公益研究、重大关键技术研究开发等公共科技活动,保障科技重大专项实施。

二是健全财政激励机制。全面推进增值税转型改革,鼓励企业加快技术改造。适时调整进口税收优惠政策,鼓励国内企业进口有利于技术创新的关键设备。完善财政性资金采购自主创新产品的制度、鼓励自主创新的政府首购和订购制度。

(四)促进节能减排和环境保护

一是加大财政投入力度。综合运用财政补贴、贴息、税收优惠的多种政策工具,支持发展能耗低、效益高的产业,推广高效节能技术和产品,促进清洁生产,大力发展可再生产能源、新能源和替代能源,支持重点节能工程、污水管网、污染减排监管体系等项目建设。继续加强林业生态建设,支持集体林权制度等改革,发展现代林业。创新财政资金使用机制,通过整合各类专项环保资金,并实施"以奖代补"办法,推进建立多元化的资源节约和环境保护资金投入及高效使用机制。

二是完善资源税制度。扩大资源税征收范围,实行从价计征,充分发挥资源税的功能。扩大资源税征收范围,对高污染、资源消耗大的商品开征消费税。征收环境保护税,提高资源补偿费征收标准。强制矿山企业提取安全费用、矿区环境和生态恢复资金。提高污水和垃圾处理等城市公共事业收费标准。完善有利于资源、能源以及土地节约集约利用的税费政策,减少污染物排放,保护生态环境。

(五)优化产业结构

一是加大对现代农业的支持力度。建设现代农业技术体系,改善农业基础设施,大力发展优势特色、安全高效农业,推进农业产业结构优化升级。

二是完善促进高科技产业发展的财政政策。加大财政对高新技术产品的支持力度，适当提高高新技术产品的出口退税率，支持提高重大技术装备国产化水平，加快发展先进制造业，坚决遏制高耗能、高排放和产能过剩行业盲目发展。

三是制定和完善加快服务业发展的财税政策。大力支持金融保险、物流、信息、文化和法律服务等现代服务业发展；对从事社会化服务和吸纳就业能力强的小型服务企业，适当给予政策扶持；对关系国民素质和国家发展潜力的教育、科技、文化等基础服务业，进一步加大扶持力度。

（六）支持区域协调发展

一是完善促进西部大开发、东北老工业基地建设、中部崛起等相关优惠政策，进一步加大对革命老区、北疆地区、贫困地区发展的扶持力度，鼓励东部地区加快发展。

二是一般国家预算、政府基金预算、外国政府和国际金融组织贷款安排向中西部欠发达地区倾斜，着力改善这些地区的基础设施状况，提高其对基本公共服务的保障能力。

三是健全中央和地方财力与事权相匹配的财政体制。按照法律规定、受益范围、成本效率、基层优先等原则，进一步明确中央与地方事权和支出责任，力争在关系民生的若干重大领域取得进展。完善中央与地方之间的收入划分办法，如将按纳税地点分享增值税改为按地区消费额分享增值税。同时，健全地方税体系，如开征房地产税、完善资源税制度等，增加地方税收收入；规范非税收入管理，提高地方财政收入质量。

四是完善转移支付制度。增加一般性转移支付规模，清理整合专项转移支付。科学合理分配转移支付资金。强化省级财政调节辖区内财力差异的责任，探索建立县乡政府最低财力保障机制，促进基本服务均等化。

五是推进主体功能区建设。加大限制开发和禁止开发区域基本公共服务和生态建设的转移支付力度。完善资源枯竭地区转移支付制度，促进资源枯竭地区经济转型。

二、健全财税宏观调控机制的协调配合，提高财税调控决策水平

按照科学发展观的要求，通过建立健全经济社会发展主要指标监测预警机制,加强对经济运行的实地动态监测分析和预测。根据经济运行的发展变化趋势,把握财政政策取向,综合运用国债、税收、补贴等多种政策工具进行调控,并及时跟踪分析政策税收情况。强化财政政策与货币政策、产业政策等的协调配合,进一步完善国家发展改革委、财政部、中央人民银行之间的会商制度,全面提高财政宏观调控的科学化、精细化管理水平。

(一)健全主要指标监测预警机制,为科学决策提供科学依据

首先,加快信息化建设。政府宏观经济管理部门各自分散掌握不同领域的社会经济运行动态指标与信息,需要通过加快信息化建设步伐,及时准确地综合汇总各方面的社会经济运行的动态指标,随时跟踪监测社会经济运行态势,同时,利用先进技术手段,对信息进行深度加工和分析。

其次,重视宏观经济政策研究。加强政策性研究机构的交流与合作,建立多部门参与的宏观经济形势跟踪分析预测机制,加强宏观经济的月度、季度和年度分析预测,提前把握形势变化的基本趋势和可能走向,为宏观调控决策提供科学的参考依据。

(二)健全宏观调控手段协调配合机制,提高宏观调控质量和效果

首先,加强宏观调控中财税调控自身的协调配合。通过预算、税收、国债、贴息、转移支付、政府采购等政策工具以及财政支出增减变化的结构性安排,影响社会总需求,促进经济稳定增长。在社会总供给大于社会总需求时,采取扩大政府支出规模、减少税收等措施,实施积极的财政政策;在社会总供给小于社会总需求时,采取消减政府支出规模、增加税收等措施,实施紧缩的财政政策;在社会总供给与社会总需求基本平衡,但结构需要优化时,应该控制财政赤字、调整结构等措施,实施稳健的财政政策。

其次,加强财税调控和金融调控的协调配合。一般地说,财税调控具有促进经济增长、优化经济结构和调节收入分配的重要功能,可以发挥目标定位准、针对性强、作用直接有效的优势;金融调控具有调节社会供求

总量的重要功能。为了实现宏观调控的目标，财税政策可以与货币政策实行“双扩张”“双稳健”“双紧缩”“一张一紧”等的政策配合模式。自2008 年第三季度起，我国基本上实行积极的财政政策和适度宽松的货币政策，取得了宏观调控预期的良好效果。

三、强化财税宏观调控功能，促进国民经济协调快速发展

自 2008 年全球金融危机爆发以来，我国及时采取一系列相应的政策措施。为了应对国际金融危机和国内经济增长下滑偏快问题，政府宏观调控方面采取了积极的财政政策和适度宽松的货币政策，并在 2009 年第一季度初见成效，经济运行出现了一些积极的变化。自 2010 年以来，我国一直实行积极财政政策和稳健的货币政策相结合的调控政策，继续加强财政调控和金融调控的联动配合，增强了宏观调控的针对性、灵活性和有效性，促进了国民经济又快又好发展。

（一）提高财税调控的主动性和及时性

自 2004 年以后，我国经济开始走出通货膨胀的阴影，呈现加速发展的态势。但也出现了部分行业和地区投资增长过快等问题，资源对经济增长的制约越来越明显，并带来煤电油运供应紧张的局面。鉴于我国经济并非全面过热，经济社会发展中还有许多薄弱环节亟待加强，我国相机抉择决定，2005 年将积极财政政策转向趋于具有中性特征的稳健财政政策。由于职能部门进行预测分析、超前研究、及时预警，研究提出政策调整方案，适时、适度采取果断有力的解决措施，使政策取向转变但没急转弯，而变成未雨绸缪、防患于未然的主动调整。

2008 年我国政府顺时应势，及时主动做出政策调整，启动新一轮积极财政政策，再次体现了相机抉择的宏观调控原则。根据经济形势的变化，我国政府于 2008 年 11 月提出了“出手要快，出拳要重，措施要准，工作要实”的工作部署，并果断提出了 40,000 亿元的政府投资刺激计划，显示了财政宏观调控的主动性和及时性。

（二）加大财税宏观调控的力度和空间

自我国公共财政体系初步建成以后，财政宏观调控的力度和空间明显加大。2008年年底启动新一轮积极财政政策后,我国在下一年度财政预算中首次安排了9500亿元的财政赤字,相当于上年财政赤字的9倍。但由于我国财政经济基础良好,从国际通用的衡量指标来看,财政赤字占GDP的比重和国债余额占GDP的比重,分别控制在3%和20%的国际警戒线以内。2014年全国财政预算收入139,530亿元,增长8%。加上从中央预算稳定调节基金调入1000亿元,可安排的收入总量为140,530亿元。全国财政预算支出153,037亿元,增长9.5%,加上地方政府债券还本支出993亿元,支出总量为154,030亿元。预算财政赤字13,500亿元,比2013年增加1500亿元,赤字率为2.1%左右。2015年安排财政赤字1.62万亿元,2016年赤字率从上年的2.1%增至2.3%,但一直保持在3%的警戒线以内。

自2010年以来,我国持续实行积极的财政政策,进一步加大了财政调控的力度和空间。一是加大了对民生领域和社会事业的支持保障力度,增加对"三农"、科技、教育、卫生、文化、社会保障、保障性住房、节能环保方面和对居民消费、中小企业、欠发达地区的支持力度,支持重点领域改革。二是加大财政科技投入,推动自主创新,重点加强对战略性新兴产业的投资,促进产业结构优化升级。三是调整完善税收政策,进一步深化结构性减税,为服务业、小微型企业等减负,促进结构调整和引导居民消费。四是适当增加财政赤字和国债规模,继续加强地方政府债务管理,同时完善政府投融资机制,妥善处理债务偿还和在建项目后续融资问题,积极推进地方政府债务管理制度建设,合理控制地方债务水平。

(三)加强财政调控与金融调控的协调配合

在宏观调控中,财税政策更具针对性、其作用更为直接,因而更适宜对经济发展的薄弱环节实施直接的"点调控",而货币政策则在调节社会供求总量方面更能发挥优势。2008年年底的新一轮积极财政政策,就是建立在与货币政策协调配合基础上。自当年金融危机爆发以来,我国及时果断采取一系列政策措施,在宏观调控方面采取积极的财政政策和适度宽松的货币政策相配套的组合方式,并在下一年第一季度就初见成效,经济运行出现了一些积极变化。

自 2010 年至今,我国一直实行积极的财政政策和稳健的货币政策相结合的调控政策,继续加强财税调控和金融调控的联动配合,增强了宏观调控的针对性、灵活性和有效性,妥善处理好经济平稳较快发展、经济结构调整和管理通胀预期的关系,取得了宏观调控的良好效果。

四、国家财政政策积极参与国际协调

自 2004 年以来,随着我国改革开放进程的不断拓展深入,国家综合实力显著提升,国家影响力逐步由区域向全球延伸,我国增强了对国际经济规则制定和国际事务决策的影响,在国际经济议程设定中更加积极体现自身利益诉求。同时,国际经济形势发生深刻变化,国际关系出现一些新的特点,世界各国特别是广大发展中国家关注和重视中国成功发展的经验。

（一）积极参与国际规则的制定,为经济建设营造良好外部环境

伴随国内外形势的发展变化,我国财政对外交流与合作进入新阶段,在继续发展与世界银行等国际金融组织的全方位合作的同时,加强与有关国家和经济体的多边、双边交流合作,更加注重在双边、多边财经领域和国际金融组织中发挥积极作用,推动国际经济规则朝着有利于我国的方向发展。2004 年 10 月中国首次与西方七国集团（G7）财长开展对话。2005 年中国作为 20 国集团（G20）主席国,首次成功地将国际经济治理架构改革问题纳入了主要发达国家与主要发展中国家的对话框架。2006 年 12 月首次举行中美战略经济对话会,由中美两国元首倡导的这个机制成为中美增进战略互信、开展务实合作的重要平台。2007 年 12 月我国首次向世界银行集团所属的国际开发协会（International Development Association,IDA）捐款,并以捐款国身份参加全球最重要的多边发展援助机制。

（二）引进资金、技术和人才,促进经济社会协调发展

世界银行和亚洲开发银行等国际金融组织对华的资金援助是我国与

国家金融组织合作的起点和重要内容。截至2016年,我国与国际金融组织贷款累计签约额为974.5亿美元,累计提款额750.9亿美元,累计归还贷款本金414.4亿美元,尚未归还贷款额336.5亿美元。除了贷款合作外,我国还获得世界银行、亚洲开发银行以及全球环境基金等国际金融组织赠款约44亿美元。按照国内配套资金与国际金融组织贷款1:1配套计算,总投资规模达1300多亿美元,共支持建设了我国1023个项目。这些项目重点支持了交通、农业、能源、城建、环保、教育、卫生、工业等优先领域,对于我国改革开放和经济社会发展发挥了重要的促进作用。

在与国际金融组织合作的几十年里,双方始终高度重视人才培养,并将加强人才培养作为双方合作的重点内容之一,坚持"请进来"与"走出去"相结合,为我国培养了一大批技术管理人才。多年来,世界银行和亚洲开发银行在我国实施了大批技术援助和培训项目,包括宏观经济、行业发展、农业扶贫、教育卫生等项目管理领域。通过贷款项目管理,中央和地方各级政府成立了项目办公室,培养了大批项目管理和财经外向型人才。

(三)推动机制和制度创新,促进经济体制改革

我国利用世界银行资金、亚洲开发银行资金、全球环境基金赠款,引进国际发展经验,积极推动机制和制度创新。其中,世界银行在基础建设、环境、人力资源、项目管理、减贫及经济金融、农村发展六大领域共为我国提出了19项制度创新政策建议。通过世界银行贷款引进的竞争性招标机制、工程监理制度、业主责任制已成为我国重大工程项目的标准做法;通过世界银行项目引进的供水、污水收费制度已在全国推行,为我国水资源的可持续发展提供了基础;通过世界银行项目率先试点的区域卫生资源规划、医疗扶贫基金等为我国卫生体制改革与发展提供了宝贵的借鉴经验;世界银行的资金回补制原则已经体现在国内公共投资的财务管理中。

近几十年来,我国与世界银行、亚洲开发银行等金融国际组织合作完

成了多篇经济和部门研究报告,涉及我国的宏观经济、地方经济、财政金融、社会保障、企业改革、投资环境、农村发展、扶贫开发、教育卫生、交通运输、能源水利、环境保护等多个领域,为我国的宏观经济管理和行业部门改革提出了具有参考价值的意见和建议,促进我国重大体制改革的平稳顺利实施,为我国建立和完善社会主义市场经济体制做出了积极贡献。

(四)支持我国扶贫事业,加快我国减贫进程

世界银行、亚洲开发银行、国际农业发展基金等国际金融组织对于我国贫困人口最为直接的贡献是,在多个部门、多个地区组织实施了大量以扶贫为目标的项目。这些项目从三个方面帮助贫困人口脱贫:一是帮助贫困人口获取生产资料,就地取得可持续生产的资金、土地、燃料动力、市场等资源;二是为贫困人口提供就业,直接增加他们的收入;三是直接或间接实施人力资本开发,使贫困地区获得摆脱困境的能力。通过实施国际金融组织贷款扶贫项目,不仅弥补了我国扶贫资金的不足,而且引进了先进的扶贫理念,使我国的扶贫方式发生了根本性的变化。自20世纪80年代起,我国政府把救济式扶贫转为开发式扶贫,并从1994年起实施扶贫到乡、扶贫到村、扶贫到户。由于我国与国际金融组织在扶贫事业方面形成双向互动的良好合作方式,使我国的扶贫能力得到加强,加快了我国的减贫进程。

自改革开放以来,我国的减贫事业取得了举世瞩目的成就。农村贫困人口从1978年的7.7亿下降到2015年的5575万,贫困发生率从97%下降到5.7%。根据世界银行全球贫困数据,1981～2012年全球贫困人口减少了11亿,同期中国贫困人口减少7.9亿,占全球减少贫困人口的71.8%。我国几十年来的成功减贫,也为世界减贫事业做出了积极贡献。

第五节　完善财税法治体系取得新的进展

随着我国财税体制改革的逐步深化和社会主义市场经济的不断发

展，我国的财税法治建设取得了巨大成就。据不完全统计，截至2017年年底，全国人民代表大会及其常委会已经制定和修改了财税方面的法律和有关法律问题的决定40多件，其中，第十二届全国人民代表大会及其常务委员会制定或修改财税方面的法律和有关法律问题的决定10多件；国务院制定了财税方面的行政性法规和规范性文件300多件，省级人大及其常委会制定了财税方面的地方性法规和规范性文件3000多件；社会主义财税法律体系已经基本健全。2009年财税主管部门深入贯彻落实党的十七届四中全会精神，全面贯彻实施《全面推进依法行政实施纲要》与《财政部门全面依法行政、依法理财实施意见》。2014年第十二届全国人大常委会第十次会议通过《关于修改〈中华人民共和国预算法〉的决定》，这是我国财税法治建设具有里程碑意义的大事，极大地推进我国依法理财、依法治税的进程，促进全面落实税收法定原则。

一、建立完善政府采购法律制度

为了规范政府采购行为，提高政府采购资金的使用效益，维护国家利益和社会公众利益，保护政府采购当事人的合法权益，促进廉政建设，2002年全国人大常委会审议通过了《政府采购法》，自2003年1月1日起正式实施。我国《政府采购法》自施行以来，对规范政府采购行为、提高政府采购资金的使用效益、促进廉政建设发挥了重要作用。此后，我国还相继制定出台了《政府采购货物和服务招标投标管理办法》《政府采购信息公告管理办法》《政府采购评审专家管理办法》《集中采购机构监督考核管理办法》等多个配套性规章制度。2007年年底启动了加入WTO《政府采购协议》(GPA)谈判。利用这些交流合作机制，我国积极宣传政府采购制度改革成效，有针对性地了解国际政府采购制度及改革动态，熟悉国际规则并积极参与国际规则制定。2010年10月财政主管部门公布了《政府采购代理机构资格认定办法》，自2012年12月1日起施行。

2014年12月31日国务院常务会议审议通过了《政府采购法实施条

例(草案)》(以下简称《条例》),逐步完善了政府采购法律制度。2015年1月30日国务院总理李克强签署国务院令公布《条例》,自2015年3月1日起施行。制定出台《条例》,是更好地实施我国《政府采购法》,落实党的十八大、十八届三中、四中全会要求,进一步深化改革的一项重要内容。我国《政府采购法》实施10多年来,政府采购的实践日益充分,政府采购改革深入推进,政府采购总规模从2002年的1009亿元上升到2013年的16,381亿元,增长了15.2倍。同时,政府采购活动中出现的“天价采购”、质量不高、效率低下等问题引起社会关注和对政府采购制度的质疑,有必要制定出台配套行政法规,细化法律规定,充实完善政府采购制度。制定出台《条例》,将进一步促进政府采购的规范化、法制化,构建规范透明、公平竞争、监督到位、严格问责的政府采购工作机制。

为了解决政府采购领域的“豪华采购”“天价采购”“质次不高”等问题,仅依靠加强采购程序监督是不够的,还需要强化政府采购的源头管理和结果管理,做到采购需求科学合理,履约验收把关严格,减少违规操作空间,保障采购质量。为此,《条例》作了以下规定:一是采购人应当科学合理确定采购需求。采购需求应当完整、明确,符合法律法规以及政府采购政策规定的技术、服务、安全等要求,必要时应当就确定采购需求征求相关供应商、专家的意见。二是采购标准应当依据经费预算标准、资产配置标准和技术、服务标准确定。三是除紧急的小额零星货物项目和有特殊要求的服务、工程项目外,列入集中采购目录的项目,适合实行批量集中采购的,应当实行批量集中采购。四是采购人或者采购代理机构应当按照采购合同规定的技术、服务、安全标准组织对供应商履约情况进行验收,并出具验收书。验收书应当包括每一项技术、服务、安全标准的履约情况。此外,为积极回应采购人提高政府采购效率的要求,《条例》对电子采购、非招标采购方式的适用情形和操作程序、评审报告的确认时限、询问的答复时限等,作了较为明确的规定。

在政府采购实践中,采购人、采购代理机构往往通过隐瞒政府采购信息、改变采购方式、不按采购文件确定事项签订采购合同等手段,达到虚假采购或者让内定供应商中标、成交的目的。针对此类问题,为防止"暗箱操作",遏制寻租腐败,保证政府采购公平、公正,《条例》作了以下规定:一是项目信息须公开。政府采购项目采购信息应当在指定媒体上发布。采购项目预算金额应当在采购文件中公开。采用单一来源采购方式,只能从唯一供应商处采购的,还应当将唯一供应商名称在指定媒体上公示。二是采购文件须公开。采购人或者采购代理机构应当在中标、成交结果公告的同时,将招标文件、竞争性谈判文件、询价通知书等采购文件同时公告。三是中标、成交结果须公开。中标、成交供应商确定后,应当在指定媒体上公告中标、成交结果。中标、成交结果公告内容应当包括采购人和采购代理机构的名称、地址、联系方式,项目名称和项目编号,中标或者成交供应商名称、地址和中标或者成交金额,主要中标或者成交标的的名称、规格型号、数量、单价、服务要求以及评审专家名单。四是采购合同须公开。采购人应当在政府采购合同签订之日起2个工作日内,将政府采购合同在省级以上人民政府财政部门指定的媒体上公告。五是投诉处理结果须公开。财政部门对投诉事项作出的处理决定,应当在指定媒体上公告。

党的十八届三中全会和2014年《政府工作报告》提出,加大政府购买服务力度。2013年9月国务院办公厅发布《关于政府向社会力量购买服务的指导意见》,就推进政府向社会力量购买服务作了专门部署。为贯彻落实党中央、国务院的要求,同时为规范政府购买服务行为,《条例》规定,政府采购服务包括政府自身需要的服务和政府向社会公众提供的公共服务,明确了政府向社会力量购买服务的法律地位和法律适用问题。为了保证政府购买的公共服务符合公众需求,《条例》规定,政府向社会公众提供的公共服务项目,应当就确定采购需求征求社会公众的意见,验收时应当邀请服务对象参与并出具意见,验收结果向社会公告。

政府采购使用的是财政性资金,各国普遍重视政府采购的政策功能。为了发挥政府采购的宏观调控作用，实现支持国家经济和社会发展的特定目标，我国《政府采购法》第9条规定，政府采购应当有助于实现国家的经济和社会发展政策目标，包括保护环境，扶持不发达地区和少数民族地区，促进中小企业发展等。但是，实践中政府采购的政策功能发挥不够充分，影响了国家特定目标的实现。针对这一问题，《条例》作了以下规定：一是国务院财政部门会同国务院有关部门制定政府采购政策，通过制定采购需求标准、预留采购份额、价格评审优惠、优先采购等措施，实现节约能源、保护环境、扶持不发达地区和少数民族地区、促进中小企业发展等目标。二是采购人、采购代理机构应当根据政府采购政策编制采购文件，采购需求应当符合政府采购政策的要求。三是采购人为执行政府采购政策，经批准，可以依法采用公开招标以外的采购方式。四是采购人、采购代理机构未按照规定执行政府采购政策，依法追究法律责任。

为了保证政府采购评审专家公平、公正评审，从制度上堵塞政府采购寻租空间，《条例》对政府采购评审专家的入库、抽取、评审、处罚、退出等环节作了全面规定：一是为保证评审专家"随机"产生，防止评审专家终身固定，明确省级以上人民政府财政部门对政府采购评审专家库实行动态管理。除国务院财政部门规定的情形外，采购人或者采购代理机构应当从政府采购评审专家库中随机抽取评审专家。二是明确评审专家的评审要求和责任。评审专家应当遵守评审工作纪律，根据采购文件规定的评审程序、评审方法和评审标准进行独立评审，并对自己的评审意见承担责任。三是强化对评审专家的失信惩戒。各级人民政府财政部门和其他有关部门应当加强对参加政府采购活动的评审专家的监督管理，对其不良行为予以记录，并纳入统一的信用信息平台。四是针对评审专家不同违法行为的性质，区别设定相应的法律责任，包括其评审意见无效，不得获取评审费，禁止其参加政府采购评审活动，给予警告、罚款、没收违法所得的行政处罚，依法承担民事责任，依法追究刑事责任等,既使其从业受到限制,又使其经济上付出代价。

为了解决政府采购实践中经常出现违法采购结果无人负责、责任无法追究等问题,《条例》在《政府采购法》规定的基础上,进一步细化了采购人、采购代理机构、供应商等主体的违法情形及法律责任,使责任追究有法可依。一方面,《条例》增列的违法情形有34种之多,例如,采购人、采购代理机构通过对样品进行检测、对供应商进行考察等方式改变评审结果,供应商中标或者成交后无正当理由拒不与采购人签订政府采购合同以及供应商之间恶意串通的具体情形等。另一方面,针对采购人、采购代理机构、供应商的违法情形,明确规定给予限期改正、警告、罚款,同时还要追究直接负责的主管人员和其他直接责任人员的法律责任。

二、建立健全财政监督法律制度

为了弥补财政监督立法的不足,为执法机关对财政违法行为的处理、处罚和处分提供法律依据,强化执法手段,2004年11月国务院颁布了《财政违法行为处罚处分条例》,自2005年2月1日起施行,将涉及财政收支活动的单位和个人均纳入其调整范围,进一步明确财政违法行为的主体、客体和法律责任,强化了财政监督的执法地位和执法手段。自2009年起,加强财政监督制度建设,坚持财政监督实体性制度和程序性制度建设两手抓。为了加强财政监督,维护健康的财政经济秩序,规范内部监督检查工作程序,规范检查行为,2010年2月2日财政主管部门颁布了《财政部门内部监督检查办法》,同年3月1日施行,推进财政部门内部监督工作。2012年2月23日财政主管部门审议通过了《财政部门监督办法》。上述法规政策的制定出台对发挥财政监督职能作用,提高财政管理科学化、精细化水平,建立健全预算编制、执行和监督相互制约、相互协调的机制,促进财政部门依法行政、依法理财具有非常重要的意义,2013年财政主管部门印发《财政部工作规则》进一步规范财政立法工作。

三、制定完善国有资产法律制度

为了巩固和发展国有经济,保护国有资产权益,防止国有资产流失,

2008 年 10 月 28 日第十一届全国人民代表大会常务委员会第五次会议审议通过《企业国有资产法》，自 2009 年 5 月 1 日起施行。我国《国有资产法》的制定实施，对于落实国有资产保值增值责任，维护国家基本经济制度，发挥国有经济在国民经济中的主导作用，促进社会主义市场经济发展，有着特别重大的意义。我国《国有资产法》主要包括以下重要内容。

（一）建立健全国有资产管理监督制度和主要原则

一是国务院和地方人民政府应当按照政企分开、社会公共管理职能与国有资产出资人职能分开、不干预企业依法自主经营的原则，依法履行出资人职责。

二是国家采取措施，推动国有资本向关系国民经济命脉和国家安全的重要行业和关键领域集中，优化国有经济布局和结构，推进国有企业的改革和发展，提高国有经济的整体素质，增强国有经济的控制力、影响力。

三是国家建立健全与社会主义市场经济发展要求相适应的国有资产管理与监督体制，建立健全国有资产保值增值考核和责任追究制度，落实国有资产保值增值责任。

四是国家建立健全国有资产基础管理制度。具体办法按照国务院的规定制定。

（二）建立健全国有资本经营预算制度

我国《国有资产法》第六章专门对国有资本经营预算做了规定，主要有以下内容。

一是国家建立健全国有资本经营预算制度，对取得的国有资本收入及其支出实行预算管理。

二是国家取得的下列国有资本收入，以及下列收入的支出，应当编制国有资本经营预算：从国家出资企业分得的利润；国有资产转让收入；从国家出资企业取得的清算收入；其他国有资本收入。

三是国有资本经营预算按年度单独编制，纳入本级人民政府预算，报本级人民代表大会批准。国有资本经营预算支出按照当年预算收入规模安排,不列赤字。

四是国务院和有关地方人民政府财政部门负责国有资本经营预算草案的编制工作,履行出资人职责的机构向财政部门提出由其履行出资人职责的国有资本经营预算建议草案。

(三)建立健全国有资产监督制度

一是各级人民代表大会常务委员会通过听取和审议本级人民政府履行出资人职责的情况和国有资产监督管理情况的专项工作报告,组织对本法实施情况的执法检查等,依法行使监督职权。

二是国务院和地方人民政府应当对其授权履行出资人职责的机构履行职责的情况进行监督。

三是国务院和地方人民政府审计机关依照我国《审计法》的规定,对国有资本经营预算的执行情况和属于审计监督对象的国家出资企业进行审计监督。

四是国务院和地方人民政府应当依法向社会公布国有资产状况和国有资产监督管理工作情况,接受社会公众的监督。任何单位和个人有权对造成国有资产损失的行为进行检举和控告。

五是履行出资人职责的机构根据需要,可以委托会计师事务所对国有独资企业、国有独资公司的年度财务会计报告进行审计,或者通过国有资本控股公司的股东会、股东大会决议,由国有资本控股公司聘请会计师事务所对公司的年度财务会计报告进行审计,维护出资人权益。

(四)改革完善国有资产管理体制

2015年9月13日中共中央、国务院印发了《关于深化国有企业改革的指导意见》(以下简称《指导意见》)。这是新时期指导和推进国有企业改革的纲领性文件,开启国有企业发展的新篇章。《指导意见》从改革的总体要求到分类推进国有企业改革、完善现代企业制度和国有资产管理体制、发展混合所有制经济、强化监督防止国有资产流失等方面,全面提出了新时期国有企业改革的目标任务和重大举措。在改革完善国有资产管理体制方面提出了以下明确任务及其要求。

一是完善国有资产管理体制。针对国有资产监管工作存在越位、缺位、错位等问题，按照以管企业为主向以管资本为主转变的要求，《指导意见》提出：(1)以管资本为主推进国有资产监管机构职能转变，准确把握依法履行出资人职责的定位，重点管好国有资本布局、规范资本运作、提高资本回报、维护资本安全，建立监管权力清单和责任清单。(2)以管资本为主改革国有资本授权经营体制，改组组建国有资本投资、运营公司。(3)以管资本为主推动国有资本合理流动优化配置，清理退出一批、重组整合一批、创新发展一批国有企业。(4)以管资本为主推进经营性国有资产集中统一监管，建立覆盖全部国有企业、分级管理的国有资本经营预算制度。

二是发展混合所有制经济。《指导意见》指出，发展混合所有制经济的目标是促进国有企业转换经营机制，放大国有资本功能，提高国有资本配置和运行效率，实现各种所有制资本取长补短、相互促进、共同发展。坚持因地施策、因业施策、因企施策，不搞“拉郎配”、不搞全覆盖，不设时间表，成熟一个推进一个。鼓励非国有资本投资主体通过出资入股、收购股权、认购可转债、股权置换等多种方式，参与国有企业改革，鼓励国有资本以多种方式入股非国有企业。对混合所有制企业员工持股，提出试点先行，健全审核程序，规范操作流程，严禁“暗箱操作”，防止利益输送。

三是强化监督防止国有资产流失。为强化监督防止国有资产流失，《指导意见》提出，(1)强化企业内部监督，突出对关键岗位、重点人员特别是“一把手”的监督，加强对权力集中、资金密集、资源富集、资产聚集的部门和岗位的监督，防止权力滥用；(2)建立健全高效协同的外部监督机制，整合出资人监管、外派监事会监督和审计、纪检监察、巡视等监督力量，建立监督工作会商机制，加强统筹，减少重复检查，提高监督效能；

(3)实施信息公开加强社会监督;(4)建立健全重大决策失误和失职、渎职责任追究和倒查机制,严厉查处侵吞、贪污、输送、挥霍国有资产和逃废金融债务的行为。

四、修改完善税收法制体系

(一)修改《个人所得税法》

为了根据经济发展,调节国民收入,充分发挥个人所得税的调节作用,我国1993~2011年6次修订《个人所得税法》。2005年10月27日第十届全国人大常委会第十八次会议通过《关于修订〈中华人民共和国个人所得税法〉的决定》,对《个人所得税法》进行第三次修改,通过工资、薪金所得的税前减除标准,自2006年起将工薪所得的费用减除从每月800元提高到1600元,减轻了中低收入纳税人的税收负担。2007年6月29日第十届全国人大常务委员会第二十八次会议通过《关于修改〈中华人民共和国个人所得税法〉的决定》,授权国务院对储蓄存款利息所得开征、减征、停征个人所得税制定具体办法。据此,2007年7月23日国务院颁布第502号令,公布国务院《关于修改〈对储蓄存款利息所得征收个人所得税的实施办法〉的决定》,自2007年8月15日起施行。

2007年12月29日第十届全国人大常委会第三十一次会议通过《关于修订〈中华人民共和国个人所得税法〉的决定》,对我国《个人所得税法》进行第五次修改,自2008年3月起将工薪所得的费用减除标准从每月1600元提高到2000元。2011年6月30日第十一届全国人大常委会第二十一次会议审议通过《关于修改〈中华人民共和国个人所得税法〉的决定》,对《个人所得税法》进行第六次修改,修改《个人所得税法》的主要内容有两个方面:一是将工薪所得税前减除费用标准由每月2000元提高至3500元;二是将工薪所得税率由9级超额累进税率修改为7级,扩大了低档税率的适用范围,并将第一级税率由5%降至3%。这个决定自2011年9月1日起施行。这次修改进一步降低了中低收入者的税负,适当增加了高收入者的税负。

为了搞好税收立法，探索科学立法、民主立法、开门立法新途径，健全税法草案公布机制，法律草案公布实现常态化。我国《个人所得税法修正案（草案）》不仅在中国人大网上公布，而且在主要新闻媒体上公布，广泛征求社会各界的意见，同时健全吸纳公众意见反馈机制，积极回应社会关切。《个人所得税法修正案（草案）》公布后，收到23万多条意见，在综合考虑各方面意见基础上，经过反复协商和充分审议，常委会对草案作出重要修改，将工薪所得减除费用标准提高到3500元，并降低了工薪所得第一级税率。

按照"十二五"规划纲要的要求，为了加快推进个人所得税制改革，2018年6月22日第十三届全国人大第三次常委会第一次审议《个人所得税法修正案（草案）》，研究建立健全综合与分类相结合的个人所得税制度，更好发挥税收调节收入分配的作用。

（二）统一企业所得税法

为了有效解决我国内资企业与外资企业有别的两套企业所得税法、两套企业所得税制存在的问题，统一内外资企业所得税法，改革企业所得税制，2007年3月16日第十届全国人民代表大会第五次会议审议通过《企业所得税法》，统一内外资企业所得税制，自2008年1月1日起施行。为保证《企业所得税法》顺利实施，2007年12月1日国务院常务会议审议通过了《企业所得税法实施条例》，并以国务院公布第512号令，公布了《企业所得税法实施条例》，自2008年1月1日起实施。实行统一规范的企业所得税制度，对于建立平等竞争的市场环境，增强内资企业市场竞争能力，促进国民经济健康发展，具有非常重要的意义。

2017年2月24日第十二届全国人民代表大会常务委员会第二十六会议审议通过了《企业所得税法（修正案）》，自当日起施行。

（三）修订完善财产税法律制度

一是制定出台我国《车船税法》。为了精简优化车船税，统一内外资企业的车船税制度，根据我国经济发展水平和居民收入提高的客观实际,2006年国务院对《车船税暂行条例》进行了修订,将车船使用税与车船使用牌照税精简合并为车船税,自2007年1月1日起施行。修订的内容包括:缩小减免税的范围,调整现行税目,适当提高税率标准,并统一适用于内外资企业等。2011年2月25日第十一届全国人民代表大会常务委员会第十九次会议审议通过了《车船税法》,自2012年1月1日起施行。2011年12月5日国务院常务会议审议通过了《车船税法实施条例》,国务院发布第611号令予以公布。

二是修订《耕地占用税暂行条例》。为了合理利用我国土地资源,加强土地管理,保护现有耕地,在对我国耕地现实情况进行深入调查研究的基础上,针对耕地保护税对耕地保护作用弱化,存在征收范围偏窄、税收负担偏轻、税负不尽公平、部分征管不适应新形势等问题,2007年国务院对《耕地占用税暂行条例》进行了修订。修订的主要内容包括:提高税额标准;将外资企业纳入征收范围;从严控制减免税项目,取消了对铁路线路、飞机场跑道、停机坪、炸药库占地免税的规定,将占用林地、牧草地、农田水利用地纳入征税范围;同时明确了耕地占用税的征收管理。2007年12月1日国务院发布第511号令,公布了修订后的《耕地占用税暂行条例》,自2008年1月1日起实施。

三是修改《城镇土地使用税暂行条例》。为了加强对土地的宏观调控,促进房地产市场的健康发展,促进税制的统一、规范,使内外资企业在土地保有环节的税负公平,国务院对《城镇土地使用税暂行条例》进行了修订,于2007年1月1日起实施。修订的内容包括:调整城镇土地使用税税额幅度,将城镇土地使用税的征收范围扩大到外资企业。2013年12月7日国务院对《城镇土地使用税暂行条例》作了第三次修改,将《条例》第7条中的"由省、自治区、直辖市税务机关审核后,报国家税务局批准"修改为"由县以上地方税务机关批准"。

四是修订《资源税暂行条例》。为促进资源合理节约和高效利用,改进资源税计征方式,将资源从量计征改为从价计征,2011年9月30日国务院常务会议审议通过《资源税暂行条例（修正案）》，并以国务院令第605号当日公布，自2011年11月1日起施行。2016年5月9日经国务院批准，财税主管部门发出《关于资源税改革的通知》，自2016年7月1日起实施资源税从价计征改革及税资源改革试点，要求在扩大资源税征收范围、全面清理涉及矿产资源的收费基金的同时，赋予地方适当的税收管理权。这实际上也是落实“十三五”规划纲要提出的“实施资源税改革，逐步扩大征收范围；清理规范相关行政事业性收费和政府性基金”等深化改革要求的重要内容，对于促进资源节约、高效利用和生态环境保护，理顺政府与企业的分配关系，提高国家现代治理能力具有积极意义。

（四）修改完善货物和劳务税法律制度

一是修订《增值税暂行条例》。2008年11月10日国务院常务会议审议修订了《增值税暂行条例》，并以国务院第538号令公布，自2009年1月1日起施行。2016年2月6日根据国务院《关于修改部分行政法规的决定》对《中华人民共和国增值税暂行条例》进行第一次修订，并以国务院令第666号令公布，自当日起施行。

二是修订《消费税暂行条例》。2008年11月10日国务院常务会议分别审议修订了《消费税暂行条例》和《营业税暂行条例》，并分别以第539号令、第540号令公布，自2009年1月1日起施行。随着上述3部税收暂行条例的修改实施，初步实现增值税从“生产型”向“消费型”转变。

三是废止《营业税暂行条例》。2016年3月23日经国务院批准，财政主管部门发出《关于全面推开营业税改征增值税试点的通知》，自2016年5月1日起执行，逐步实施了营业税改征增值税的改革试点。2017年11月19日根据国务院《关于废止〈中华人民共和国营业税暂行条例〉和修改〈中华人民共和国增值税暂行条例〉的决定》对该增值税暂行条例进行第二次修订，并以国务院令第691号公布，自当日起施行。全面实行营业税改征增值税的改革。

第五章　财税体制改革的全面深化时期(全面加快财税法治建设时期 2014 ~ 2018 年)

2013 年 11 月 12 日党的第十八届三中全会通过的《中共中央关于全面深化改革若干重大问题的决定》(以下简称《全面深化改革决定》),对深化财税体制改革提出了明确要求,强调指出,“财政是国家治理的基础和重要支柱,科学的财政体制是优化资源配置、维护市场统一、促进社会公平、实现国家长治久安的制度保障。必须完善立法、明确事权、改革税制、稳定税负、透明预算、提高效率,建立现代财政制度,发挥中央和地方两个积极性”。[①]《全面深化改革决定》为我们进一步指明财税改革在全面深化时期的三大重点任务和主攻方向:一是改进预算管理制度,实施全面规范、公开透明的预算制度;二是深化税收制度改革,完善税收制度,完善地

---

① 《〈中共中央关于全面深化改革若干重大问题的决定〉辅导读本》(第 1 版),人民出版社 2013 年版,第 19 页。

方税体系，逐步提高直接税比重；三是逐步理顺中央和地方的事权关系，建立事权和支出责任相适应的制度，进一步理顺中央和地方收入划分。

为了落实党的十八届三中全会《全面深化改革决定》，2014年6月30日中共中央政治局会议审议通过《深化财税体制改革总体方案》，为新一轮财税体制改革规划了路线图。这个总体方案明确指出，2016年基本完成新一轮财税体制改革的重点工作和任务，2020年基本建立现代财政制度。这个财税改革总体方案重点包括三大改革内容：改进预算管理制度、深化税收制度改革、调整中央和地方政府间财政关系。新一轮财税体制改革的基本思路是，围绕党的十八届三中全会《全面深化改革决定》明确规定、高度概括为6句话、24个字，即“完善立法、明确事权、改革税制、稳定税负、透明预算、提高效率”。换言之，新一轮财税体制改革主要涵盖以下重点任务和内容：一是完善立法。要树立法治理念，依法理财，将财政运行全面纳入法制化轨道。二是明确事权。要合理调整并明确中央和地方的事权与支出责任，促进各级政府各司其职、各负其责、各尽其能。三是改革税制。要优化税制结构，逐步提高直接税比重，完善地方税体系，坚持清费立税，强化税收筹集财政收入主渠道作用。同时，改进税收征管体制。四是稳定税负。要正确处理国家与企业、个人的分配关系，保持财政收入占国内生产总值比重基本稳定，合理控制税收负担。五是透明预算。要逐步实施全面规范的预算公开制度，推进民主理财，建设阳光政府、法治政府。六是提高效率。要推进科学理财和预算绩效管理，健全运行机制和监督制度，促进经济社会持续健康发展，不断提高人民群众生活水平。

深化财税体制改革是一项复杂的系统工程，具体实施时应坚持以下主要原则：一要正确处理好政府与市场的关系原则；二要充分发挥中央与地方两个积极性原则；三要统筹兼顾效率与公平原则；四要统筹兼顾当前利益与长远利益原则；五要坚持总体设计和分步实施相结合原则；六要坚持协同推进财税与其他改革协调原则。多年来，在党中央的正确领导下,不断加强财税改革顶层设计,经过我国立法机关、行政机关、执法机关和各有关方面的共同努力,我国在全面深化预算体制改革和全面落实税收法定原则方面取得了重大突破,财税法治体系建设明显加快,特别是对我国《预算法》的全面成功修订具有里程碑式的重大意义。

第一节　全面深化预算管理制度改革

1994 年 3 月 22 日第八届全国人大第二次会议通过的,自 1995 年 1 月 1 日起施行的《预算法》,根据 2014 年 8 月 31 日第十二届全国人大常委会第十次会议《关于修改〈中华人民共和国预算法〉的决定》修正,自 2015 年 1 月 1 日起施行。我国新《预算法》全面贯彻党的十八大和十八届三中全会精神,充分体现党中央、国务院确定的财税体制改革总体要求,以及近年来财政改革发展的成功经验,同时也为进一步深化财税改革引领方向,在预算管理诸多方面取得了重大突破。与旧法相比,新《预算法》在预算管理制度、预算信息公开、预算控制方式、地方政府性债务管理、转移支付制度、预算支出约束等方面进行了重点修订。

一、完善政府预算体系,提高政府预算的完整性

(一)实行全口径预算管理,将政府所有收支全部纳入预算

我国新《预算法》规定,“政府的全部收入和支出都应当纳入预算”。不仅政府所有财力统统都要纳入预算体系,而且所有支出都要政府预算,同时,取消预算外资金及其概念。

(二)建立名副其实的复式预算,完善政府预算体系

我国新《预算法》规定,“预算包括一般公共预算、政府性基金预算、国有资本经营预算、社会保险基金预算”。同时,新《预算法》对四类预算功能定位、编制原则及相互关系作出规范,使四类预算成为有机衔接的整体,也将地方政府债务纳入预算管理,避免地方政府债务游离于预

算之外、脱离人大监督。

（三）确定完整预算体系的编制形式，四类预算既相对独立又互相协调

政府全部收支纳入预算，确立了政府全口径预算的基本原则，而对四类预算的主要内容、编制方法、相关关系的规定，则确定了全口径预算的完整体系。

二、健全公开预算制度，提高政府预算的透明度

（一）政府预算的透明度取决于预算的完整性

没有预算的完整性，就谈不上预算的透明度。政府的所有财力只能进入预算，使预算的透明度伴随完整性而来。政府就能“以政控财、以财行政”的使用权，公众有“钱从哪儿来，用到哪里去”的知情权，同时带来公众对公共资源配合方案和行为的质询权、建议权和监督权。

（二）明确预算公开的具体要求及其法律责任

我国新《预算法》对预算公开的范围、主体、时限等提出明确具体的要求，要求对转移支付、政府债务、机关运行经费等社会高度关注的事项作出说明，要求预算、预算调整、决算、预算执行情况的报告、报表，以及政府举债情况、政府采购情况、预算执行和其他财政收支的审计工作报告等均要公开，并规定了违反预算公开规范的法律责任。

（三）公开透明原则贯穿预算始终

按照我国新《预算法》，从预算开始到执行、调整、决算，再到最后的审计，公开透明贯穿预算管理的全过程。同时，在形成预算体系过程中，重点支出一般不再作“挂钩”处理，由于我国重点支出较多，致使 48% 的财政支出盘子被固化，这显然违背科学理财原则。尽管重点领域仍是重点支出，在某个预算时段内不同项目间还需统筹兼顾，应按照更加科学、合适的统筹协调方式予以合理处理。

三、改进预算控制方式，建立跨年度滚动预算平衡机制

（一）适应经济发展规律，实行跨年度滚动预算

预算改革应符合现代经济发展，需要编制跨年度中期预算。从 2005

年开始，中央预算按3年滚动预算编制，地方预算通过部分地区先行先试，最后统一编制规则。这种新的预算编制方式，不仅更能体现“瞻前顾后、统筹协调、综合平衡”的科学理念，而且有利于提升公共资源的配置效益，还有利于所有关心预算信息的公众，提前知道政府正在做什么、将要做什么，包括跨年度的、影响重大的项目等。

（二）预算审查的重点由收支平衡转向支出方向和预期绩效

我国原《预算法》规定，预算审查的重点是收支平衡，同时要求预算收入征收部门完成征收任务。新《预算法》规定，各级人大预算审查的重点是：预算安排是否符合国民经济和社会发展的方针政策，收支政策是否可行；重点支出和重大投资项目的预算安排是否适当；对下级政府的转移性支出预算是否规范、适当等内容。

（三）严格依法理财、依法征税，不得下达预算收入指标

为确保收入预算从约束性转向预期性，新《预算法》要求各级预算收入的编制，应当与经济和社会发展水平相适应，与财政政策相衔接；各级政府不得向预算收入征收部门和单位下达收入指标。

四、完善转移支付制度，推进基本公共服务均等化

（一）增加一般性转移支付规模和比例，优化转移支付结构

完善转移支付制度是预算体制改革的一个重点内容，其重要原则是提高一般性转移支付规模和比重，从严控制和压缩专项转移支付。新《预算法》规定：“财政转移支付应当规范、公平、公开，以均衡地区间基本财力、由下级政府统筹安排使用的一般性转移支付为主体。”在国务院印发的《关于改革和完善中央对地方转移支付制度的意见》（以下简称《意见》）中明确提出，要增加一般性转移支付规模和比例，逐步将一般性转移支付占比提高到60%以上。

（二）从严控制和压缩专项转移支付，逐步取消竞争性领域转移支付

我国新《预算法》指出：“建立健全专项转移支付定期评估和退出机制。市场竞争机制能够有效调节的事项不得设立专项转移支付。除按

照国务院规定应当由上下级政府共同承担的事项外，上级政府在安排专项转移支付时不得要求下级政府承担配套资金。”《意见》明确指出，要从严控制专项转移支付，规范专项转移支付的分配和使用，并逐步取消竞争性领域专项转移支付。

（三）规范转移支付制度，加快转移支付立法进程

我国新《预算法》规定：“上级政府应当提前下达转移支付预计数，地方各级政府应当将上级提前下达的预计数编入本级预算。”加上上述规定，明确了财政转移支付的设立原则、目标、预算编制方法、下达时限等，有利于优化转移支付结构、提高转移支付资金分配的科学性、公平性和公开性，有利于减少“跑部钱进”现象和中央部门对地方事权的不适当干预，也有利于地方统筹安排预算，提高地方预算编报的完整性。《意见》还明确提出，要加快转移支付立法的进程，尽快研究制定出相应的转移支付条例，将我国的转移支付制度建立在科学合理的法治化框架体系之下。

五、规范地方政府债务管理，严控债务风险

为了规范地方政府债务预算管理，根据新《预算法》和国务院《关于加强地方政府性债务管理的意见》等有关规定，财政部印发了《地方政府一般债务管理的办法》（以下简称《办法》）。

（一）限定地方政府债务举债主体，经批准的省级政府方可举债

我国原《预算法》规定：“地方各级预算按照量入为出、收支平衡的原则编制，不列赤字。”新《预算法》允许地方政府举借债务，并从多个方面作出限制性规定：限制举债主体，经国务院批准的省级政府可以举借债务。《办法》规定，“市县级政府确需举借债务的由省级代为举借”。

（二）限定地方政府债务用途

我国新《预算法》规定：限制债务用途，举借债务只能用于公益性资本支出，不得用于经常性支出。《办法》规范预算编制和批复流程，规定了“将一般债务收入纳入一般预算管理，将专项债务收入纳入政府基金

预算管理”，细化了债务收支列入预算草案的编制内容、审批程序、科目使用等，推动政府举借债务和使用债券资金的规范化和制度化。

（三）限定地方政府债务规模

我国新《预算法》规定：限制债务规模，举借债务的规模，由国务院报全国人大或者全国人大常委会批准，省级政府在国务院下达的限额内举借的债务，列入本级预算调整方案，报本级人大常委会批准。《办法》规定，确定地方政府债务限额，明确地方政府债务的确定依据和程序，要求地方政府做好限额管理和预算管理的衔接，保障地方政府债务不超过法定的“天花板”上限要求。

（四）限制地方政府举债方式

我国新《预算法》规定：限制举债方式，举借债务只能采取发行地方政府债券的方式，不得采取其他方式筹措，除法律另有规定外，不得为任何单位和个人的债务以任何方式提供担保。《办法》规定严格预算执行，按照“地方政府举债应当有偿还计划和偿还资金来源，市县级政府确需举借债务的由省级代为举借”的规定，《办法》细化了债券发行、转贷、使用，还本付息和发行费用的处理方法，保障了偿债资金来源，维护了政府信用。

（五）控制地方政府债务风险

我国新《预算法》规定：控制债务风险，举借债务应当有偿还计划和稳定的偿还资金来源，国务院建立地方政府债务风险评估和预警机制、应急处置机制以及责任追究制度。《办法》规定了“经清理甄别的地方政府存量债务纳入预算管理”，明确存量债务纳入预算管理的程序、总预算会计账务处理、转化为政府债券的程序等，提高存量债务管理的透明度和规范性。同时强化债务的监督管理，《办法》强调债务公开有关要求，强化人大监督和社会监督，发挥地方财政部门和专员办的监督作用，形成依法监管合力，控制债务风险。

（六）明确中央政府对地方政府债务的管理权限

根据有关法律和规定，中央政府对地方政府债务负有的管理权限有：确定地方政府“举借债务规模”“建立地方政府债务风险评估和预警机制、应急处置机制以及责任追究制度”“国务院财政部门对地方政府债务实施监督”“分地区限额由财政部在全国人大或其常委会批准的地方政府债务规模内根据各地区债务风险、财力状况等因素测算并报国务院批准”等。

六、加强预算执行管理，硬化预算支出约束

国家预算是经最高立法机关审查批准、具有法律效力的国家财政计划。国家预算批准成立后，就是法律性文件，它是国家集中性财政性资金来源规模、去向用途的法律性规范。非经法定程序，任何个人和单位不得改变。必须严格预算执行，严格依法理财、依法征税，既不得乱批条子、乱开口子，又不得越权减免税；既不得下达征收指标，又不得征“过头税”或“人情税”。

我国新《预算法》对于加强预算管理、严格预算执行、硬化支出预算约束做出严格规定。

（一）确定预算管理基本原则

我国新《预算法》确定了“统筹兼顾、勤俭节约、量力而行、讲求绩效和收支平衡的原则”。

（二）强调预算支出贯彻勤俭节约原则

我国新《预算法》强调：“各级预算支出的编制，应当贯彻勤俭节约的原则，严格控制各部门、各单位的机关运行经费和楼堂馆所等基本建设支出。”

（三）严格预算执行

我国新《预算法》规定：“对各级政府、各部门、各单位在预算之外及超预算标准建设楼堂馆所的，责令改正，并对负有直接责任的主管人员和其他直接责任人员给予撤职、开除处分。”

（四）硬化预算支出约束

为硬化预算支出约束，我国新《预算法》规定：“在预算执行中，各级政府一般不制定新的增加财政收入或者支出的政策和措施，也不制定减少财政收入的政策和措施；必须作出并需要进行预算调整的，应当在预算调整方案中作出安排。”

七、规范税收优惠政策，促进公平竞争

税收优惠政策是指地方和部门对特定企业及其投资者在税收支出方面实施的优惠政策。规范税收优惠政策，对于规范市场秩序，维护市场统一，减少政府对市场行为的过度干预，促进企业公平竞争，提高资源配置效率，有重要意义。党的十八届三中全会《全面深化改革决定》强调指出要“按照统一税制、公平税负、促进公平竞争的原则，加强对税收优惠特别是区域税收优惠政策的规范管理”。

（一）构建一整套规范的税收优惠政策管理体系

结合我国的具体实情，实行税收优惠政策的法治化，对现有的税收优惠分散化、碎片化管理现象进行整合治理，促进税收优惠的集中统一，对税收优惠进行系统化的规范管理。

（二）建立对新经济、新产业的税收优惠格局

一方面，各地方政府需要贯彻执行国家指定的税收优惠政策，确保税收优惠政策的有效落实，引导小微型企业的健康发展，大力拓展蓝色经济发展空间，积极推动新兴产业的发展，促进经济的转型升级。另一方面，对科研人员制定相应的优惠政策以鼓励科研人员进行自主创新创业，同时加大对市场应用科研成果、股权期权、分红奖励的税收优惠政策引导。

（三）进一步加强税收优惠政策的社会导向功能

对税收优惠政策进行规范引导，就是要在社会经济转型的背景下，在重新梳理、归类、审视的基础上，对税收的整体结构做出适当调整，树立税收优惠发展共享理念，使税收优惠能够真正对经济和社会发展形成长效机制。

（四）要将税收优惠纳入预算管理

要尽快将税收优惠纳入国家预算管理，如同澳大利亚等有些税收法

治健全国家将税收优惠当作税式支出那样，在编制年度国家预算时，先由税务主管部门会同有关产业部门，按照国家产业政策要求，提前梳理、确定该年度需要实施的税收优惠政策，计算并汇总需要实施税收优惠的年度规模及其总量，再报经立法机关审查批准后列入当年国家年度预算，实行总量控制，严格预算执行。

第二节　全面启动税收制度改革

2014 年财税改革全面启动时，财税主管部门就提出了以下六大税种引领税制改革，包括营业税改征增值税、资源税改革、消费税改革、房地产税改革、环境税改革和个人所得税改革。下一步完善税制改革的主要目标是建立“有利于科学发展、社会公平、市场统一的税收制度体系”，税制改革的主要涉及六大税种，包括增值税、消费税、资源税、环境保护税、房地产税、个人所得税。税制改革的主要任务概括简述如下。

一是全面推开“营改增”改革。增值税改革目标是按照税收中性原则，建立规范的消费型增值税制度。下一步“营改增”范围将逐步扩大到生活服务业、建筑业、房地产业、金融业等各个领域，“十二五”全面完成“营改增”改革目标，相应废止营业税制度，适时完成增值税立法。

二是完善消费税制度。调整征收范围，优化税率结构，改进征收环节，增强消费税的调节功能。

三是加快煤炭资源税改革。推进资源税从价计征改革，逐步将资源税扩展到水流、森林、草原、滩涂等自然生态空间。

四是建立环境保护税制度。按照重在调控、清费立税、循序渐进、合理负担、便利征管的原则，将现行排污收费改为环境保护税，进一步发挥税收对生态环境保护的促进作用。

五是加快房地产税立法和改革。由全国人大常委会组织牵头，有关部门参与，加强情况调研，房地产税立法先行，适时推进房地产税改革。

六是探索个人所得税制改革。逐步建立综合与分类相结合的个人所得税制，同时抓紧修订我国《税收征收管理法》等。上述第4项、第5项、第6项改革任务的主要内容在本章第四节、第五节、第六节中分别予以阐述。

一、全面推开“营改增”改革，营造公平竞争的市场环境

2013年11月12日通过的党的十八届三中全会《全面深化改革决定》指出，“推进增值税改革，适当简化税率”。[①] 2016年5月1日我国全面推开“营改增”改革试点。全面实施“营改增”改革是我国财税体制改革和供给侧结构性改革的重大举措，在我国财税发展史上具有里程碑式意义。

（一）全面实施“营改增”改革意义深远，政策效应一举多得

一是建立起比较完整规范的消费性增值税制度。将建筑业、房地产业 金融业和生活服务业全部纳入试点范围，同时将不动产纳入抵扣范围，既完成了增值税的全面扩围，又实现了该税的彻底转型，从制度上消除重复征税，增值税的中性作用得以更好发挥。并为世界展现一个完整、规范的增值税体系，金融业“营改增”等的开创性探索也为世界财税改革贡献了中国智慧。

二是有助于促进积极财政政策更加有效。在世界经济复苏乏力、国内经济下行压力加大的情况下，用政府收入的“减法”换取企业效益的“加法”和市场活力的“乘法”，直接促进企业减负，为经济增长和协调发展保驾护航。

三是有助于推动我国产业结构的转型升级，促进国家现代治理体系的建设。全面实施“营改增”改革后，消除了重复征税，专业化、精细化分

---

① 《〈中共中央关于全面深化改革若干重大问题的决定〉辅导读本》（第1版），人民出版社2013年版，第20页。

工的产业形态受到鼓励后加速发展制造业，更加专注于主业发展，不断增强自主创新和科技研发的能力，推动我国产业结构的转型升级。由于全面实施“营改增”改革，营造了公平竞争的市场环境，更好发挥市场在资源配置中的决定性作用。

（二）全面推开“营改增”改革试点中存在的主要问题

全面推开“营改增”试点以来，总体开展持续平稳，各项工作有序推进，政策效应逐步释放，但这并非意味着增值税改革任务的完成，其最终目标是建立与社会主义市场经济相适应的现代增值税制度，为具有中国特色现代税制奠定良好基础，并为深化改革打好制度基础。这项改革离这个最终目标还有很大差距，还存在以下问题。

一是增值税现有的档次过多。1994 年在我国财税改革设计中，增值税设有 17%、13% 两档税率，在“营改增”改革试点中增加了 11%、6% 两档税率，加在一起增值税共有四档税率，增加了实际操作中的复杂性。

二是税收优惠政策繁杂。目前我国税收体系以间接税为主，企业增值税是主体税种，作为调控经济运行的重要税种，我国在不同时期，针对特定的行业、地区甚至纳税人，出台了大量的优惠政策。税收优惠政策的形式也相当复杂，包括减免税、税率折扣、税额扣减、即征即退、先征后还等，自“营改增”改革试点后，将原有的营业税优惠政策基本平移到增值税体系中来，并增加了差额纳税等优惠方式。由于增值税的上述特性和该税沿革原因，增值税优惠政策过多，也带来越来越多的问题。

三是目前我国的增值税仍所处的法律层级较低。我国现行的《增值税暂行条例》是 1993 年颁布、2008 年修订的。由于增值税的立法层次较低，法律效力不高，缺乏法治的权威性和规范性。同时，我国财税主管部门还不断出台大量的部门规章和规范性文件，增加了国家税收政策的不稳定性，影响了企业对税收结果的可预见性。上述情况使得税收改革趋前、税收立法滞后的矛盾愈益突出。

（三）全面实施“营改增”改革试点的发展方向

一是将现有的增值税税率进行精简合并。我国应当朝着单一税率的发展方向进行改革。应当通过对国家税收收支的详细统计和预测确定，设置可以适用于大部分货物和服务的一档标准税率，并以试点方式逐步推行。同时，设置可以适用于需要鼓励发展的基础性行业和民生领域公共产品的一档优惠税率，以缓解增值税的累退特性。

二是进一步清理合并增值税的税收优惠。对于一些确有必要保留的产业政策和区域政策，最好通过所得税等直接税和财政支出等政策工具来实现。对必须实施增值税优惠政策的特定方向，应当更多集中在终端消费品领域，以利于保持增值税的中性特征。

三是加快增值税的立法进程。为增值税改革保驾护航，特别是为增值税今后发展提供强有力的法制保障，必须加快增值税立法的步伐。在设计增值税立法方案时，应当适当借鉴国外的立法经验和成功做法，结合我国的现有国情和具体情况，制定科学合理的现代增值税制度，以满足我国经济社会发展和现代国家治理的要求。

2018年3月28日召开的国务院常务会议，决定进一步深化增值税改革，推出三项重大改革措施：一是降低税率，将17%和11%两档税率各下调1%；二是统一标准，将小规模纳税人的应税销售额标准统一到500万元以下；三是试行留抵退税，对装备制造等先进制造业、研发等现代服务业符合条件的企业，和电网企业的进项留抵税额，予以一次性退还。这三项增值税改革措施，是党中央、国务院综合把握当前国际、国内经济形势作出的重要决策。

这次增值税税率调整的主要内容：自2018年5月1日起，一是纳税人发生增值税应税行为或者进口货物，原适用17%和11%税率的，税率分别调整为16%和10%；二是纳税人购进农产品，原适用11%扣除率的，扣除率调整为10%；三是纳税人购进用于生产销售或委托加工16%税率货物的农产品，按照12%的扣除率计算进项税额；四是原适用17%税率且出口退税率为17%的出口货物，出口退税率调整至16%；五是原适用11%税率且出口退税率为11%的出口货物，出口退税率调整至

10%。关于统一小规模纳税人标准,应同时符合两个条件:一是2018年5月1日前根据《增值税暂行条例》及其实施细则的有关规定,已登记的一般纳税人,即原来按照工业50万元、商业80万元标准登记的一般纳税人;二是转登记日前连续12个月或4个季度累计应税销售额未超过500万元。满足上述条件的一般纳税人可转登记为小规模纳税人,享受小规模纳税人相应的税收优惠。

二、改革消费税制,优化消费税税率结构

党的十八届三中全会《全面深化改革决定》中提出:“调整消费税征收范围、环节、税率,把高耗能、高污染产品及部分高档消费品纳入征收范围。”①根据我国经济社会的现实情况和税制改革的发展趋势,消费税改革的发展方向主要包括以下几个方面。

（一）建立消费税课税范围动态调整机制,适当扩大消费税征税范围

消费税征税对象主要针对过度消耗资源和危害生态环境的商品、过度消费有损人类健康的商品,以及非生活必需品的高档消费商品和高档消费行为进行征收。由于高耗能和高污染产品的范围处于变动之中,高档消费品和生活必需品的划分也并非一成不变的,因而我国有必要建立消费税课税范围的动态调整机制,伴随经济社会的发展和高耗能、高污染、资源性消费品和高档消费品划分标准的变化,适时对消费品征收范围进行合理调整。一方面,要将我国现行消费税征收范围中的部分商品,特别是已经逐步从高档消费品转为一般商品或生活必需品,如低档化妆品等,逐步排除在征收范围之外;另一方面,要根据能耗标准和环境污染标准的变化,逐步将更多的高能耗、高污染产品纳入消费税的征收范围之内。

（二）合理调整消费税税率,优化消费税税率结构

一是对于部分税率偏高的应税产品,如化妆品等消费品,要适当降

---

① 《〈中共中央关于全面深化改革若干重大问题的决定〉辅导读本》(第1版),人民出版社2013年版,第20页。

低税率水平；二是对部分税率偏低的产品，如烟、成品油、资源性产品等，要适度提高税率水平；三是对于消费税范围内新增的产品，要合理设计新增消费税征税对象的税率水平，对于高耗能、高污染产品，税率设计应起到节约资源和保护生态环境的一定作用，还要考虑社会公众的收入水平和可接受程度等因素；四是对于高档消费品的税率设计可参照对奢侈品的征税税率来确定；五是对于娱乐消费行为的税率设计，则要在娱乐业营业税改征增值税后的增值税税率水平基础上，适当予以提高。

（三）逐步调整消费税的征收环节，加强对消费税的征收管理

我国现行消费税的征收环节主要是生产（委托加工）和进口，只对少数商品在其他环节进行征收。从国际上开征消费税的国家来看，在消费税征收环节上，除进口环节以外，各国消费税在生产加工、批发仓储和零售等各个环节上都有选择征收的情况。但从总体上看，为了加强对消费税的征收管理，在生产和批发环节征收的国家较多。从我国的情况来看，对于目前已经具备在零售环节征收条件的商品，可改为零售环节征收；对于目前在零售环节尚不具备征收条件的商品，可根据实际情况在批发环节或生产环节征收，待未来征收条件具备时，适时将消费税征收环节再移到零售环节上来。

三、改革资源税制，促进资源的节约利用和环境保护

2007年10月15日党的十七大报告明确提出：要“实行有利于科学发展的财税制度，建立健全资源有偿使用制度和生态环境补偿机制”。①2013年11月12日党的十八届三中全会通过的《全面深化改革决定》又强调指出，要“加快资源税改革”。② 改革资源税制是财税体制改革的重要组成部分，不仅对于促进资源节约使用、高效利用和生态环境保护有极其重要的促进作用，而且对于理顺政府与企业的关系，统一规范税制

---

① 《十七大报告辅导读本》（第1版），人民出版社2007年版，第26页。

② 《〈中共中央关于全面深化改革若干重大问题的决定〉辅导读本》（第1版），人民出版社2013年版，第20页。

和提高国家现代治理能力，具有非常重要的积极意义。为了促进资源的节约集约利用，加快生态文明建设，财税主管部门发布《全面推进资源税改革的通知》，自 2016 年 7 月 1 日起实施从价计征改革及水资源税改革试点，要求在扩大资源税征税范围、全面清理涉及矿山资源的收费基金的同时，赋予地方适当的税收管理。该通知实际上是对“十三五”规划纲要提出的“实施资源税从价计征改革，逐步扩大征税范围；清理规范相关行政事业性收费和政府性基金”的进一步落实和深化。全面推进资源税改革方向主要包括以下内容。

（一）明确资源税性质目标，避免税种定位交叉

经过多次改革，我国资源税的性质已由最初旨在调节资源级差收入、为企业平等竞争创造良好外部条件的级差资源税，转变为兼具级差资源税和通过国有资源及其开发权让渡中取得财政收入的一般资源税，即由单一属性的级差资源税转变为双重属性的一般资源税。在资源税目标定位逐步扩展的同时，也面临着与其他税种，如消费税、耕地占用税、城镇土地使用税和环境保护税等税之间存在设置目标交叉、征收对象重叠问题，因而资源税改革必须放入税制改革顶层设计，从改革总体方案中加以考量和完善，明确税种设置目标，厘清各个税种边界，注重税种之间的互相协调，尽量避免税种设计目标、征税对象范围与其他税种的交叉，使我国税制的构建更加符合现代国家治理的要求，体现“创新、协调、绿色、开放、共享”的发展理念。

（二）资源税由价内税改为价外税，有效引导经济主体行为

我国资源税在生产环节征收，实施从价计征的课税方式，直接提高资源开采企业的税负。由于资源性产品需求弹性较小，因而我国煤炭、石油、天然气企业和有色金属采选企业有较强的税负转嫁能力，可以通过提高价格将部分税负转嫁给下游企业和最终消费者。为了实现资源税矫正外部成本的作用机制，应将现行资源税由价内税改为价外税，不仅可使资源税具有更显著的可观察性，而且可更好引导经济活动主体的

行为，以实现节约资源、保护环境的政策目标。

（三）改变将收入划归资源产地的方式，避免税负输出导致税负分配不公

将资源税划分给地方，并实行按资源产地课税的原则，容易造成地方政府将部分对资源的课税转嫁给其他辖区的居民，产生对非居民的税负输出。由于我国的自然资源具有全民所有性质和资源在地区间发布不均匀的客观情况，为了避免税负输出，资源税收入应当划归中央政府。如果为了增加地方收入而将资源税收入划归地方，则应由生产地征收改为由消费地征收，以免税负输出造成税负分配不公。

第三节　调整中央与地方政府的财政体制，理顺中央与地方财政的分配关系

党的十八届三中全会通过的《全面深化改革决定》明确提出：要"建立事权和支出责任相适应的制度"。为此，就必须明确中央和地方事权和支出责任，通过深化财税体制改革，调整中央与地方政府的财政体制，理顺中央和地方财政的分配关系，逐步建立事权与支出责任相适应的制度。

一要明确中央和地方政府间事权划分。这是处理好中央和地方财政关系的重要制度安排基础。从理顺中央和地方财政分配关系来看，保持现有中央和地方财力格局的总体稳定，是合理划分中央和地方收入的前提。目前我国中央财政的集中程度并不高，2013 年中央财政收入占全国财政收入的比重为 46.6%，2014 年、2017 年中央财政预算收入占全国预算收入的比重分别为 46.1%、46.6%，中央财政集中度都在 50% 以下。①

① 根据财政部《关于 2014 年中央和地方预算草案的报告》和《关于 2017 年中央和地方预算草案的报告》的有关数据计算整理。

英国、法国、意大利、澳大利亚等国家，中央财政收入比重都在70%以上，美国常规年份也在65%左右。

二要理顺中央和地方财政间收入划分。主要是在保持中央与地方收入格局大体不变的前提下，合理调整中央税和地方税的收入划分，遵循公平、便利、效率等原则，考虑税种属性和功能，将收入波动较大、具有较强再分配作用、税基分布不均衡、税基流动性较大的税种划为中央税，或中央分成比例多一些；将地方掌握信息比较充分、对本地资源配置影响较大、税基相对稳定的税种，划为地方税，或地方分成比例多一些。收入划分调整后，地方形成的财力缺口由中央财政通过税收返还方式解决。

三要合理划分各级政府间事权与支出责任。充分考虑公共事项的受益范围、信息的复杂性和不对称性以及地方的自主性、积极性。根据上述原则，将国防、外交、国家安全、关系全国统一市场规则和管理的事项集中到中央，减少委托事务，通过统一管理，提高全国公共服务水平和效率；将区域性公共服务明确为地方事权；明确中央与地方共同事权。在明晰事权的基础上，进一步明确中央和地方的支出责任。中央可运用转移支付机制将部分事权的支出责任委托地方承担。

一、理顺中央与地方事权关系

党的十八届三中全会《全面深化改革决定》明确提出：要“建立事权和支出责任相适应的制度”。对于中央与地方事权的划分，《全面深化改革决定》又进一步指出：“适度加强中央和地方事权和支出责任，国防、外交、国家安全、关系国家统一市场规则和管理等作为中央事权；部分社会保障、跨区域重大项目建设维护等作为中央和地方共同事权，逐步理顺事权关系”。[①] 1994年我国确立进了分级、分税财政体制，初步理顺了政

① 《〈中共中央关于全面深化改革若干重大问题的决定〉辅导读本》（第1版），人民出版社2013年版，第21页。

府与市场、政府与企业的关系，建立了中央政府与省级政府之间相对规范的分税机制，并伴随自上而下的政府间转移支付机制。实际上已启动并逐步推进了财权划分过程，但多年来在事权清晰化方面缺乏实质性进展。2016年国务院发出49号文，即《关于中央与地方财政事权和支出责任划分改革的指导意见》，要求由财政部、中央编办等有关部门研究提出具体实施方案。

（一）认清我国事权的要素和范围

一是明确事权的本质和构成要素。通常所说的事权，从国家治理的层面来看，就是国家的公共权力。事权落实到财政领域，财政分配的事权本质就是“以政控财，以财行政”。财的事权离不开政，也就是说，财政事权离不开政府事权，没有一个财政事权可以游离于政府事权之外；从事权的构成要素来看，事权作为一种权力，也应从权力的对象、权力所依托的制度、与权力行使相关的人员三方面来考虑，事权至少包括以下三个要素，即客体、主体和有关制度；从事权与财政的关系来看，事权的履行离不开财政，事权的对象、事权运行所依托的制度、与事权相关的人员，都是需要政府财力保障的范畴。

二是认清事权的边界范畴。从事权的范畴来看，应当至少包括两大方面：一方面包括基于政府职能而界定的边界，即明确事权的起点；另一方面包括基于要素进行合理细化后的类、款、项、目，即明确事权的终点。从事权的起点到终点，从根源、主干，到分枝、叶端。这两者的合二为一，才能成为完整可靠的事权体系。界定我国事权范围至少需要设计两套表格，第一套是分门别类的事权表，第二套是每项事权的细化表。表内范围科学、边界清晰、划分合理、细化到位，使我国形成一整套完整协调的事权体系。

（二）我国事权划分原则的沿革

我国事权划分原则已经经历了三个阶段的演变过程：第一阶段强调“事权与财权相适应”；第二阶段强调“财力与事权相匹配”；第三阶段强

调“事权与支出责任相适应”。这个演变过程与我国1994年分税制改革以来所面临的阶段性问题有直接关联。我国财权在分税制之初虽然得以划分，但事权改革没有真正启动，在分税制体制运行一段时间之后，财力的纵向分配已呈现明显的缺口，针对基层财政困难的突出问题，事权划分的原则由第一阶段过渡到第二阶段。随着我国均衡性转移支付工作的持续推进，久拖未决的基层财政困难等问题使事权与支出责任之间的矛盾凸显出来，事权划分的原则从第二阶段进入第三阶段。从事权与财权相适应到财力与事权相匹配，我国实际上在中央税、地方税和中央与地方共享税划分的基础上又加上了转移支付，试图逐步理顺中央与地方的财权划分；而从财力与事权相匹配到事权与支出责任相适应，我国实际上在逐步探寻财权和转移支付在财政总体制度安排中的合理化。从上述三个阶段的演变过程可以看出，我国现存的明显问题是，由于受到事权改革滞后的制约，我国上述的几个关系尚未形成良好的有效机制。

（三）进一步理顺我国事权划分

一是优化中央与地方的事权划分方案。鉴于我国现阶段中央与地方事权划分的现状和存在问题，借鉴国际上一些国家分权的成功经验，根据党的十八届三中全会的明确要求，应当将事权明确划分为中央事权、地方事权和中央与地方共享权。其中，还应包括较为特殊的委托事权，即从归属上讲，它应当属于中央管辖的事权，但如果地方执行起来效率更高，可以委托形式交由地方执行。涉及事权的具体划分，应将关系国家主权的国防、外交、国家安全、统一市场规则管理和跨区域协调、公共服务等方面的事权归属中央；区域性公共服务管理等方面的事权归属地方；部分社会保障、跨区域重大项目建设维护等方面的事权应当归属中央和地方共同事权。

二是进一步理顺我国财权划分。在推行中央与地方事权改革的同时，按照配套改革的要求继续理顺财权划分。一方面，在考虑我国总体财力规模和财力合理分配的前提下，深化税费改革，加快地方税体系建设，强化财权约束；另一方面，要在激励和允许地方创收的原则下，健全以财权划分来制约事权履行的机制。从目前的现状来看，我国的财权主要由税收、行政性收费、国有资产收益和举借公债等构成，并在全面清理、整顿不合理的行政性收费的基础上，按照每个税种、费种、债种的属性，进一步深化财权改革，理顺中央与地方的财权关系。

三是理顺事权、财权与财力、支出责任的关系。总体上应当考虑实现中央、省、市县三级政府框架中，按"一级政府、一级事权、一级财权、一级税基、一级产权、一级将债权、一级预算；再加上中央、省两级自上而下的转移支付"整体制度安排，达到各级、各地政府"财权与事权相适应，财力与事权相匹配，事权落实于操作层面的支出责任之上"的境界。在中央与地方事权划分的过程中应当明确法定主体和履职主体，以履职主体的形式来确定相关事权最终执行的环节究竟落到哪一级政府，那么就由该级政府承担事权支出责任，以达成事权与支出责任的匹配。在此基础上，由财权划分和转移支付制度共同构成财力水平与支出责任达成匹配，从而履行完成事权的责任。

四是落实事权划分的规范化、法律化。一方面，我国现行相关法律中存在一些不融洽问题，如在"一切法律、行政法规和地方性法规都不得同宪法相抵触"的规定下，应当解决行政性法规与地方性法规同时规定事权面临的矛盾问题；另一方面，应在我国《宪法》中进一步明确中央与地方的专有事权、共同事权和委托事权等的形态，对相关原则做出明确规定，并注重解决中央事权合理扩大的问题，适度加强中央事权和支出责任，对涉及全国性、跨区域性公共事务的管辖权收归到中央事权上来，如国防、外交、经济案件的司法管辖权，全国统一市场规则的管辖权、大江大河流域管辖权等；对涉及部分社会保障、跨区域重大项目建设维护等的事权作为中央与地方共同事权，并理顺不同层级政府之间的事权分工合作关系；对涉及区域性公共事务和社会服务作为地方事权。在理顺规范我国事权关系的基础上，尽快在我国《宪法》和有关法律中予以明确规定，硬化事权约束，为事权改革保驾护航。

二、理顺中央与地方收入划分

《中共中央关于制定国民经济和社会发展计划第十三个五年规划的建议》提出：深化财税体制改革。建立事权和支出责任相适应的制度，适度加强中央事权和支出责任。调动各方面积极性，考虑税种属性，进一步理顺中央和地方收入划分。

党的十八届三中全会通过的《全面深化改革决定》明确指出，在推进建立现代财政制度的过程中，要进一步理顺政府间收入划分。具体原则是“保持现有中央和地方财力格局总体稳定，结合税制改革，考虑税种属性，进一步理顺中央和地方收入划分”。① 划分中央与地方收入的关键在于理顺关系：一方面，要根据税种的属性特点，遵循便利、公平与效率等的原则，合理划分税种，将收入周期性波动较大、具有较强再分配作用、税基分布不均匀、税基流动性较大较易转嫁的税种划为中央税，或中央分成多一些；另一方面，将其余具有明显受益性、区域性特征、对宏观经济运行不产生直接重大影响的税种划为地方税。或地方分成比例多一些，以充分调动中央与地方两方面的积极性，为全面建设小康社会提供制度保障。

三、构建中央与地方财权、事权和财力相适应的财税体制

在新形势下，为了构建“财权与事权相适应，财力与事权相匹配”财税机制，建立健全新型中央与地方财政关系的总体原则是：中央适度上收事权，减少职责共担，尽可能减少共享税；赋予地方政府相应的财权，以满足其承担事权的需要。

（一）调整中央与地方事权划分范围

一是中央要切实履行好自身职责。包括国防、外交、海关空间开发

---

① 《〈中共中央关于全面深化改革若干重大问题的决定〉辅导读本》（第1版），人民出版社2013年版，第21页。

和海域海洋使用管理等的管辖权。

二是将基本公共服务兜底类事权上收中央，包括基础教育、基本医疗、基本养老、基本住房、基本公共卫生、城乡居民最低生活保障“六类基本公共服务”，以保障基本民生需要，促进基本公共服务均等化，维护社会公平正义。

三是资源环境类事权应上收中央，包括跨流域大江大河治理、跨地区污染防治、全国性环境保护等具有全国性和大区域影响的环境事务，以增强环境事务管理的统筹性和一体化效应。

四是基本生存条件类事权应由中央负责，保证饮水、大气和食品药品的安全等人类最基本生存条件的事权也应上收中央，由中央统一承担、统一管理。

（二）适当赋予地方政府相应的财权

构建财权与事权相适应、财力与事权相匹配的财税体制是我国公共财政体制改革的关键。在上收部分事权的同时，中央应向地方适度下放部分事权，包括适合地方特性的一定的税收政策制定权和必要的税种选择权，允许地方政府依照法定程序自主开辟税种和税源，适当筹集用于履行事权的资金。诚然，出于权力制衡的需要，中央也应对地方税收法规和政策具有审批权和最终决定权。我国还要借鉴国际的成功经验，进一步规范中央与地方间的收入划分办法，保证地方政府拥有主体税种，以确保中央有能力调控总体经济形势，地方政府有财力实行分级预算自求平衡。

（三）构建规范的中央与地方间转移支付制度

结合中央与地方间事权划分改革，适当调整现行的转移支付制度：

一是从总体上压缩转移支付事项和转移支付规模。

二是优化转移支付结构，提高一般性转移支付的比重，减少专项转移支付的比重，构建以一般性转移支付为主、专项转移支付为辅的制度。

三是清理整合专项转移支付，压缩专项转移支付规模，主要用于地方重点公共设施补助、重大灾害救助和突发事件、老少边穷地区特别补助等，降低专项转移支付对地方政府的配套要求。

四是进一步改善现行因素法转移支付计算方法，采用能够反映各地客观实际的统计指标，运用客观科学的量化公式，针对各地区不同的主体功能，充分发挥转移支付的功能作用。

四、推进中央与地方财政事权和支出责任划分改革

2016年8月6日年国务院颁发《关于推进中央与地方财政事权和支出责任划分改革的指导意见》（国发〔2016〕49号）（以下简称《指导意见》）。《指导意见》指出，合理划分中央与地方财政事权和支出责任是政府有效提供基本公共服务的前提和保障，是建立现代财政制度的重要内容，是推进国家治理体系和治理能力现代化的客观需要。根据党的十八大和十八届三中、四中、五中全会提出的建立事权和支出责任相适应的制度、适度加强中央事权和支出责任、推进各级政府事权规范化法律化的要求，按照党中央、国务院决策部署，推进中央与地方财政事权和支出责任划分改革，这项改革从2016年正式启动，到2019～2020年基本完成主要领域改革。

（一）现行财政事权和支出责任划分存在的主要问题

财政事权是一级政府应承担的运用财政资金提供基本公共服务的任务和职责，支出责任是政府履行财政事权的支出义务和保障。改革开放以来，特别是1994年实施的分税制改革，初步构建了中国特色社会主义制度下中央与地方财政事权和支出责任划分的体系框架，为我国建立现代财政制度奠定了良好基础。总体来看，我国财政事权和支出责任划分为坚持党的领导、人民主体地位、依法治国提供了有效保障，调动了各方面的积极性，对完善社会主义市场经济体制、保障和改善民生、促进社会公平正义，以及解决经济社会发展中的突出矛盾和问题发挥了重要作用。《指导意见》指出，现行的中央与地方财政事权和支出责任划分还存在不清晰、不合理、不规范等问题，主要表现在：

一是政府职能定位不清，一些本可由市场调节或社会提供的事务，财政包揽过多,同时一些本应由政府承担的基本公共服务,财政承担不够。二是中央与地方财政事权和支出责任划分不尽合理,一些本应由中央直接负责的事务交给地方承担,一些宜由地方负责的事务,中央承担过多,地方没有担负起相应的支出责任。三是中央和地方提供基本公共服务的职责交叉重叠,共同承担的事项较多。四是省以下财政事权和支出责任划分不尽规范。五是有的财政事权和支出责任划分缺乏法律依据,法治化、规范化程度不高。

这种状况不利于充分发挥市场在资源配置中的决定性作用,不利于政府有效提供基本公共服务,与建立健全现代财政制度、推动国家治理体系和治理能力现代化的要求不相适应。

(二)划分改革的指导思想、总体要求和划分原则

这次划分改革的指导思想、总体要求和划分原则如下。

一是体现基本公共服务受益范围原则。体现国家主权、维护统一市场以及受益范围覆盖全国的基本公共服务由中央负责,地区性基本公共服务由地方负责,跨省(区、市)的基本公共服务由中央与地方共同负责。

二是兼顾政府职能和行政效率原则。结合我国现有中央与地方政府职能配置和机构设置,更多、更好地发挥地方政府尤其是县级政府组织能力强、贴近基层、获取信息便利的优势,将所需信息量大、信息复杂且获取困难的基本公共服务优先作为地方的财政事权,提高行政效率,降低行政成本。信息比较容易获取和甄别的全国性基本公共服务宜作为中央的财政事权。

三是实现权责利相统一原则。在中央统一领导下,适宜由中央承担的财政事权执行权要上划,加强中央的财政事权执行能力;适宜由地方承担的财政事权决策权要下放,减少中央部门代地方决策事项,保证地方有效管理区域内事务。要明确共同财政事权中央与地方各自承担的职责,将财政事权履行涉及的战略规划、政策决定、执行实施、监督评价等各环节在中央与地方间作出合理安排,做到财政事权履行权责明确和

全过程覆盖。

四是激励地方政府主动作为原则。通过有效授权，合理确定地方财政事权，使基本公共服务受益范围与政府管辖区域保持一致，激励地方各级政府尽力做好辖区范围内的基本公共服务提供和保障，避免出现地方政府不作为或因追求局部利益而损害其他地区利益或整体利益的行为。

五是做到支出责任与财政事权相适应原则。按照"谁的财政事权谁承担支出责任"的原则，确定各级政府支出责任。对属于中央并由中央组织实施的财政事权，原则上由中央承担支出责任；对属于地方并由地方组织实施的财政事权，原则上由地方承担支出责任；对属于中央与地方共同财政事权，根据基本公共服务的受益范围、影响程度，区分情况确定中央和地方的支出责任以及承担方式。

（三）划分改革的主要内容及其要求

这次划分改革的主要内容和要求如下。

1. 推进中央与地方财政事权划分

一是适度加强中央的财政事权。坚持基本公共服务的普惠性、保基本、均等化方向，加强中央在保障国家安全、维护全国统一市场、体现社会公平正义、推动区域协调发展等方面的财政事权。强化中央的财政事权履行责任，中央的财政事权原则上由中央直接行使。中央的财政事权确需委托地方行使的，报经党中央、国务院批准后，由有关职能部门委托地方行使，并制定相应的法律法规予以明确。对中央委托地方行使的财政事权，受委托地方在委托范围内，以委托单位的名义行使职权，承担相应的法律责任，并接受委托单位的监督。要逐步将国防、外交、国家安全、出入境管理、国防公路、国界河湖治理、全国性重大传染病防治、全国性大通道、全国性战略性自然资源使用和保护等基本公共服务确定或上划为中央的财政事权。

二是保障地方履行财政事权。加强地方政府公共服务、社会管理等职责。将直接面向基层、量大面广、与当地居民密切相关、由地方提供更方便有效的基本公共服务确定为地方的财政事权，赋予地方政府充分自主权，依法保障地方的财政事权履行，更好地满足地方基本公共服务需求。地方的财政事权由地方行使，中央对地方的财政事权履行提出规范性要求，并通过法律法规的形式予以明确。要逐步将社会治安、市政交通、农村公路、城乡社区事务等受益范围地域性强、信息较为复杂且主要与当地居民密切相关的基本公共服务确定为地方的财政事权。

三是减少并规范中央与地方共同财政事权。考虑到我国人口和民族众多、幅员辽阔、发展不平衡的国情和经济社会发展的阶段性要求，需要更多发挥中央在保障公民基本权利、提供基本公共服务方面的作用，因此应保有比成熟市场经济国家相对多一些的中央与地方共同财政事权。但在现阶段，针对中央与地方共同财政事权过多且不规范的情况，必须逐步减少并规范中央与地方共同财政事权，并根据基本公共服务的受益范围、影响程度，按事权构成要素、实施环节，分解细化各级政府承担的职责，避免由于职责不清造成互相推诿。要逐步将义务教育、高等教育、科技研发、公共文化、基本养老保险、基本医疗和公共卫生、城乡居民基本医疗保险、就业、粮食安全、跨省（区、市）重大基础设施项目建设和环境保护与治理等体现中央战略意图、跨省（区、市）且具有地域管理信息优势的基本公共服务确定为中央与地方共同财政事权，并明确各承担主体的职责。

四是建立财政事权划分动态调整机制。财政事权划分要根据客观条件变化进行动态调整。在条件成熟时，将全国范围内环境质量监测和对全国生态具有基础性、战略性作用的生态环境保护等基本公共服务，逐步上划为中央的财政事权。对新增及尚未明确划分的基本公共服务，要根据社会主义市场经济体制改革进展、经济社会发展需求以及各级政府财力增长情况，将应由市场或社会承担的事务交由市场主体或社会力量承担，将应由政府提供的基本公共服务统筹研究划分为中央财政事权、地方财政事权或中央与地方共同财政事权。

2. 完善中央与地方支出责任划分

一是中央的财政事权由中央承担支出责任。属于中央的财政事权，应当由中央财政安排经费，中央各职能部门和直属机构不得要求地方安排配套资金。中央的财政事权，如委托地方行使，要通过中央专项转移支付安排相应经费。

二是地方的财政事权由地方承担支出责任。属于地方的财政事权原则上由地方通过自有财力安排。对地方政府履行财政事权、落实支出责任存在的收支缺口，除部分资本性支出通过依法发行政府性债券等方式安排外，主要通过上级政府给予的一般性转移支付弥补。地方的财政事权如委托中央机构行使，地方政府应负担相应经费。

三是中央与地方共同财政事权区分情况划分支出责任。根据基本公共服务的属性，体现国民待遇和公民权利、涉及全国统一市场和要素自由流动的财政事权，如基本养老保险、基本公共卫生服务、义务教育等，可以研究制定全国统一标准，并由中央与地方按比例或以中央为主承担支出责任；对受益范围较广、信息相对复杂的财政事权，如跨省（区、市）重大基础设施项目建设、环境保护与治理、公共文化等，根据财政事权外溢程度，由中央和地方按比例或中央给予适当补助方式承担支出责任；对中央和地方有各自机构承担相应职责的财政事权，如科技研发、高等教育等，中央和地方各自承担相应支出责任；对中央承担监督管理、出台规划、制定标准等职责，地方承担具体执行等职责的财政事权，中央与地方各自承担相应支出责任。

3. 加快省以下财政事权和支出责任划分

省级政府要参照中央做法，结合当地实际，按照财政事权划分原则合理确定省以下政府间财政事权。将部分适宜由更高一级政府承担的基本公共服务职能上移，明确省级政府在保持区域内经济社会稳定、促进经济协调发展、推进区域内基本公共服务均等化等方面的职责。将有关居民生活、社会治安、城乡建设、公共设施管理等适宜由基层政府发挥信息、管理优势的基本公共服务职能下移，强化基层政府贯彻执行国家政策和上级政府政策的责任。省级政府要根据省以下财政事权划分、财政体制及基层政府财力状况，合理确定省以下各级政府的支出责任，避免将过多支出责任交给基层政府承担。

（四）划分改革时间安排及其要求

一是2016年改革正式启动。有关部门要按照《指导意见》要求，研究制定相关基本公共服务领域改革具体实施方案。选取国防、国家安全、外交、公共安全等基本公共服务领域率先启动财政事权和支出责任划分改革。同时，部署推进省以下相关领域财政事权和支出责任划分改革。

二是2017～2018年改革有突破性进展。总结相关领域中央与地方财政事权和支出责任划分改革经验，结合实际、循序渐进，争取在教育、医疗卫生、环境保护、交通运输等基本公共服务领域取得突破性进展。参照中央改革进程，加快推进省以下相关领域财政事权和支出责任划分改革。

三是2019～2020年基本完成主要领域改革。形成中央与地方财政事权和支出责任划分的清晰框架。及时总结改革成果，梳理需要上升为法律法规的内容，适时制定、修订相关法律、行政法规，研究起草政府间财政关系法，推动形成保障财政事权和支出责任划分科学合理的法律体系。督促地方完成主要领域改革，形成省以下财政事权和支出责任划分的清晰框架。

第四节　改革完善国有资产管理体制，加强人大国有资产监督职能

我国是公有制为主体的社会主义国家，国有企业是中国特色社会主义的重要物质基础和政治基础，国有资产在推动经济社会发展、保障和

改善民生、保护生态环境等方面发挥着重要作用。2003 年 5 月 27 日国务院第 378 号令《企业国有资产监督管理条例》颁布，将国资委的组织机构体系及工作体系置于法律基础之上。其工作重点是：对国有经济结构和产业布局进行调整，中央企业数量由 2003 年的 196 户调整到 2007 年的 155 户，到 2010 年中央企业数量进一步缩减到 100 户以下；建立现代企业制度，完善法人治理结构，在部分央企建立董事会制度；探索党管干部和市场化选人用人机制，在全球范围内选聘企业高管人员；对国有企业实行业绩考核和绩效评价，将企业经营业绩和个人收入挂钩；逐步实行股权多样化，进一步增强控制力、带动力和影响力。2006 年全国国有企业累计实现利润 12,242 亿元，比上年增长 26.4%。2014 年国有企业利润总额 24,765.4 亿元，同比增长 3.4%。其中中央企业 17,280.2 亿元，同比增长 3.6%；地方国有企业 7485.2 亿元，同比增长 2.8%。经过长期艰苦努力，我国已经拥有了规模巨大、种类繁多的国有资产，初步建立起符合国情、行之有效的国有资产管理制度，为加强和巩固党的执政地位、维护人民共同利益、促进经济社会持续健康发展奠定了坚实基础。

一、建立完善国有资本经营预算制度

国有资本经营预算，是国家以所有者身份依法取得国有资本收益，并对所得收益进行分配而发生的各项收支预算，是政府预算的重要组成部分。2007 年 9 月 8 日发布了国务院《关于试行国有资本经营预算的意见》，中央国有资本经营预算从 2007 年起试行。国有资本经营预算制度的建立，标志着国家以所有者身份依法正式向国有企业收取国有资本收益，对于增强国家的宏观调控能力，完善国有企业收入分配制度，推进国有经济战略布局和结构调整，解决国有企业发展中的机制性、体制性问题，加强国有资产收益管理具有重要意义。

（一）国有资本经营预算的主要构成

国有资本经营预算由预算收入和预算支出两个部分组成。国有资本经营预算收入是指各级政府及其部门、机构履行出资人职责的企业上缴的国有资本的收益，主要包括以下五项收入：一是国有独资企业按规定上缴国家的利润；二是国有控股、参股企业国有股权（股份）获得的股利、股息；三是国有产权（含国有股份）转让收入；四是国有独资企业清算收入（扣除清算费用）及国有控股、参股企业国有股权（股份）分享的公司清算收入；五是其他收入。

（二）国有资本经营预算制度体系逐步完善

2007～2012年财政主管部门会同有关部门制定发布有关制度文件20多件，可分为三大类：一是收益管理类，包括《中央企业国有资本收益管理暂行办法》等；二是支出政策类，包括《中央国有资本经营预算重大技术创新及产业化资金管理办法》等14项管理制度；三是综合事项类，包括《中央国有资本经营预算编报办法》等。2016年根据党的十八届三中全会完善国有资本经营预算制度的要求，研究制定《中央国有资本经营预算支出管理暂行办法》，加强完善了国有资本经营预算制度体系，加强和规范了中央国有资本经营预算管理。

（三）国有资本经营预算收支规模扩大结构优化

2007～2012年中央国有资本经营预算累计实现收入3866.8亿元。2012年中央国有资本经营收入执行数为970.83亿元，比上年增长26.9%。其中，利润收入950.76亿元，同比增长25.5%；股利、股息收入1.66亿元，同比增长23.7%；产权转让收入18.4亿元，为国有股减持收入；清算收入0.01亿元；上年结转收入31.06亿元。2008～2012年，中央国有资本经营预算累计安排支出3794.6亿元，重点支持国有企业改革和创新发展。2012年中央国有资本经营预算支出929.79亿元。其中，国有经济和产业结构调整支出236.23亿元，中央企业脱困支出301.7亿元，中央企业节能减排支出84亿元，中央企业重大科技创新支出110亿元，境外投资及对外经济技术合作支出116亿元等。

二、改革完善国有资产管理体制

2015年10月25日公布国务院《关于改革和完善国有资产管理体制

的若干意见》（国发〔2015〕63 号），重点内容包括以下主要方面。

（一）进一步明确国有资产监管重点

一是加强战略规划引领，改进对监管企业主业界定和投资并购的管理方式，遵循市场机制，规范调整存量，科学配置增量，加快优化国有资本布局结构。二是按照国有企业的功能界定和类别实行分类监管。改进考核体系和办法，综合考核资本运营质量、效率和收益，以经济增加值为主，并将转型升级、创新驱动、合规经营、履行社会责任等纳入考核指标体系。三是着力完善激励约束机制，将国有企业领导人员考核结果与职务任免、薪酬待遇有机结合，严格规范国有企业领导人员薪酬分配。建立健全与劳动力市场基本适应，与企业经济效益、劳动生产率挂钩的工资决定和正常增长机制。四是强化国有资产监督，加强和改进外派监事会制度，建立健全国有企业违法违规经营责任追究体系、国有企业重大决策失误和失职渎职责任追究倒查机制。

（二）改进国有资产监管方式和手段

一是按照事前规范制度、事中加强监控、事后强化问责的思路，更多运用法治化、市场化的监管方式，切实减少出资人审批核准事项，改变行政化管理方式。二是针对企业不同功能定位，在战略规划制定、资本运作模式、人员选用机制、经营业绩考核等方面，实施更加精准有效的分类监管。调整国有资产监管机构内部组织设置和职能配置，建立监管权力清单和责任清单，优化监管流程，提高监管效率。三是完善国有资产和国有企业信息公开制度，设立统一的信息公开网络平台，依法依规及时准确地披露国有资本整体运营情况、企业国有资产保值增值及经营业绩考核总体情况、国有资产监管制度和监督检查情况，建设阳光国企。

（三）提高国有资本配置和运营效率

一是建立国有资本布局和结构调整机制。国有资产监管机构根据政府宏观政策和有关管理要求，建立健全国有资本进退机制，制定国有资本投资负面清单，推动国有资本更多投向关系国家安全、国民经济命脉和国计民生的重要行业和关键领域。二是推进国有资本优化重组。按照国有资本布局结构调整要求,加快推动国有资本向重要行业、关键领域、重点基础设施集中,向前瞻性战略性产业集中,向产业链关键环节和价值链高端领域集中,向具有核心竞争力的优势企业集中。三是推动国有企业加快技术创新、管理创新和商业模式创新。推进国有资本控股经营的自然垄断行业改革,根据不同行业特点放开竞争性业务,实现国有资本和社会资本更好融合。

(四)改革国有资本授权经营体制

一是改组组建国有资本投资、运营公司。主要通过划拨现有商业类国有企业的国有股权,以及国有资本经营预算注资组建,以提升国有资本运营效率、提高国有资本回报为主要目标,通过股权运作、价值管理、有序进退等方式,促进国有资本合理流动,实现保值增值。二是明确国有资产监管机构与国有资本投资、运营公司关系。政府授权国有资产监管机构依法对国有资本投资、运营公司履行出资人职责。国有资产监管机构按照"一企一策"原则,明确对国有资本投资、运营公司授权的内容、范围和方式,依法落实国有资本投资、运营公司董事会职权。三是界定国有资本投资、运营公司与所出资企业关系。国有资本投资、运营公司依据我国《公司法》等相关法律法规,对所出资企业依法行使股东权利,以出资额为限承担有限责任。以财务性持股为主,建立财务管控模式,重点关注国有资本流动和增值状况。四是开展政府直接授权国有资本投资、运营公司履行出资人职责的试点工作。中央层面开展由国务院直接授权国有资本投资、运营公司试点等工作。地方政府可以根据实际情况,选择开展直接授权国有资本投资、运营公司试点工作。

(五)建立健全国有资本收益管理制度

财政部门会同国有资产监管机构等部门建立覆盖全部国有企业、分级管理的国有资本经营预算管理制度,根据国家宏观调控和国有资本布局结构调整要求,提出国有资本收益上缴比例建议,报国务院批准后执行等。

三、建立向全国人大报告国有资产管理情况制度

完善国有资产管理体制，加强人大国有资产监督职能，是党的十八大和十八届三中全会提出的重要任务，是党加强国有资产监督管理、提升国家治理能力的重要工作。2017 年 12 月中共中央印发《关于建立国务院向全国人大常委会报告国有资产管理情况制度的意见》（以下简称《意见》），部署、建立国务院向全国人大常委会报告国有资产管理情况制度。这是贯彻落实党的十八届三中全会"加强人大预算决算监督、国有资产监督职能"要求的重要改革举措，是党中央加强人大国有资产监督职能的重要决策部署。管好用好国有资产，对于坚持和发展中国特色社会主义，推动经济社会发展、保护自然资源和自然生态，全面建成小康社会、实现"两个一百年"奋斗目标、实现中华民族伟大复兴的中国梦都具有重要意义。

（一）建立向全国人大报告国有资产管理情况制度的必要性

党的十八大以来，在党中央的正确领导下，我国在国有资产管理改革方面取得了新的重大成就，国有资产规模和效益得到了进一步提升，国有资产在促进经济社会发展方面发挥着重要作用。但还存在一些突出问题：一是我国国有资产总体家底情况不够清楚、有关数据资料不够完整；二是国有资产管理不够公开透明、不够严格规范；三是经营管理权责利不对称、国有资产绩效不够高；四是国有资产损失浪费现象比较严重，国有资产人为流失时有发生；五是全国人大监督所需有关监督对象的信息不够充分，对国有资产监督不够有力，缺乏经常性的日常监督和连续跟踪监督等。在我国开启新一轮全面深化改革时，加强人大国有资产监督职能便提上议事日程。其目的是实现人大国有资产监督的制度化、规范化。这有利于切实摸清国有资产家底，向全国人大和全国人民报告全口径国有资产的明白账；有利于提高国有资产管理公开透明度，提升国有资产管理公信力，推动规范和改善国有资产管理；有利于推进国有资

产治理体系和治理能力现代化,使国有资产更好地服务发展、造福人民。

(二)年度报告采取综合报告与专项报告相结合的方式

基于我国国有资产和管理体制的现状,《意见》明确国务院关于国有资产管理情况的年度报告采取综合报告与专项报告相结合的方式。综合报告全面反映各类国有资产基本情况,专项报告分别反映企业国有资产(不含金融企业)、金融企业国有资产、行政事业性国有资产、国有自然资源等国有资产管理情况。在每届全国人大常委会任期内,届末年份国务院向全国人大常委会提交书面综合报告并口头报告;其他年份在提交书面综合报告的同时,就1个专项情况进行口头报告。这既有利于通过综合报告全面反映国有资产的情况,摸清家底,充分体现全口径要求,防止国有资产流失,又能够通过专项报告集中反映某类国有资产的管理情况和存在的问题,回应社会关切,推动解决问题,提高监督实效。

(三)明确听取和审议专项工作报告的程序和方式

根据我国《监督法》等法律关于听取和审议专项工作报告程序的规定,《意见》设计了国有资产管理情况报告的审议程序,并明确全国人大常委会视情况需要可以综合运用专题询问、质询和特定问题调查等方式。必要时,可依法作出决议。同时,为进一步加大监督力度,增强监督实效,《意见》对存在问题的整改和问责提出了明确要求,规定国务院要将全国人大常委会的审议意见分解细化到相关部门研究处理和整改,对涉嫌违纪违法的应当依法依规严肃处理,并在6个月内向全国人大常委会报告研究处理情况,特别是问责情况。

(四)明确人大国有资产监督的审议重点

紧紧围绕全面贯彻党的路线方针政策和党中央有关国有资产的重大决策部署,紧紧围绕统筹推进"五位一体"总体布局和协调推进"四个全面"战略布局,《意见》提出了九个方面的监督重点,以提高审议的针对性和监督的有效性。这些审议重点包括:一是贯彻落实党中央有关国有资产重大决策部署和方针政策情况;二是有关法律实施情况;三是全国人大常委会有关审议意见和决议落实情况；四是完善国有资产管理体制，落实党中央有关国有资产和国有企业改革方案情况；五是国有资本服务于国家战略目标，提供公共服务、发展重要前瞻性战略性产业、保护生态环境、支撑科技进步、保障国家安全等情况；六是国有资本保值增值，防止国有资产流失制度的建立和完善，国有企业兼并重组、破产清算等国有资产处置以及国有资产收益分配情况；七是推进绿色发展和生态文明建设情况；八是有关审计查出问题整改情况；九是其他与国有资产管理有关的重要情况。

（五）健全问责机制加大问责力度

为加大监督力度，增强监督实效，《意见》明确规定，国务院要将全国人大常委会的审议意见分解细化到相关部门研究处理和整改，要健全问责机制，加大问责力度，对涉嫌违纪违法的依法依规严肃处理，并在 6 个月内向全国人大常委会报告研究处理情况以及存在问题整改和问责情况。

（六）国有资产主管部门自觉接受人大监督

国务院要强化责任担当，采取有力措施，切实摸清家底，建立健全全国各类国有资产管理报告制度，将所有国有资产包括地方国有资产纳入监管范围，实现全覆盖，向全国人大报告全口径国有资产的明白账，自觉接受人大监督。要按照国家统一的会计制度规范国有资产会计处理，制定完善相关统计制度，确保各级政府、各部门和单位的国有资产报告结果完整、真实、可靠、可核查。加快编制政府综合财务报告和自然资源资产负债表。组织开展国有资产清查核实和评估确认，统一方法、统一要求，建立全口径国有资产数据库。建立全口径国有资产信息共享平台，实现相关部门单位互联互通，全面完整反映各类国有资产配置、使用、处置和效益等基本情况。

第五节　改革税收征管体制，合并国税地税征管机构

2018年3月13日国务院机构改革方案提请第十三届全国人大第一次会议审议通过。根据改革方案，改革国税地税征管体制，将省级和省级以下国税地税机构合并，具体承担所辖区域内各项税收、非税收入征管等职责。国税地税机构合并后，实行以国家税务总局为主与省（区、市）人民政府双重领导管理体制。这是继1994年实行分税制改革后，省级及省级以下国税地税机构再次合并。这是一场加强党对税收工作全面领导的重大改革，是一场增强税收服务国家治理职能作用的重大改革，是一场塑造为民、便民、利民税务形象的重大改革，更是一场筑构税收事业长远发展根基的重大改革。

一、构建优化高效统一税收征管体系

改革国税地税征管体制是加强党对税收工作全面领导、增强税收服务国家治理职能作用的重大改革。《深化党和国家机构改革方案》明确，国税地税征管体制改革的主要内容是合并省级及省级以下国税地税机构，实行以国家税务总局为主与省（自治区、直辖市）政府双重领导管理体制，将基本养老保险费、基本医疗保险费、失业保险费等各项社会保险费交由税务部门统一征收。我国税务机构要由国税、地税分设转为合并的主要原由、改革要求、实施步骤、发生变化分述如下。

一是国税地税合并改革的主要原由。《深化党和国家机构改革方案》明确指出了改革的目的：降低征纳成本，理顺职责关系，提高征管效率，为纳税人提供更加优质高效便利的服务。

二是国税地税合并改革的原则要求。《深化党和国家机构改革方案》提出明确了改革要求，按照“瘦身”与“健身”相结合原则，完善结构布局和力量配置，构建优化高效统一的税收征管体系。

三是国税地税合并改革的主要益处。国税地税机构由分设向合并改革，不仅有利于提高运行效率，包括降低征纳成本、提升征管效率，而且有利于推行三公原则，促进公平竞争，国税地税机构合并后，不仅有利于促使涉税信息互通、征管统一、处理一致、优惠透明，而且有利于促进企业在地区间的正常合理流动，资源得到更为有效合理配置。

四是国税地税合并后强化对社会保险费的征管。税收征管体制改革后，非税收入和社会保险费将纳入税务部门征收管理。这无疑将使社保费和非税收入在制度上更具规范性，不但有利于降低征管成本、提升征管效率，而且将为未来税费制度改革、统一政府收入体系、规范收入分配秩序创造条件，夯实国家治理现代化基础。

二、国税地税合并改革按七个阶段分步推进

税务机构改革既涉及收税又涉及收费，既要跨条块整合多种复杂事项，又要分省、市、县、乡多层级推进，改革将分步推进。据国家税务主管部门主要领导介绍，按照总体上比部委层面稍后一些、比地方机构改革稍前一些的进度安排，税务机构改革分为七个主要阶段：一是统一思想保稳定阶段；二是顶层设计定方案阶段；三是动员部署鼓干劲阶段；四是改好省局树样板阶段；五是市县推进全覆盖阶段；六是总结经验找差距阶段；七是优化完善再升级阶段，分步推进国税地税合并改革。

为确保改革有力、有序、有效推进，国家税务主管部门构建了“改革方案＋配套办法＋操作文件”3个层面的制度体系，制定了“一揽子”改革事项的任务台账和路线图、时间表，以保证改革平稳推进和落实。根据国税地税征管体制改革总体安排，税务系统机构改革将按照先挂牌再“三定”、先把省局改革做稳妥再扎实推进市局及县局改革、先合并国税地税机构再划转社保费和非税收入征管职责的顺序推进。在2018年7月底前，市、县级税务局将逐级分步完成集中办公、新机构挂牌等改革事项。

三、国税地税合并改善税收征管，优化纳税人办税服务

国税地税征管体制改革后，针对征管业务和信息系统将如何整合优化问题，国家税务主管部门制定了《改革国税地税征管体制征管业务工作方案》，随着省、市、县三级新税务机构逐级对外挂牌，届时税务系统将实现“六个统一”，即国税地税业务“一厅通办”，国税地税业务“一网通办”，“12366一键咨询”，实名信息一次采集，统一税务检查，统一税收执法标准。

国家税务主管部门明确表示，国税地税合并改革产生新机构挂牌后，为便利纳税人办税，绝大部分办税服务厅保持现有办税服务场所、地点不变。另一个直接变化是，纳税人将减少报送办税资料。各省份税务机关梳理原国税地税相同业务的事项清单，整合报送资料，统一资料归档，实现纳税人同一资料只报送一套、同一涉税事项只需申请一次。此外，纳税人还可以“一厅通办”所有涉税事项。目前全国已有9365个办税服务厅实现了“一厅通办”。“一厅通办”不仅避免了“来回跑”，还进一步统一、简并、规范了涉税资料报送，简化、优化了办税流程，降低了纳税成本。

顺利推进国税地税机构合并改革，不仅是精简机构、精兵简政，避免重复征税，提高税收征管质量和效率的需要，而且为全面提高税收征管能力建设水平，保持国家财政收入的可持续增长奠定良好的体制机制基础；不仅是促进我国税收征管现代化，为进一步深化税制改革提供强有力的现代征管保障的需要，而且有利于促进依法治税，提升我国现代税收治理能力，促进国家治理体系和治理能力的现代化。

第六节　全面加快财税法治建设，推进全面依法治国

全面依法治国是中国特色社会主义的本质要求和重要保障。由于现代财税是现代国家治理的基础和重要支柱，依法理财、依法治税又是全面依法治国不可或缺的重要内容，因而必须充分发挥依法理财、依法

治税在全面推进依法治国中的重要作用。2014 年 10 月 23 日党的十八届四中全会通过的《中共中央关于全面推进依法治国若干重大问题的决定》（以下简称《全面推进依法治国决定》），是我们党历史上第一个关于全面加强法治建设的专门决定，提出全面推进依法治国总目标是建设中国特色社会主义法治体系，建设社会主义法治国家。把全面依法治国纳入"四个全面"战略布局，对于完善和发展中国特色社会主义制度、推进国家治理体系和治理能力现代化，具有重大战略意义。从财税法治建设总目标来看，就是建设中国特色社会主义财税法治体系，全面推进依法理财、依法治税，促进全面依法治国，推进国家治理体系和治理能力现代化。全面加快财税法治体系建设，不仅是为全面深化财税改革保驾护航的客观要求，而且是全面推进依法治国的重要内容和迫切需要。

一、全面修订完善预算管理法律制度

1994 年 3 月 22 日第八届全国人大第二次会议通过的，自 1995 年 1 月 1 日起施行的《预算法》，根据 2014 年 8 月 31 日第十二届全国人大常委会第十次会议《关于修改〈中华人民共和国预算法〉的决定》修正，自 2015 年 1 月 1 日起正式实施，这是我国财政法制建设具有里程碑意义的大事。我国新《预算法》全面贯彻党的十八大和十八届三中全会精神，充分体现党中央、国务院确定的财税体制改革总体要求，以及近年来财政改革发展的成功经验，同时也为进一步深化财税改革引领方向，对《预算法》作出重要修改和全面完善，在预算管理诸多方面取得了重大突破。

与旧法相比，新《预算法》在预算管理制度、预算信息公开、预算控制方式、地方政府性债务管理、转移支付制度、预算支出约束等方面进行了修订。

（一）完善政府预算体系，实行全口径预算管理

我国新《预算法》规定："政府的全部收入和支出都应当纳入预算。预算包括一般公共预算、政府性基金预算、国有资本经营预算、社会保险基金预算。"同时，新《预算法》对四类预算功能定位、编制原则及相互关

系作出规范,使四类预算成为有机衔接的整体,也将地方政府债务纳入预算管理,避免地方政府债务游离于预算之外、脱离人大监督。政府全部收支纳入预算,确立了政府全口径预算的基本原则,而对四类预算是什么、怎么编、相关关系的规定,则确定了全口径的体系。

（二）健全透明预算制度,推进预算公开

我国新《预算法》对预算公开的范围、主体、时限等提出明确具体的要求,要求对转移支付、政府债务、机关运行经费等社会高度关注的事项作出说明,要求预算、预算调整、决算、预算执行情况的报告、报表,以及政府举债情况、政府采购情况、预算执行和其他财政收支的审计工作报告等均要公开,并规定了违反预算公开规范的法律责任。按照我国新《预算法》,从预算开始到执行、调整、决算,再到最后的审计,公开透明贯穿预算管理的全过程。

（三）改进预算控制方式,建立跨年度预算平衡机制

我国原《预算法》规定预算审查的重点是收支平衡,同时要求预算收入征收部门完成征收任务。我国新《预算法》规定,各级人大预算审查的重点是:预算安排是否符合国民经济和社会发展的方针政策,收支政策是否可行;重点支出和重大投资项目的预算安排是否适当;对下级政府的转移性支出预算是否规范、适当等内容。为确保收入预算从约束性转向预期性,我国新《预算法》要求各级预算收入的编制,应当与经济和社会发展水平相适应,与财政政策相衔接;各级政府不得向预算收入征收部门和单位下达收入指标。

（四）规范地方政府性债务管理,严控债务风险

我国原《预算法》规定:"地方各级预算按照量入为出、收支平衡的原则编制,不列赤字。"我国新《预算法》允许地方政府举借债务,并从五个方面作出限制性规定:一是限制主体,经国务院批准的省级政府可以举借债务;二是限制用途,举借债务只能用于公益性资本支出,不得用于经常性支出;三是限制规模,举借债务的规模,由国务院报全国人大或者

全国人大常委会批准，省级政府在国务院下达的限额内举借的债务，列入本级预算调整方案，报本级人大常委会批准；四是限制方式，举借债务只能采取发行地方政府债券的方式，不得采取其他方式筹措，除法律另有规定外，不得为任何单位和个人的债务以任何方式提供担保；五是控制风险，举借债务应当有偿还计划和稳定的偿还资金来源，国务院建立地方政府债务风险评估和预警机制、应急处置机制以及责任追究制度。

（五）完善转移支付制度，推进基本公共服务均等化

我国新《预算法》规定："财政转移支付应当规范、公平、公开，以均衡地区间基本财力、由下级政府统筹安排使用的一般性转移支付为主体。建立健全专项转移支付定期评估和退出机制。市场竞争机制能够有效调节的事项不得设立专项转移支付。除按照国务院规定应当由上下级政府共同承担的事项外，上级政府在安排专项转移支付时不得要求下级政府承担配套资金。上级政府应当提前下达转移支付预计数，地方各级政府应当将上级提前下达的预计数编入本级预算。"这些规定明确了财政转移支付的设立原则、目标、预算编制方法、下达时限等，有利于优化转移支付结构、提高转移支付资金分配的科学性、公平性和公开性，有利于减少"跑部钱进"现象和中央部门对地方事权的不适当干预，也有利于地方统筹安排预算，提高地方预算编报的完整性。

（六）明确人大预算审查监督重点，提高人大预算审查监督效果

我国新《预算法》增加规定，各级人大预算审查的重点是：预算安排是否符合国民经济和社会发展的方针政策，收支政策是否可行；重点支出和重大投资项目的预算安排是否适当；对下级政府的转移性支出预算是否规范、适当等内容。为确保收入预算从约束性转向预期性，我国新《预算法》要求各级预算收入的编制，应当与经济和社会发展水平相适应，与财政政策相衔接；各级政府不得向预算收入征收部门和单位下达收入指标。

（七）坚持厉行节约，硬化预算支出约束

我国新《预算法》对于厉行节约、硬化支出预算约束做出严格规定：

一是确定了统筹兼顾、勤俭节约、量力而行、讲求绩效和收支平衡的原则；二是强调各级预算支出的编制，应当贯彻勤俭节约的原则，严格控制各部门、各单位的机关运行经费和楼堂馆所等基本建设支出；三是对各级政府、各部门、各单位在预算之外及超预算标准建设楼堂馆所的，责令改正，并对负有直接责任的主管人员和其他直接责任人员给予撤职、开除处分；四是硬化预算支出约束，我国新《预算法》明确规定，在预算执行中，各级政府一般不制定新的增加财政收入或者支出的政策和措施，也不制定减少财政收入的政策和措施；必须作出并需要进行预算调整的，应当在预算调整方案中作出安排。

二、建立健全环境保护税法律制度

为了保护和改善环境，减少污染物的排放，2016年12月25日第十二届全国人民代表大会常务委员会第二十五次审议通过《中华人民共和国环境保护税法》，当日颁布，自2018年1月1日起实施。这是党的十八届三中全会提出“落实税收法定原则”要求后制定的第一部税法，对推进税制改革、完善税收立法具有重要的借鉴意义。

（一）我国《环境保护税法》的主要内容和特点

一是科学界定征税范围以保持税负稳定。制定《环境保护税法》是我国环境保护领域进行税收政策设计的一次创新，实现了将排污费转为税收法律上的改革，将“排污费”转为“环境保护税”，增强了对企业生产过程中污染污染行为的约束，加强了企业治污减排的法定责任。同时，在征收范围上，其税制设计符合国家的“法定原则”和“稳定税负”的总体要求，其中最低税率设计与原排污费标准持平，实现了税负的平移，最高税率设计进一步增强了环境保护税对污染行为的约束能力。

二是环境保护税定位为地方税种以增强地方财力。在环境保护税收入归属设计上把环境保护税定位地方税种，即税收收入完全归入地方财政收入，中央财政不参与分成，这样既能增强地方政府的财力，又为地方治理环境污染的事权支出提供有力的制度保障，同时促进经济增长方式转型。

三是强化部门协调配合以提高税收征管效率。我国《环境保护税法》是我国第一部明确写入部门信息共享和工作配合机制的单行税法。该税征收部门由过去征收排污费的环保部门改为税务机关，环保部门配合税务机关，实行"企业申报、税务征收、汇报监测、信息共享"的税收征管新模式。

四是内化企业环境污染成本以促进经济增长方式转型。我国《环境保护税法》将排污费转化为环境保护税，用法律形式对企业的污染行为进行约束，强制促使企业的环境污染成本内化，倒逼企业进行减排改革，促进企业技术转型升级，转变经济发展方式。

（二）环境保护税制的发展方向

为了充分发挥环境保护税的功能作用，必须明确构建绿色环境保护税制的发展方向：

一是适度扩大环境保护税的征税范围。环境保护税目前只对污染物排放征收，实际征税范围与我国《环境保护税法》中"环境保护"大范围并不一致。环境保护税需要适时将污染物之外的其他征收对象纳入征收范围，特别是应把二氧化碳排放作为征税对象。环境保护税不仅包括排污税，而且还应包括二氧化碳税。通过扩大环境保护税征收范围，充分体现绿色环境保护税制功能。

二是适当提高并实行差别化税率。现行环境保护税税率是在原排污收费基础上设定的，为面对日益严峻的环境污染形势，需要适当提高环境保护税适用税率。为充分发挥环境保护税的调节作用，还要针对不同污染类型设计差别税率，以加快淘汰落后产能，促进污染企业加快转型升级、创新发展。

三是合理规范环境保护税税收优惠条款。严格规定环境保护税的税收优惠范围和具体内容，保留排污费有关农业生产、流动污染源和城乡污水集中处理的免征环境保护税的优惠政策。按照我国《环境保护税法》的立法宗旨应对所有排污者进行征税，考虑到国内污水处理厂的实际困难，可给予其一定的税收优惠政策过渡期。

三、健全完善财务会计基础管理法律制度

（一）全面修订我国《企业财务通则》

针对国家宏观经济体制和企业微观环境已发生重大变化的客观情况，2006年年底财政主管部门全面修订了《企业财务通则》。这次财务制度改革实现了六大创新：一是功能创新，围绕财务的实质，规范和调整企业财务行为和财务关系；二是观念创新，强化企业财务风险管理，树立企业的社会责任观念；三是体制创新，从政府宏观财务、投资者财务和经营者财务三个层次，构建资本权属清晰、财务关系明确、符合法人治理结构要求的财务管理体制；四是体系创新，构建了以《企业财务通则》为主体，以企业具体财务行为、财务管理指导意见和财政监管办法为配套的开放性的企业财务制度体系；五是机制创新，要求企业建立由财务决策、控制、激励和监督四个方面构成的财务运行机制；六是内容创新，明确了资金筹集、资产营运、成本控制、收益分配、信息管理和财务监督六大财务管理要素。新型企业财务制度，实现了财务管理由资产出资人向公共管理者的角色转变，有效地维护了国家、企业、投资者、经营者和职工等利益相关各方的权益。

（二）修改完善我国《企业会计准则》

为了顺应经济全球化和市场经济发展的现实要求，借鉴国际财务报告准则，全面启动了《企业会计准则》体系建设。2006年10月财政主管部门发布了《企业会计准则——应用指南》。《企业会计准则》体系核心层次为基本准则，用于搭建中国的《企业会计准则》的概念框架，确定会计目标、会计假设、会计原则和会计要素。在新《企业会计准则》体系实施过程中，为适应市场经济发展需要，进一步规范会计计量方法，财政主管部门多次对多项准则进行增补和修订，特别是2014年进行了大规模的准则修订和增补，出台了6项企业会计准则解释、5个年报通知和若干会计处理规定，当年新颁布了 3 项准则，修改了 5 项准则；为适应国际会计准则发展趋势，2017 年又对 3 项会计准则进行了修订，体现了《企业会计准则》向国际会计准则趋同的趋势。2007 年 12 月，中国会计准则委员会与香港特别行政区会计师公会签署了《关于内地企业会计准则与香港财务报告准则等效的联合声明》，内地《企业会计准则》与香港特别行政区《财务报告准则》已基本实现等效。2008 年 4 月欧盟委员会就欧盟第三国会计准则等效问题发布正式报告，在 2011 年年底前，欧盟委员会允许中国证券发行者进入欧洲市场时使用中国会计准则。同时中国会计准则委员会代表团访问美国，并与美国财务会计准则委员会签署了《中美会计合作备忘录》，启动了中美会计准则趋同与等效工作。

（三）建立健全我国《政府会计准则》

2014 年 12 月国务院批准财政主管部门制定的《权责发生制政府综合财务报告制度改革方案》，明确了我国要在 2020 年之前建立具有中国特色的政府会计准则体系和权责发生制政府综合报告制度。权责发生制政府综合财务报告制度是基于政府会计规则的重大改革，而建立完善的政府会计核算体系是其基础和前提。2015 年 10 月财政主管部门公布《政府会计准则》，自 2017 年 1 月 1 日起施行。该准则规定了政府会计由预算会计和财务会计组成，其中预算会计实行收付实现制，财务会计实行权责发生制。2016 年根据《政府会计准则——基本准则》，财政主管部门印发了 4 项具体准则。我国《政府会计准则》的制定和实施，不仅对于贯彻落实国家预算管理各项要求，规范处理各项经济事务，严格预算收支行为，提高预算资金使用效果，有着重要的促进作用，而且对于增强公共管理意识，实现资源的科学合理配置，防范和化解财务风险，有着不可或缺的重要意义。

（四）专项修改我国《注册会计师法》

我国《注册会计师法》自 1993 年 10 月 31 日颁布，1994 年 1 月 1 日施行以来，为确立注册会计师行业在经济社会发展中的重要地位，维护社会公共利益和投资者的合法权益,促进市场经济健康规范发展发挥了重要作用。同时,随着经济改革的日益深化、对外开放的日益扩大、注册会计师行业的日益发展,也迫切需要对我国《注册会计师法》进行修改完善。为了贯彻党中央、国务院关于推进简政放权、深化行政审批制度改革的决策部署,取消不必要或不再适用的行政审批事项,合理下放相关行政审批事项,进一步激发市场活力,2014 年对我国《注册会计师法》进行修改,同时切实加强事中、事后监管。也就是说,这次修改是针对注册会计师行业行政审批事项的"专项修改",对于完善注册会计师行业管理体制,不断提高注册会计师行业的法治化、规范化、市场化水平产生积极影响。对我国《注册会计师法》的修改主要有以下三个方面:

一是删除中外合作会计师事务所相关规定。中外合作会计师事务所是特殊历史条件下的产物。截至 2012 年年底,原"四大"中外合作会计师事务所已全部完成本土化转制工作。鉴于中外合作会计师事务所已经退出历史舞台,在我国《注册会计师法》中删除相关规定是必要的、适当的。

二是取消了对外国会计师事务所在中国内地设立常驻代表机构的审批。考虑到境外会计师事务所驻华代表机构只是提供一般的咨询服务,是具有"联络处""办事处"性质的普通机构,加之改革开放新形势下境内外会计师事务所业务合作日益紧密和多元,常驻代表机构的设立申请日渐减少。在新一届政府启动行政审批制度改革后,财政主管部门主动提出取消这一审批事项。本次修改我国《注册会计师法》,就是在法律上予以确认。

三是将会计师事务所的设立审批权下放到省级财政部门。长期以来,除极少数特殊审批事项(含涉外审批项目)由财政部直接审批外,会计师事务所的设立审批一直由省级财政部门负责。本次修改我国《注册会计师法》也是在法律形式上对这一改革举措予以确认。本次对我国《注册会计师法》的修改是基于支持、配合行政审批制度改革的专项修改、局部修改，修改内容虽然不多，但对于落实简政放权精神，既发挥市场在资源配置中的决定作用，又更好地发挥政府作用具有重要意义。

(五)修改完善我国《会计法》

第十二届全国人民代表大会常务委员会第三十次会议于 2017 年 11 月 4 日审议通过《关于修改〈中华人民共和国会计法〉等十一部法律的决定》，并予公布，自 2017 年 11 月 5 日起施行。根据第十二届全国人民代表大会常务委员会第三十次会议决定，对我国《会计法》修改的主要内容如下。

一是将第 32 条第 1 款第 4 项修改为："(四)从事会计工作的人员是否具备专业能力、遵守职业道德。"

二是将第 38 条修改为："会计人员应当具备从事会计工作所需要的专业能力。担任单位会计机构负责人(会计主管人员)的，应当具备会计师以上专业技术职务资格或者从事会计工作三年以上经历。"

三是将第 40 条第 1 款中的"不得取得或者重新取得会计从业资格证书"修改为"不得再从事会计工作"。删去第 2 款。

四是将第 42 条第 3 款修改为："会计人员有第一款所列行为之一，情节严重的，五年内不得从事会计工作。"

五是将第 43 条第 2 款、第 44 条第 2 款中的"对其中的会计人员，并由县级以上人民政府财政部门吊销会计从业资格证书"修改为"其中的会计人员，五年内不得从事会计工作"。

虽然这次对我国《会计法》的修改内容不多，但对于在新时期完善会计法律制度，提高会计人员的专业素质和业务能力，遵守会计职业道德，夯实会计基础工作，提升会计现代化水平，促进依法理财、依法治税，有着特别重要的意义。

四、全面落实税收法定原则

(一)制定出台我国《烟叶税法》

中国的烟叶税是对烟叶征收的 种税收。2006 年 4 月 28 日国务院常务会议审议通过了《烟草税暂行条例》,当日公布,自当日起施行。为了落实税收法定原则,我国《烟草税暂行条例》经过法定程序,修改上升为《烟叶税法》,已由第十二届全国人民代表大会常务委员会第三十一次会议于2017年12月27日审议通过,并予公布,自2018年7月1日起施行。2006年4月28日国务院公布的《烟叶税暂行条例》同时废止。

(二)制定出台我国《船舶吨税法》

中国的船舶吨税是对船舶吨位征收的一种税收。2011年12月5日国务院常务会议审议通过《船舶吨税暂行条例》,当日以国务院令610号公布,自2012年1月1日施行。为了落实税收法定原则,我国《船舶吨税暂行条例》经过法定程序,修改上升为《船舶吨税法》,已由第十二届全国人民代表大会常务委员会第三十一次会议于2017年12月27日审议通过,并予公布,自2018年7月1日起施行。2011年12月5日国务院常务会议审议通过《船舶吨税暂行条例》同时废止。

(三)修改完善我国《企业所得税法》

企业所得税是对企业的所得征收的一种税收。2017年2月24日第十二届全国人民代表大会常务委员会第二十六次会议审议通过《关于修改〈中华人民共和国企业所得税法〉的决定》,对我国《企业所得税法》作如下修改:

将第9条修改为:"企业发生的公益性捐赠支出,在年度利润总额12%以内的部分,准予在计算应纳税所得额时扣除;超过年度利润总额12%的部分,准予结转以后三年内在计算应纳税所得额时扣除。"该决定自公布之日起施行。我国《企业所得税法》根据该决定作相应修改,重新公布。

(四)修订完善我国《海关法》和《进出口关税条例》

关税是对进出国境、关境的货物、物品征收的一种税收。1987年1月22日第六届全国人民代表大会常务委员会第十九次会议审议通过《海关法》(其中第5章为关税),当日公布,自当年7月1日起施行。2016年11月7日第十二届全国人民代表大会常务委员会审议通过《海关法（修正案）》，对我国《海关法》进行第三次修改，于当日颁布，自当日起施行。2016 年 2 月 6 日国务院常务会议审议通过《进出口关税条例》，对我国《进出口关税条例》进行第三次修改。关税由海关总署负责征收管理，关税收入归中央政府所有，是中央财政收入的主要来源之一。2015 年关税收入为 2560.8 亿元，约占当年我国税收收入总额的 2%。

（五）修订完善我国《个人所得税法》

个人所得税是对个人的所得征收的一种税收。2011 年 6 月 30 日第十一届全国人民代表大会常务委员会第二十一次会议审议通过第六次修改《个人所得税法》，当日公布，自当年 9 月 1 日起施行。2011 年 7 月 19 日国务院常务会议第三次通过修改《个人所得税法实施条例》。

2018 年 6 月 22 日《个人所得税法修正案（草案）》第一次提交第十三届全国人民代表大会常务委员会第三次会议初步审议，2018 年 6 月 29 日《个人所得税法修正案（草案）》在中国全国人大网公布，公开向社会征求意见。2018 年 8 月 31 日第十三届全国人民代表大会常务委员会第五次会议再次审议，并通过《关于修改〈中华人民共和国个人所得税法〉的决定》。

从全国人民代表大会常务委员会《关于修改〈中华人民共和国个人所得税法〉的决定》来看，这次《个人所得税法》修订重点包括以下主要内容。一是将工资薪金、劳务报酬、稿酬和特许使用费 4 项劳动所得纳入综合征税范围。二是将综合所得的基本扣除标准由原先的 3500 元/月提高到 5000 元/月。三是将增加子女教育支出、继续教育支出、大病医疗支出、住房贷款利息和住房租金、赡养老人支出等专项扣除。四是将劳务报酬所得、稿酬所得、特许权使用费所得以收入减除 20% 的费用后的余额为收入额，稿酬所得的收入额减按 70% 计算。五是修订个人所得税的税率和级距，将个人所得税税率表一（工资薪金所得适用）修改为个人所得税税率表一（综合所得适用）；将个人所得税税率表二（个体工商户的生产、经营所得和对企事业单位的承包经营、承租经营所得适用）

修改为个人所得税税率表二(经营所得适用)。

将个人所得税税率表一(工资薪金所得适用)修改为(见表2):

表2　个人所得税税率表一(综合所得适用)

级数	全年应纳税所得额	税率(%)
1	不超过36,000元的	3
2	超过36,000元至144,000元的部分	10
3	超过144,000元至300,000元的部分	20
4	超过300,000元至420,000元的部分	25
5	超过420,000元至660,000元的部分	30
6	超过660,000元至960,000元的部分	35
7	超过960,000元的部分	45

注1:本表所称全年应纳税所得额是指依照本法第6条的规定,居民个人取得综合所得以每一纳税年度收入额减除费用6万元以及专项扣除、专项附加扣除和依法确定的其他扣除后的余额。

注2:非居民个人取得综合所得依照本表按月换算后计算应纳税额。

将个人所得税税率表二(个体工商户的生产、经营所得和对企事业单位的承包经营、承租经营所得适用)修改为(见表3):

表3　个人所得税税率表二(经营所得适用)

级数	全年应纳税所得额	税率(%)
1	不超过30,000元的	5
2	超过30,000元至90,000元的部分	10
3	超过90,000元至300,000元的部分	20
4	超过300,000元至500,000元的部分	25
5	超过500,000元的部分	30

注:本表所称全年应纳税所得额是指依照本法第6条的规定,以每一纳税年度的收入总额减除成本、费用以及损失后的余额。

此外，这次修订我国《个人所得税法》，还对个人所得税的征收管理做了一些新的规定和明确要求，增加一条有关内容："公安、人民银行、金融监督管理等相关部门应当协助税务机关确认纳税人的身份、金融账户信息。教育、卫生、医疗保障、民政、人力资源社会保障、住房城乡建设、公安、人民银行、金融监督管理等相关部门应当向税务机关提供纳税人子女教育、继续教育、大病医疗、住房贷款利息、住房租金、赡养老人等专项附加扣除信息"。

《关于修改〈中华人民共和国企业所得税法〉的决定》自 2019 年 1 月 1 日起施行，为了使纳税人尽快享受我国新《个人所得税法》带来的减免优惠，自 2018 年 10 月 1 日至 2018 年 12 月 31 日，纳税人的工资、薪金所得，先行以每月收入额减除费用 5000 元以及专项扣除和依法确定的其他扣除后的余额为应纳税所得额。

（六）修改完善我国《税收征收管理法》

《税收征收管理法》是我国税收征收管理的基本法律依据。2013 年 6 月 29 日第十二届全国人民代表大会常务委员会第三次会议对《税收征收管理法》进行第二次修改，自当日起施行。这次修改后的《税收征收管理法》，将税务登记审核由 30 日改为当日办理。原《税收征收管理法》规定，从事生产、经营的纳税人向税务机关申报办理税务登记的，税务机关应当自收到申报之日起 30 日内审核并发给税务登记证件。为了方便纳税人，简化登记程序，提高办事效率，修改后的《税收征收管理法》第 15 条规定，"税务机关应当于收到申报的当日办理登记并发给税务登记证件"。通过这次《税收征收管理法》修改，促进税收征管审批权力结构优化，进而推动政府职能向创造良好发展环境、提供优质公共服务、维护社会公平正义方向转变。税收征管审批改革的要点不仅在"减"，而且在于"精"；既要管得少，又要管得好。要把有限的税收征管资源，用在更关键的事项上，把政府的职能重心转变到为征管对象纳税人服务上。并以更优的内部结构，更高的办事效率，更好地保护纳税人的合法权益。

2015年4月24日第十二届全国人民代表大会常务委员会第十四次会议审议通过修改《税收征收管理法》,对我国《税收征收管理法》进行第三次修改,自当日起施行。这次修改的主要内容是,对原《税收征收管理法》增加一条新的规定,即该法增加第33条第1款"纳税人依照法律、行政法规的规定办理减税、免税"。同时增加该条第2款"地方各级人民政府、各级人民政府主管部门、单位和个人违反法律、行政法规规定,擅自作出的减税、免税决定无效,税务机关不得执行,并向上级税务机关报告"。

通过这次修改我国《税收征收管理法》,一是增加纳税人应当依法办理减税、免税的规定;二是增加各级人民政府、各级行政主管部门、单位和个人不得违法擅自作出减税、免税的决定,如果违法擅自作出减税、免税决定的,无法律效力;三是增加如果出现上述违法情况的,税务机关不得执行上述减税、免税的违法决定,并向上级税务机关报告有关情况。这次修改我国《税收征收管理法》的重点内容是依法规范减税、免税行为,禁止领导乱批优惠条子、乱开预算口子,擅自越权减免税,既不得征收"人情税",也不得征收"过头税",真正做到严格依法征税,依率计征,应收尽收。严格依法减免税管理,不仅对于严格依法执行税收优惠政策,全面落实税收法定原则,有着非常重要的促进作用,而且对于全面推进依法理财、依法治税,提升财税治理体系和治理能力现代化,有着非常重大的意义。

2016年2月6日国务院常务会议审议通过《税收征收管理法实施细则》,对我国《税收证收管理实施细则》进行第三次修改。修订的主要内容包括:对税务登记,账簿、凭证管理,纳税申报,税款征收,税务检查,法律责任等作出明确规定。

第二编

财税改革和法制建设40年的主要成就和经验启示

第六章　财税改革和法制建设40年取得的主要成就

第一节　紧密围绕财税改革，为改革开放保驾护航

一、财税改革的探索突破时期（发展有计划的商品经济时期）

在财税改革的探索突破时期，围绕对旧的财税体制进行调整和改革，财税法治建设取得突破性的进展，引导、促进以向企业减税让利、向地方放权为起点的财税改革，打破高度集中、统收统支旧的传统体制，引用物质利益原则激发各方面发展经济的积极性。

为了配合贯彻国家的对外开放政策，第一步先行解决对外征税的问题，从1980～1981年，第五届全国人民代表大会先后审议通过并公布了《中外合资经营企业所得税法》《个人所得税法》《外国企业所得税法》，先后开征了中外合资经营企业所得税、外国企业所得税和个人所得税。同时，对中外合资

企业、外国企业和外国人继续征收工商统一税、城市房地产税和车船使用牌照税。第五届全国人大常委会还于1981年、1983年分别修改了《外国企业所得税法》《中外合资经营企业所得税法》。1985年第六届全国人大常委会第七次会议通过了《关于授权国务院在经济体制改革和对外开放方面可以制定暂行的规定和条例的决定》,为了保障经济体制改革和对外开放的顺利进行,授权国务院对于经济体制改革和对外开放方面的问题,必要时可以根据我国《宪法》,在同有关法律和全国人大常委会的有关决定不相抵触的前提下,制定暂行的规定或条例,颁布实施,并报全国人大常委会备案。根据全国人大常委会的这个授权,国务院制定出台了一些有关涉外税收的暂行规定和条例,初步形成了一套大体适用的涉外税收制度,适应了我国对外开放初期引进外资,开展对外经济技术合作的需要,促进了我国经济的快速发展。

1984年第六届全国人大常委会第七次会议通过了《关于授权国务院改革工商税制发布有关税收条例草案试行的决定》,决定授权国务院在实施国营企业"利改税"和改革工商税制的过程中,拟定有关税收条例,以草案形式发布试行,再根据试行的经验加以修订,提请全国人大常委会审议。根据全国人大常委会的这个授权决定,国务院先后制定了产品税、营业税、增值税、资源税等的条例(草案)和城市维护建设税、集体企业所得税、城乡工商业户所得税、车船使用税、个人收入调节税、私营企业所得税、印花税等的暂行条例。上述一系列税收法律法规的制定出台,有力促进我国的"利改税"和工商税制改革,保障了财税改革的成果,工商税从改革前的7个税种发展到34个税种,初步建立了一套内外有别的,以流转税和所得税为主体,其他税种为辅助的新税制体系,突破了统收统支的财力分配关系,注重发挥税收多方面、多层次、多环节的经济调节作用,使我国的税制建设开始进入健康发展的轨道。

二、财税改革的攻坚创新时期(向社会主义市场经济体制转轨时期)

在财税改革的攻坚创新时期,围绕向社会主义市场经济体制转轨时期的财税改革,财税法治体系建设明显加快,有效保障财税宏观调控机制的建立健全,按照建设社会主义市场经济体制的要求,在充分发挥市场配置资源基础性功能的基础上,更好发挥财税宏观调控的重要作用。

为了建立适应社会主义市场经济体制的预算管理制度,规范预算行为,严格预算管理,加强预算监督,1994年全国人民代表大会审议通过了《预算法》,并从1995年起实施。我国《预算法》共有11章79条,主要内容包括预算原则、预算体制、预算管理职权、预算收支范围、预算编制、预算的审查和批准、预算执行、预算调整、预算的管理监督和法律责任等的规定。我国《预算法》的出台标志着我国预算法制建设取得了实质性的进展,预算管理逐步纳入规范化、法制化的轨道,对于规范政府预算行为,协调各种预算关系,严格预算监督,加强预算管理,起到十分重要的促进作用。1995年11月国务院颁布了《预算法实施条例》,1996年颁布了《关于加强预算外资金管理的决定》,作为我国《预算法》的配套法规,对《预算法》的具体条款进行了具体补充和诠释。初步建立了基本符合社会主义市场经济要求的预算管理法律制度,有力推进了我国依法理财、依法治税的进程。

为适应改革开放的需要,自20世纪80年代以来,按照循序渐进的特点,我国按不同的资金来源和所有制性质分别立法,实行不同的企业所得税制度。1991年将适用于外商独资企业和外国企业的两个所得税法合并为《外商独资企业和外国企业所得税法》,国务院将适用于国有、集体和私营企业等内资企业的所得税条例合并,于1993年12月13日颁布《企业所得税暂行条例》,从1994年起施行,形成内资企业、外资企业两套所得税制度。这从当时来看是必要的,对于吸引外商投资、维护国家权益、促进经济发展,起到了积极作用。

为了规范会计行为,保证会计资料真实、完整,加强经济管理和财务管理,提高经济效益,维护社会主义市场经济秩序,1985年第六届全国人大常务委员会第九次会议审议通过《会计法》,根据1993年第八届全国人大常务委员会第五次会议对《会计法》进行了修正。1993年第八届全国人大常委会第四次会议审议通过了《注册会计师法》。1999年第九届全国人大常务委员会第十二次会议重新修订了《会计法》,为规范会计工作,保障会计人员行使职权,发挥会计工作在市场经济中的作用提供了法律依据。1992年年底至1993年年初,先后制定颁布了《企业财务通则》和行业财务制度、《企业会计准则》和行业会计制度,促进了财务会计制度改革,完成了我国财会制度的模式转换,基本实现了我国会计制度与国际会计制度的接轨,确立了国际通行的会计平衡等式,科学反映企业资源的规模、结构和质量、企业债权和债务,为后来建立现代企业制度,合理界定企业资产,指导企业有效利用资源,推进财税改革提供了可靠依据。

三、财税改革的调整完善时期(构建社会主义公共财政框架时期)

在财税改革的调整完善时期,围绕公共财政框架建设,财税法治体系建设取得巨大成效,全国人大常委会先后制定了《政府采购法》《关于加强中央预算审查监督的决定》《企业所得税法》《企业国有资产法》等的重要法律,基本建成适应社会主义市场经济要求的财税法制体系,不仅在财税领域基本做到有法可依,为依法理财、依法治税创造了良好条件,而且在市场经济条件下促进政府调整与市场、与公众的关系,转变财政职能,财政重心转向宏观调控和公共服务,增强公共服务功能,优化公共资源配置。经过30年的财税法制建设,不仅对财税改革发挥了引导、促进和保障作用,而且有力促进了社会经济的协调快速发展,极大增强了我国的综合实力,我国财政收入由1978年的1100多亿元,增加到2007年的51,300多亿元,增长44.3倍,年均增长14.1%以上。

四、财税改革的初步完善时期(构建社会主义和谐财税时期)

在财税改革的初步完善时期,围绕落实科学发展观,改善财税宏观调控机制,构建社会主义和谐财税,加快财税法治建设,取得明显进展。为了巩固和发展国有经济,保护国有资产权益,防止国有资产流失,2008

年10月28日中华人民共和国第十一届全国人民代表大会常务委员会第五次会议审议通过《企业国有资产法》，自2009年5月1日起施行。我国《国有资产法》的制定实施，对于落实国有资产保值增值责任，维护国家基本经济制度，发挥国有经济在国民经济中的主导作用，促进社会主义市场经济发展，有特别重大的意义。

为了根据经济发展，调节国民收入，充分发挥个人所得税的调节作用，2007年12月29日第十届全国人大常委会第三十一次会议通过《关于修订〈中华人民共和国个人所得税法〉的决定》，对我国《个人所得税法》进行第五次修改，自2008年3月起将工薪所得的费用减除标准从每月1600元提高到2000元。2011年6月30日第十一届全国人大常委会第二十一次会议审议通过《关于修改〈中华人民共和国个人所得税法〉的决定》，对我国《个人所得税法》进行第六次修改，修改《个人所得税法》的主要内容有两个方面：一是将工薪所得税前减除费用标准由每月2000元提高至3500元；二是将工薪所得税率由9级超额累进税率修改为7级，扩大了低档税率的适用范围，并将第一级税率由5%降至3%。《关于修改〈中华人民共和国企业所得税法〉的决定》自2011年9月1日起施行。这次修改进一步降低了中低收入者的税负，适当增加了高收入者的税负。

为了有效解决我国内资企业与外资企业有别的两套企业所得税法、两套企业所得税制存在的问题，统一内外资企业所得税法，改革企业所得税制，2007年3月16日第十届全国人民代表大会第五次会议审议通过《企业所得税法》，统一内外资企业所得税制，自2008年1月1日起施行。为保证我国《企业所得税法》顺利实施，2007年12月1日，国务院常务会议审议通过了《企业所得税法实施条例》，并以国务院公布第512号令，公布了《企业所得税法实施条例》，自2008年1月1日起实施。实行统一规范的企业所得税制度，对于建立平等竞争的市场环境，增强内资企业市场竞争能力，促进国民经济健康发展，具有非常重要的意义。

为了精简优化车船税，统一内外资企业的车船税制度，根据我国经济发展水平和居民收入提高的客观实际，2006年国务院对《车船税暂行条例》进行了修订，将车船使用税与车船使用牌照税精简合并为车船税，自2007年1月1日起施行。修订的内容包括：缩小减免税的范围，调整现行税目，适当提高税率标准，并统一适用于内外资企业等。2011年2月25日第十一届全国人民代表大会常务委员会第十九次会议审议通过了《车船税法》，自2012年1月1日起施行。2011年12月5日国务院常务会议审议通过了《车船税法实施条例》，国务院发布第611号令予以公布。

为了合理利用我国土地资源，加强土地管理，保护现有耕地，在对我国耕地现实情况进行深入调查研究的基础上，针对耕地保护税对耕地保护作用弱化，存在征收范围偏窄、税收负担偏轻、税负不尽公平、部分征管不适应新形势等问题，2007年国务院对《耕地占用税暂行条例》进行了修订。修订的主要内容包括：提高税额标准；将外资企业纳入征收范围；从严控制减免税项目，取消了对铁路线路、飞机场跑道、停机坪、炸药库占地免税的规定，将占用林地、牧草地、农田水利用地纳入征税范围；同时明确了耕地占用税的征收管理。为了加强对土地的宏观调控，促进房地产市场的健康发展，促进税制的统一规范，使内外资企业在土地保有环节的税负公平，国务院对《城镇土地使用税暂行条例》进行了修订，于2007年1月1日起实施。修订的内容包括：调整城镇土地使用税税额幅度，将城镇土地使用税的征收范围扩大到外资企业。

为促进资源合理节约和高效利用，改进资源税计征方式，将资源从量计征改为从价计征，2011年9月30日国务院对《资源税暂行条例》作了修改，并以国务院令第605号当日公布，自当年11月1日起施行。为了配合增值税转型等的改革，国务院修订完善了《增值税暂行条例》和《消费税暂行条例》，废止了《营业税暂行条例》等。

五、财税改革全面深化时期（全面建设现代财税法治时期）

在财税改革全面深化时期，全面深化财税改革促进了全面财税法治建设，财税法治建设取得很大成效。为了全面深化预算体制改革，对我国《预算法》进行了全面修订。根据2014年8月31日第十二届全国人大常委会第十次会议《关于修改〈中华人民共和国预算法〉的决定》修正，自2015年1月1日起施行。新《预算法》全面贯彻党的十八大和十八届三中全会精神，充分体现党中央、国务院确定的财税体制改革总体要求，以及近年来财政改革发展的成功经验，同时也为进一步深化财税改革引领方向，在预算管理诸多方面取得了重大突破。与旧法相比，我国新《预算法》在预算管理制度、预算信息公开、预算控制方式、地方政府性债务管理、转移支付制度、预算支出约束等方面进行了重点修订。

为了保护和改善环境，减少污染物的排放，2016年12月25日第十二届全国人民代表大会常务委员会第二十五次审议通过《环境保护税法》，当日颁布，自2018年1月1日起实施。这是党的十八届三中全会提出"落实税收法定原则"要求后制定的第一部税法，对推进税制改革、完善税收立法具有重要的借鉴意义。

为了深化个人所得税制改革，全面修订我国《个人所得税法》。2018年6月22日《个人所得税法修正案（草案）》第一次提交第十三届全国人大常务委员会第三次会议审议，6月29日《个人所得税法修正案（草案）》在中国全国人大网公布，公开向社会征求意见。从《个人所得税法修正案（草案）》公布的情况来看，这次《个人所得税法》修订重点包括以下主要内容。一是将工资薪金、劳务报酬、稿酬和特许使用费4项劳动所得纳入综合征税范围；二是将综合所得的基本扣除标准由原先的3500元/月提高到5000元/月；三是将增加子女教育支出、继续教育支出、大病医疗支出、住房贷款利息和住房租金等专项扣除。

为了全面深化税制改革，全面落实税收法定原则，全面加快税收法治建设，全国人大常委会还先后制定出台《烟叶税法》《船舶吨税法》，修改完善《企业所得税法》《海关法》，国务院修改完善《进出口关税条例》。

第二节　建立社会主义财税法律体系，促进依法理财、依法治税

改革开放以来，特别是党的十四大以来，随着社会主义市场经济的持续快速健康发展，我国的财税立法工作取得了很大成就。据不完全统计，全国人民代表大会及其常委会制定了财税方面的法律和有关法律问题的决定30多件，国务院制定了财税方面的行政性法规300多件，省级人民代表大会制定了地方性法规3000多件，已经建成了适应社会主义市场经济体制要求的，以我国《宪法》为统率，以财税法律为主体，以相当数量的财税行政性法规和地方性法规为辅助的财税法律体系。财政方面的法律和规范性文件主要包括：《预算法》，全国人民代表大会常务委员会《关于加强中央预算审查监督的决定》，《政府采购法》《企业国有资产管理法》《会计法》《注册会计师法》等；税收方面的法律和规范性文件主要包括：《企业所得税法》《个人所得税法》《环境保护税法》《烟叶税法》《船舶吨税法》《税收征收管理法》，全国人民代表大会常务委员会《关于偷税、抗税犯罪的补充规定》和全国人民代表大会常务委员会《关于惩治虚开、伪造和非法出售增值税专用发票犯罪的规定》等。

上述财政税收方面的主要法律与其他经济法律法规相配合，在财政经济领域基本做到有法可依，不仅对于加快财政职能转变，加强财税宏观调控，增强公共服务功能，优化财税收支结构，促进社会经济可持续协调发展，有着非常重要的推动作用，而且对于促进依法理财、依法治税，推进依法治国、建设社会主义法治国家，促进国家治理能力和治理水平的现代化，有着极其重要的现实意义和深远的历史意义。

第三节 建立社会主义公共财政,促进经济社会持续协调发展

为了更好履行我国《宪法》赋予全国人大及其常委会的职责,贯彻依法治国的基本方略,加强预算的审查监督,规范政府的预算行为,充分发挥中央预算的重要作用,逐步建立符合社会主义市场经济发展要求的预算审查监督体系,1999年12月25日第九届全国人大常委会第十三次会议审议通过了《关于加强中央预算审查监督的决定》。该决定主要有以下特点:一是坚持从实际出发,立足中国国情,既要加强预算审查监督工作,又要具有可操作性;二是突出重点,针对预算中的突出问题加大审查监督力度;三是将我国《宪法》和《预算法》中有关预算审查监督的条文具体化,强调落实有关法律已由规定但尚未落实的内容。该决定的出台,对于加强和改善人大对预算的审查监督,促进程序性审查监督转向实质性审查监督,提高预算审查监督的质量和效果,严格预算管理,强化预算约束,促进财政职能的转变,加强财政公共服务功能等方面,起到了极其重要的作用。

为了规范政府采购行为,提高政府采购资金的使用效益,维护国家利益和社会公共利益,保护政府采购当事人的合法权益,促进廉政建设,2002年6月29日全国人大常委会审议通过了《政府采购法》,自2003年1月1日起施行。我国《政府采购法》的实施,被称为“阳光工程”,标志着我国政府采购工作进一步向规范化、法制化方向迈进,将政府采购置于严格的法律监管之下,不仅有效规范政府采购行为,提高政府采购资金的使用效益,我国政府采购资金的平均节约率在13%以上,而且对于维护国家利益和社会公共利益,保护政府采购当事人的合法权益,促进廉政建设,具有十分重要的意义和作用。

为了健全国有资产管理制度，堵塞国有资产流失漏洞，切实维护国有资产权益，保障国有资产安全，促进国有经济巩固和发展，2008年10月28日第十一届全国人大常委会第四次会议审议通过《企业国有资产法》，自2009年5月1日施行。我国《企业国有资产法》针对企业国有资产管理和监督中的突出问题，明确了监管的基本原则，健全了监管的体制机制，对关系出资人权益的重大事项，包括企业改制、资产评估转让等容易造成国有资产流失的环节，规定了严格的监管程序和要求。我国《企业国有资产法》的制定出台，对于维护国家基本经济制度，巩固和发展国有经济，优化国有经济布局和结构，推进国有企业的改革和发展，优化国有经济布局和结构，推进国有企业的改革和发展，加强企业国有资产管理，保障企业国有资产的保值增值，发挥国有经济在国民经济中的主导作用，促进社会主义市场经济发展，有着十分重要的现实意义和深远的历史意义。

为了促进财政职能的转变，健全规范公共财政管理，全国人大及其常委会制定《预算法》《政府采购法》《企业国有资产法》《会计法》《注册会计师法》《关于加强中央预算审查监督的决定》等财政方面的法律，国务院制定财政方面的行政性法规。为了全面深化预算体制改革，2014年8月31日第十二届全国人大常委会第十次会议审议通过《修改〈中华人民共和国预算法〉的决定》，对我国《预算法》进行全面修订，充分体现党中央确定的财税体制改革总体要求，以及近年来财政改革发展的成功经验，同时也为进一步深化财税改革引领方向，在预算管理诸多方面取得了重大突破。与旧法相比，我国新《预算法》在预算管理制度、预算信息公开、预算控制方式、地方政府性债务管理、转移支付制度、预算支出约束等方面进行了重点修订，保障预算管理体制改革的逐步深化，促进税费改革和“收支两条线”改革、部门预算改革、国库集中支付制度改革等的预算支出管理制度的改革，推进财政职能的转变，加快构建公共财政框架，调整财政支出结构，强化公共服务职能，加大对科教文卫、环境保护和社会保障等公共服务的投入,同时逐步退出一般性竞争领域,增加对农业、能源、交通等薄弱基础环节的投资,支持国家支柱产业和高新技术产业的发展,促进社会经济可持续协调发展。2017 年全国一般公共预算支出 203,085 亿元,比上年同比增长 7.6%。其中:教育支出 30,153.18 亿元,增长 7.4%;科学技术支出 7266.98 亿元,增长 10.7%;文化体育与传媒支出 3391.93 亿元,增长 7.2%;社会保障和就业支出 24,611.68 亿元,增长 15.0%;医疗卫生与计划生育支出 14,450.63 亿元,增长 8.2%;节能环保支出 5617.33 亿元,增长 18.6%;城乡社区支出 20,585.00 亿元,增长 11.9%。

第四节　调整优化税制结构,为经济社会发展提供物质保障

随着客观形势的发展变化,特别是新税制的实施和税收征管的改革,原有税收征管体系已经难于适应,我国《税收征收管理法》自身的不足也逐步显露出来,各种税收违法行为日益猖獗,偷逃骗税和反偷逃骗税斗争日益激烈,为了加强税收征管,迫切需要修订和完善《税收征收管理法》,2001 年 4 月第九届全国人大常委会第二十一次会议对《税收征收管理法》进行了第二次修订,审议通过了《税收征收管理法(修订案)》,自当年 5 月 1 日起施行。我国新《税收征收管理法》的颁布施行,对于打击税收违法行为,整顿规范市场经济秩序,进一步保护纳税人的合法权益,规范税务机关的执法行为,促进经济发展和社会进步具有非常重要的意义,是依法治国、依法行政、依法治税在社会主义市场经济条件下的新发展,为加强税收征管和依法治税提供了广阔空间和法律保障,体现了税收面向 21 世纪的发展方向,符合税收征管工作的实际需要,同时也对税收工作提出了更高的标准和要求。2015 年 4 月第十二届

全国人大常委会第十四会议对《税收征收管理法》进行了第三次修改。

进入21世纪以后，由于城镇居民的工资水平有了较大的提高，收入来源结构、消费支出结构和社会分配结构发生了很大变化，我国《个人所得税法》已不能适应新形势发展的需要，应当进行以扩大税基、调整税率、建立综合和分类相结合的税制为目标的改革。鉴于当时全面修改我国《个人所得税法》的条件还不够成熟，首先解决社会反响比较突出的问题，2005年第十届全国人大常委会第十八次会议审议通过《关于修改〈中华人民共和国个人所得税法〉的决定》，对我国《个人所得税法》进行第三次修改，将工薪所得的费用减除从每月800元提高到1600元，同时规定高收入者应当自行申报纳税，扣缴义务人应当办理全员全额扣缴申报，使税务部门更为准确地掌握税源、数额和结构，及时堵塞个人所得税的征管漏洞，有效防止税收收入的流失。2008年将工薪所得的费用减除标准从每月1600元提高到2000元。2011年第十一届全国人大常委会第二十一会议对《个人所得税法》进行了第六次修改，又将工薪所得的费用减除标准提高到3500元。

为了建立各类企业统一适用的科学、规范的企业所得税制度，根据科学发展观和完善社会主义市场经济体制的总体要求，按照"简税制、宽税基、底税率、严征管"的税制改革原则，借鉴国际经验，为各类企业创造公平竞争的市场环境，2007年3月全国人民代表大会第一次会议审议通过了《企业所得税法》，新的《企业所得税法》有以下六个亮点：一是实现了税法、税制、税率、税收优惠、税收征管5个统一；二是按照国际上通行的做法，居民企业承担全面的纳税义务，非居民企业承担有限的纳税义务；三是按照国际税制改革的发展趋势，考虑周边国家的税率水平，将所得税税率适当降为25%，在国际上保持适中偏低的水平；四是为了缓解我国新《企业所得税法》出台对部分老企业增加税负的影响，对原先享受法定税收优惠的企业实行过渡措施；五是为了规范企业所得税的征管行为，统一纳税方式，实行汇总计计算、缴纳企业所得税；六是为了防范各种避税行为,借鉴国际惯例,增加了特别纳税调整,强化了反避税手段,维护了国家利益。

为了适应国际税制改革“简税制、宽税基、低税率、严征管”的发展趋势,全国人大及其常委会制定和多次修订《个人所得税法》,2005年对工资薪金所得税前减除标准从800元提高到1600元,2008年提高到2000元,2011年又提高到3500元。2001年全国人大常委会对《税收征收管理法》进行了第二次修改,严格规范税收征管,加强主管部门的责任义务,减轻纳税人的纳税负担。2015年第十二届全国人大常委会第十四次会议又对《税收征收管理法》进行了第三次修改。2005年全国人大常委会通过了《关于废止农业税条例的决定》,在全国范围内废止农业税,进一步减轻农民的负担,这标志着对农民征收几千年的“皇粮国税”终于成为历史,并为统一城乡税制创造有利条件。2007年全国人民代表大会审议通过了统一的《企业所得税法》,结束了我国内外资有别的两套企业所得税制的历史,降低了内资企业的税负,增强了民族企业的发展后劲,并为内外资企业公平竞争创造良好的税制环境。2017年第十二届全国人大常委会第二十六次会议对《企业所得税法》进行了修改。

通过上述措施,不仅调整和优化税制结构,而且促进社会经济持续快速发展,2003年以来所得税占税收收入的比重明显提升,流转税占税收收入的比重有所降低,税收收入结构渐趋合理,流转税类税收收入占税收收入总额的比例由2002年的63.02%下降到2015年的50.85%;所得税类税收收入占税收收入总额的比例,由2002年的26.74%上升到2015年的28.62%。全国税收收入也由1978年的500多亿元增长到2017年的144,360亿元,增长287.7倍,年均增长15.2%;同时遵循加入WTO承诺,关税税率总水平由2001年15.4%,降至2004年的10.4%,2007年进一步降至9.8%,至2017年仍维持在9.8%的水平,2018年11月降至7.5%。2017年全国税收收入144,369.87亿元,同比增长10.7%;非税收入28,207亿元,同比下降6.9%。同年主体税种多数增长较快;国内增值税56,378亿元,同比增长8%,其中,改征增值税下降5.7%;国内消费税10,225亿元,同比增长0.1%;企业所得税32,111亿元,同比增长11.3%;个人所得税11,966亿元,同比增长18.6%;进口货物增值税、消费税15,969亿元,同比增长24.9%;关税2998亿元,同比增长15.1%;出口退税13,870亿元,同比增长14.1%;城市维护建设税4362亿元,同比增长8.1%;车辆购置税3281亿元,同比增长22.7%。在土地和房地产相关税收中,契税4910亿元,同比增长14.2%;土地增值税4911亿元,同比增长16.6%;房产税2604亿元,同比增长17.3%;城镇土地使用税2360亿元,同比增长4.6%;耕地占用税1652亿元,同比下降18.6%。

第五节　壮大国家综合实力,增强财税宏观调控能力

一、健全完善收入稳增机制,显著增强财政实力

通过一系列的财税改革,极大地调动了各方面的积极性,逐步健全了财政收入的稳定增长机制,有力促进了财政收入连年大幅增长,财政实力显著增强。1978～2007年全国财政收入从1132多亿元增加到51,321多亿元,增长了44.3倍,年均增长14.1%。其中,1978～1993年财政改革作为整个经济体制改革的突破口,率先实行了以放权让利为主要内容的各项改革。对企业实行了"利改税"、承包制、税利分流等多种分配形式,对地方政府则实行了各种形式的包干办法。财政收入占国内生产总值的比重由1978年的31.1%下降到1993年的12.3%。特别是1994年推行了分税制财政管理体制改革以后,初步理顺了中央与地方财政分配关系,调动了各级政府理财的积极性,基本形成了中央与地方财政收入稳定增长的机制,使财政收入保持了持续稳定的增长态势,从分税制前3年全国财政收入年均增长13.2%,到分税制改革后14年间全

国财政收入年均增长19.3%,高于改革前6%。1999年全国财政收入迈上万亿元台阶,2003年、2005年相继突破20,000亿元和30,000亿元大关,2007年突破50,000亿元大关。2017年全国一般公共预算实现收入172,592.77亿元,突破170,000亿元大关,比上年增长7.4%。

二、稳步提高两个"比重",增强财政宏观调控能力

实施分税制财政管理体制改革,明确了中央与地方收入范围,充分调动了各级政府支持经济发展、组织收入的积极性,"两个比重"出现了稳步提高的态势,全国财政收入占GDP的比重由1993年的12.3%稳步提高到2007年的20.6%,中央财政收入占全国财政收入的比重也由1993年的22%逐步提高到2007年的54.1%,改变了中央财政依靠地方上解的被动局面。与此同时,国家财政宏观调控能力显著增强。2016年全国一般公共预算收入159,604.97亿元,占GDP的比重为21.5%;中央一般公共预算收入72,365.62亿元,占全国一般公共预算收入的比重为45.3%。随着财政实力的增强和财力的适度集中,明显增强了国家财政宏观调控能力,有力地支持了社会保障、科技教育、农业、基础设施等社会各项事业的发展,为西部大开发战略、振兴东北老工业基地战略、中部崛起战略、农村税费改革等国家经济战略与重大经济改革提供了财力保障。

三、逐步理顺分配关系,调整优化收支结构

一方面,通过财税改革逐步理顺各方面的分配关系,财政收入结构也日益趋于合理,收入质量明显提高。从国家财政收入的来源来看,1978年全国财政收入1132.26亿元中有571.99亿元来自企业上交利润,占50.5%;各项税收519.28亿元,占45.9%。随着政府与国有企业分配关系的理顺,税收收入占财政收入的比重不断提高。2007年全国财政收入51,304.03亿元中税收收入45,612.99亿元,占88.9%。另一方面,合理调整财政支出范围,逐步优化支出结构。全国财政支出从1978年的1122.09亿元增加到2007年49,781.35亿元,增长了43.2倍,年均增长14.0%。特别是1998年明确提出建立公共财政体系的目标以来，财政支出不断向公共服务与民生等领域倾斜，呈现出从生产建设型向公共服务型转型特征。一是经济建设支出比重下降。1978年经济建设支出为718.98亿元，占财政支出总额的64.1%。2007年经济建设支出为13,820.08亿元，占财政支出总额的比重下降到27.8%，下降了36.3百分点。二是科教文卫支出比重提高。1978年科教文卫支出为146.96亿元，占财政支出总额的13.1%。2007年科教文卫支出为11,794.0亿元，占财政支出总额的比重提高到23.7%，提高了10.6百分点。三是国防支出比重下降。1978年国防支出为167.84亿元，占财政支出总额的15%。2007年国防支出为3554.91亿元，占财政支出总额的比重下降到7.1%，下降了7.9百分点。2017年全国一般公共预算实现支出203,085.49亿元，比上年增长7.6%，其中：教育支出30,153.18亿元，增长7.4%；科学技术支出7266.98亿元，增长10.7%；文化体育与传媒支出3391.93亿元，增长7.2%；社会保障和就业支出24,611.68亿元，增长15%；医疗卫生与计划生育支出14,450.63亿元，增长8.2%；节能环保支出5617.33亿元，增长17.8%；城乡社区支出20,585.00亿元，增长11.9%；农林水支出19,088.99亿元，增长2.7%。

第七章　财税改革和法制建设40年的基本经验和启示

第一节　总结认识财税改革的经验启示，明确现阶段财税改革的发展变化

一、40 年来我国财税改革的主要启示

回顾总结40年来我国财税体制改革的历程实践，给了我们许多方面的经验启示，主要有以下几个方面：

启示一，财税体制改革是一项重大而关键的基础性改革。这项改革涉及各领域、各方面、各层次的改革，财税体制改革牵一发而动全身。只有在我们党的正确领导下推进财税体制改革，才能保证改革方向正确、改革思路清晰、改革举措科学、改革效果良好。

启示二，财税体制改革是整体改革的重要内容。我国财税体制改革的一大特点，就是它始终作为整体改革的一个重要组成部分，始终与整体改革捆绑在一起，并服从、服务于整体改革的需要。在

经济体制改革初始阶段如此,改革攻坚也如此,进入全面深化改革新阶段更是如此。

启示三,财税体制改革要与经济体制改革协调配套。40年来,财税体制改革事实上存在着一条上下贯通的主线索,这就是伴随着由经济体制改革走向全面深化改革的历史进程,不断地对财税体制及其运行机制进行适应性变革:以“财政公共化”匹配“经济市场化”,以“财政现代化”匹配“国家治理现代化”,以“公共财政体制”匹配“社会主义市场经济体制”,以“现代财政制度”匹配“现代国家治理体系和治理能力”。这是我们从这一适应性改革历程中可以获得的基本经验。

启示四,国家治理现代化必然要求财政现代化。经济市场化必然带来财政公共化,国家治理现代化必然要求和决定着财政现代化;搞市场经济,就必须搞公共财政;推进国家治理现代化,就必须以建立现代财政制度作为基础和重要支柱。

二、明确现阶段财税改革的发展变化

党的十八大以来,以习近平同志为核心的党中央提出全面深化改革的顶层设计和总体规划,引领着新时代全面深化改革更为宏伟壮丽的新航程。作为经济体制、政治体制、文化体制、社会体制、生态文明体制等各领域改革和改进联动集成的全面深化改革,党的十八届三中全会通过《全面深化改革决定》将其总目标确定为“完善和发展中国特色社会主义制度,推进国家治理体系和治理能力现代化”。

这一变化带给财税体制改革最为深刻的影响,就是财政由一个经济范畴跃升为一个国家治理范畴,财税体制由经济体制的一个组成部分跃升为国家治理体系的一个组成部分。故而,跳出以往追随经济体制改革而定改革方案的思维范式,将财政与国家治理、财税体制与国家治理体系密切联系在一起,在国家治理的大棋局中谋划并推进财税体制改革。

在财税体制改革方面,就出现了一系列不同于以往的发展变化:

变化一,从适应和匹配经济体制改革到适应和匹配全面深化改革。

财税体制改革不再局限于适应和匹配社会主义市场经济体制要求,而同包括经济体制、政治体制、文化体制、社会体制、生态文明体制改革在内的所有改革进程紧密对接,致力于适应和匹配各个领域的改革联动、适应和匹配改革的总体效果、适应和匹配推进国家治理现代化的总体目标。

变化二,从立足于经济领域到立足于国家治理领域。财税体制改革不再局限于经济范畴、经济制度安排的简单思维,而是站在国家治理的高度,按照"财政是国家治理的基础和重要支柱"的定位,将财税体制作为全面覆盖国家治理全过程、各领域的综合性制度安排加以构建。

变化三,从追求"性质匹配"扩展至"现代化匹配"。财税体制改革不再局限于属性特征、单纯追求财税体制与社会主义市场经济的"性质匹配",而是由属性特征扩展至时代特征,追求财税体制与国家治理体系和治理能力的"现代化匹配",从现代财政文明出发,打造现代国家财政制度的一般形态——顺应历史规律、切合时代潮流、代表发展方向、匹配中国国情的现代财政制度。

上述变化标志着在初步实现"财政公共化"的基础上,与全面深化改革进程相伴随,我国财税体制改革进入了财政现代化的新阶段——建立现代财政制度。从这个意义来说,建立现代财政制度同构建公共财政体制框架一脉相承,其实质是推进建立在财政公共化基础之上的财政现代化。

第二节　必须坚持发展才是硬道理,促进经济社会持续协调发展

一、搞好财税改革和立法,必须围绕国家的中心工作

从本质上看,财税改革和立法都是为党和国家的中心工作服务的。因此,为了保证财税改革和立法具备正确的政策取向,无论是财税改革,还是财税立法,都必须紧紧围绕党和国家的中心工作。比如,在市场经

济体制转轨时期,财税改革和立法要紧紧围绕体制转轨,要有利于促进社会主义市场经济体制的建立。这就要求财税立法不仅要同财税改革相协调,而且要同改革开放进程相适应。立法要总结改革开放的经验,把实践证明是正确的东西用法律的形式肯定下来,使改革开放的成果得以巩固。但仅仅这样做还不够。还必须充分认识法律对社会经济发展的指导作用。应当通过法律来规范和指导改革开放的发展,依靠国家的力量排除改革开放中遇到的阻力,有力地推动社会主义市场经济体制的建立。对于一些应兴、应革的事情,要尽可能先制定法律后行动,要适当打破一点常规。对于立法中出现的不同意见,要注重立法协调及时解决,以利于加快立法步伐,尽量避免税收立法滞后于财税改革,滞后于改革开放,避免脱离党和国家中心工作需要的状况。在"四个全面建设"时期,要围绕财税改革和全面发展中的问题导向,深化财税体制改革,加快财税法治建设,促进财税制度机制的创新发展,推进国家治理体系和治理能力的现代化。

二、必须坚持发展是硬道理,促进经济持续协调发展

社会主义的根本任务是发展生产力。改革的根本目的是促进生产力的发展,指导改革、衡量改革的标准也是发展的。因此,必须坚持"发展是硬道理",是"第一要务",全面贯彻落实科学发展观,推进财税改革,促进经济又好又快发展。为此,必须从我国实际出发,借鉴西方市场经济发达国家实行公共财政的成功经验,界定调整政府与市场、政府与企业、政府与社会、中央与地方的关系,转变财政职能,主要承担基础设施、基础产业的投入,退出一般性、竞争性的投资领域;集中财力用于调整经济结构、加大科技教育的投入;除了保证国家机器正常运转的合理需要以外,不断提高财政用于环境保护、社会保障、改善民生等公共服务支出的比重。从财政改革的发展方向来看,按照有利于推进经济、政治、文化和社会的协调建设,有利于消除"瓶颈"制约、产业结构的调整优化,有利于促进财力的总量与结构均衡、各类分配关系的协调的总体要求,逐步建立新的财政发展模式。即建立一种具有稳定与发展统一，总量与结构均衡，激励与约束兼容，直接调控与间接调控配合，开放度广、服务性强、权威性高等特点的新财政发展模式。由于这种模式开源与节流并重，公平与效率兼顾，财权统分适度，才能有效发挥其运行中的最大效应，真正促进经济高质量、可持续、协调发展。

第三节　必须增强大局观念和责任意识，正确处理改革发展与财政承受能力的关系

一、搞好财税改革和立法，必须增强大局观念和责任意识

无论进行财税体制改革，还是起草制定财税法律，一定要从全局出发，从维护国家和人民的根本利益出发，避免不适当地强调局部的、部门的、地方的利益和权力。部门之间、地方之间互相扯皮，不仅会影响财税改革的顺利进行，贻误财税法律的制定出台时机，而且还会阻碍全国统一开放市场的形成和健全。发展社会主义市场经济，必然要打破行政权力划分的传统格局，打破地方封锁和行业垄断。财税改革和立法，既要有利于促进统一开放的大市场的形成和健康有序运行，又要有利于促进政府转变职能，重点转向宏观调控、市场监管、社会管理和公共服务上来，有利于建立健全适应社会主义市场经济发展要求的现代财税制度。

现阶段财政作为国家治理的基础和重要支柱，一要充分发挥财政优化资源配置、维护市场统一、促进社会公平、实现国家长治久安的制度保障功能。二要在国家治理过程中，充分发挥财政的基础作用和支撑作用，通过制度创新和政策优化设计，服务和保障国家的发展战略和改革方向，理顺经济与社会、计划与市场、中央与地方等的重大关系，有效发挥中国特色社会主义制度的优势。三要按照全面推进依法治国的要求，严格依法理财、依法治税，促进国家治理体系和治理能力的现代化。四

要全面构建匹配现代国家治理的财政运行新格局，按照“四个全面”战略布局的要求，促进创新、协调、绿色、开放、共享发展理念的贯彻落实。

二、必须坚持统筹兼顾的基本要求，正确处理各方面的分配关系

社会生产力的发展，必须与生产关系相适应；生产关系不相适应的部分必须加以调整。作为调整生产关系不适应部分的改革，必须通过利益关系的调整和变革来实现。财政作为国民收入分配的主要渠道，正确处理各方面的分配关系是财政的重要职责，不仅要尽力而为以支持整个改革开放和现代化建设事业，而且要通过深化财税改革，不断发展壮大自己，建立稳固、平衡、强大的财政。为此，财政改革必须遵循统筹兼顾的基本要求，围绕财权的适度集中、财力的适度分散，逐步形成中央财权相对集中、中央和地方财力与其事权相匹配的财政体制。

财权必须适度集中，这是由中国市场经济的“社会主义特色”和社会主义的“初级阶段”的国情所决定的，也凸显现代社会经济中宏观调控的地位和作用。财力必须适度分散，这不仅是为了调动地方的积极性，而且是为了使地方财力与其事权相匹配。如分税制财政体制设计的指导思想：一是正确处理中央和地方的分配关系，既要适当提高中央财力，以增强中央政府的宏观调控能力，又要考虑地方的利益，以调动地方发展经济壮大财力的积极性；二是合理调节地区之间的财力分配，既要有利于经济发达地区继续保持较快的发展势头，又要通过中央财政对地方的税收返还和转移支付，支持经济欠发达地区的发展和老工业基地的改造振兴等；三是坚持统一政策与分级管理相结合的原则。如划分税种既考虑中央与地方的收入分配，又考虑税收对经济发展和社会分配的调节作用，还要考虑税收管理的特点与需要。但需要强调的是，这种财权的适度集中与财力的适度分散，必须依据当时国内外情况的变化、国家发展的战略重点需要、宏观调控的重点目标需求而定。

现阶段正确处理中央与地方财政关系的改革方向，应当是构建“财权与事权相适应，财力与事权相匹配，事权和支出责任相适应”财政机制。总之,统筹兼顾是贯彻科学发展观的根本方法,统筹兼顾的关键要求在适度上。回顾财政体制改革40年的历程,就是如何统筹兼顾中央与地方、国家与企业、国家与个人的利益分配关系的历程,就是处理全局与局部、长远和眼前的利益关系的历程。只有正确处理各方面的分配关系,统筹兼顾各方面的利益,才能调动各方面的积极性,才能最大限度地解放和发展社会生产力,才能全面建成小康社会,实现中华民族伟大复兴的中国梦。

三、必须坚持量力而行的原则,正确处理改革发展与财政承受能力之间的关系

财政改革既要有利于发展生产力、发展社会经济,又要有利于发展国家财政、壮大国家综合实力。换言之,就是要促进财政"蛋糕"不断做大。这既是由财政与经济的关系所决定的,也是由财力与国家实力相互关系所决定的。我国财政改革40年来,财政为支持国企改革、支持投资改革、支持科技教育卫生等改革、支持"三农"和民营经济发展而进行了一系列改革。由于投入改革和建设的资金与取得财政增收收入的改革效应之间有个时间差,加之为"熨平"经济周期波动而实施宏观调控,财政往往要发生短期的扩大支出等,如实施积极财政政策,势必扩大财政赤字,增加财政平衡的难度。为此,财政改革必须始终坚持正确处理改革发展大局与财政承受能力之间的关系。如在坚持财政收支平衡方针的同时,实行紧中有活的政策,从保障全局性的需要出发,允许在中央预算中安排一定的赤字,并努力控制赤字数额;为了应对亚洲金融危机,确保我国经济安全持续健康发展,而实施的积极财政政策,从源头确保财政发展的基础,并从发展的趋势上控制赤字的规模;把保持财政平衡与深化改革结合起来,促进企业转换经营机制,提高效益,从而增加财政收入;适当调整分配政策,开辟新财源,调动各方面的积极性,努力增收节支等。

财政改革不仅要处理好改革发展需求与财政承受能力的关系,而且要通过不断深化财政改革尽可能地支持各方面的改革与发展。如通过财税改革,为企业经营创造一个公平竞争的良好环境,并引导企业转换经营机制,提高经济效益,打牢经济发展的根基;通过税收征管制度改革,强化税收征管,堵塞收入流失,增加财政收入;通过改革,调整和优化财政支出结构,压缩行政经费等开支,保证国家重点建设支出,支持农业生产支出、教育科学支出等事关国家发展大局和发展重点的开支;通过改革,拓宽理财领域,适当举借内外债,合理引导社会资金的流向,使之用到国家急需发展的产业和重点项目上来,以便缓解国家财政资金的紧张状况,提高财政资金的使用效益。

目前财政要积极支持中央2016年年初提出的供给侧改革,积极支持"去产能、去库存、去杠杆、降成本、补短板"五大任务,积极支持治理产能过剩,弥补产能不足,充分发挥财政在解决供需矛盾,调整产业结构,转变经济发展方式,真正启动内需等方面的优势,为国民经济持续健康发展提供持久的动力。

第四节　必须坚持系统论的科学方法,搞好财税改革顶层设计并与外部改革协调配套

一、必须坚持系统论的科学方法,搞好财税改革顶层设计

财政改革必须坚持系统论的思想方法,坚持顶层设计、整体规划、逐步推进、配套改革的原则。由于改革没有既定模式,没有坦途,更没有现成答案。因此,必须审时度势、权衡利弊、渐行推进。不仅要有顶层设计、整体规划方案,而且要分阶段逐步推进,进行配套改革。不仅在综合性的财政改革中,预算体制改革要与企业财务体制改革、税制改革等的改革协调配套,在综合性的税制改革中,各种税制包括企业所得税制、个人所得税制、增值税制、消费税制、营业税制等的改革协调配套,而且在

单项财税体制改革中，如分税制财政体制改革，也要借鉴国外经验，从我国实际出发，在明确改革目标的基础上，搞好规划方案，抓住重点，分步实施，进行配套改革，逐步完善有关措施，尽量规范管理办法。针对收入流失比较严重的状况，国家通过划分税种和分别征管堵塞漏洞，保证财政收入的合理增长；优先划分好主要税种，逐步规范其他收入的划分；作为过渡办法，地方的补助、上解和有些结算事项继续按原体制运转；逐步提高中央财政收入占全部财政收入的比例，逐步进行对地方利益格局的调整。总之，通过渐进式改革逐步把分税制基本框架建立起来，进行协调配套改革，并在实践中不断加以完善。又如，目前进行的房地产税改革，不仅涉及的税种很多，涉及土地增值税、房产税、城镇土地使用税、耕地占用税，而且涉及的利益主体更多，既涉及国家、集体、个人的利益分配，又涉及中央财政与地方财政的分配关系，包括中央财政、省级财政和县级财政的利益分配。因而这项房地产税改革牵一发而动全身，改革任务非常繁重而又艰巨。为了使房地产税改革顺利推进，必须把房地产税改革纳入财税改革顶层设计，并与其他财税改革协调配套，促进房地产税新旧税制的科学转换、顺利衔接和平稳过渡。

二、以系统论为指导思想，搞好财税改革及其与外部的配套改革

整个经济体制改革是一项极其复杂、非常庞大的系统工程。各项改革是相互联系的，单项改革突进往往难以奏效，必须综合配套进行。从以往改革情况看，由于财政体制改革在整个经济体制改革中处于非常重要的地位，它与其他各项改革配套进行格外重要。这是由于国家财力对其他方面改革有着不容忽视的制约作用，超越国家财力可能而进行的改革是难以成功的。各项体制改革的进行要与财政体制的改革协调配套，这些改革的效益最终都要反映到财政上来。因而财政体制改革既不能超前，也不能滞后，在积极推进财税自身改革的同时，主动搞好与其他各项体制改革的协调配套，以便形成整体合力，提高改革的综合效应。我国改革开放40年的历程证明，凡是与其他体制改革协调配套的财税改革,成功的概率就高,取得的成效就大,反之亦然。目前存在的许多深层次矛盾与问题,也有待于不断深化配套改革加以解决。党的十七大以后,我国财政体制改革要围绕推进公共服务均等化和主体功能区建设,完善公共财政框架体系;科学界定财政职责与职能,建立并完善公共财政的支出体系和收入体系,构建公共财政的宏观调控体系和建立科学规范的公共财政管理体系;同时,深化预算制度改革,强化预算管理和监督,健全中央和地方财力与事权相匹配的预算体制,加快形成统一、规范、透明的财政转移支付制度,提高一般性转移支付规模和比例,加大公共服务领域投入;实行有利于科学发展的财税制度,建立健全资源有偿使用制度和生态环境补偿机制,建设以民生为重点、以协调发展为标志的和谐财政,促进社会经济又好又快发展。

现阶段围绕党的十八届三中全会提出的全面深化财税体制改革,建立现代财政制度,重点搞好三项改革:一是改进预算管理制度,实施规范、公开、透明的预算制度;二是深化税收制度改革,完善税收制度;三是建立事权和支出责任相适应的制度,理顺中央与地方收入划分。这三项改革既是整个财税改革的重要组成部分,是一个有机整体,又相对独立、各有侧重,必须运用系统论的科学方法,搞好三项改革的顶层设计、整体规划、分项改革、逐步推进、协调配套,才能取得改革预期的良好效果。

第五节 必须根据我国国情吸收借鉴国外经验,为改革开放、财税改革保驾护航

一、财税立法必须根据我国国情,吸收借鉴国外经验

无论是财税改革,还是财税立法,都必须一切从实际出发,从我国国情出发,但这并不排除我们借鉴国外的成功经验。凡是国外财税改革和立法中比较成功的、又适合我国目前情况的经验成果,我们都可以大胆

借鉴;凡是他们走过的改革弯路和立法的失败教训,我们都应当认真借鉴,避免前车之鉴。有些适合我国国情的、又具有某些共性的法律条文,可以借鉴移植,在实践中不断充实、加以完善。市场经济是开放型经济,特别是在经济全球一体化发展趋势下,我国有关市场经济的一些财税法律,需要同国外的有关法律特别是国际惯例相衔接。这样不仅有利于加快我国市场经济立法步伐,完善有中国特色市场经济法律体系,还有利于我国法律与国际惯例接轨,促进我国经济与国际经济的发展接轨,参与国际经济竞争。

二、财税立法必须配合改革开放、为财税改革保驾护航

改革开放以来,特别是党的十四大以来,随着社会主义市场经济的发展,我国的财税立法工作取得了很大成绩,初步形成了适应社会主义市场经济体制要求的,以我国《宪法》为统率,以财税法律为主体,以相当数量的财税行政性法规和地方性法规为辅助的财税法律体系框架,不仅对于推进依法理财、依法治税,规范财税管理监督,优化财税收支结构,严格财经秩序,促进社会经济可持续协调发展,起了十分重要的推动作用,而且充分发挥了财税法制建设对于财税改革的引导作用、促进作用和保障作用,强化财税宏观调控能力,加快公共财政建设,增强公共服务功能,促进财税职能的根本转变,配合改革开放,为财税改革保驾护航。现阶段要按照党的十八届四中全会《全面推进依法治国决定》提出的要求,加强重点领域立法,围绕建立现代财政制度,搞好预算制度改革、税收制度改革和中央与地方财政体制改革三项重大改革,重点开展财税立法:全面修改完善预算法律制度,制定中央与地方财政关系法,全面修改完善税收法律制度,包括修订我国《个人所得税法》、完善《税收征收管理法》、加快制定房地产税法等,全面落实税收法定原则。

第六节 必须加强社会主义财税法理研究，注重民主立法、科学立法

一、搞好财税法制体系建设，必须加强财税法理研究

财税立法是一门新兴的综合科学，既涉及财政税收的基本理论、有中国特色社会主义的理论，又涉及法学的基本理论和立法学理论。搞好财税立法，不仅要加强财政税收理论和社会主义市场经济理论的研究，而且要加强社会主义法学基本理论和立法学理论的研究。加快财税法律制度建设，构建中国特色社会主义财税法律体系，必须以科学的法学理论作为指导，加强财税法理研究，建立和发展中国特色社会主义财税法学理论，并用科学的法理指导财税立法的具体工作，这样才能使制定出来的财税法律规定符合中国特色社会主义的发展方向，体现人民群众的意志和利益，才能建立科学、系统、协调、开放的社会主义财税法律体系，为促进“四个全面”建设做出应有的贡献。

二、提高财税立法质量，必须注重民主立法、科学立法

财税立法应当充分发扬民主，认真听取各方面的意见特别是不同意见，在广泛发扬民主、深入比较研究的基础上进行分类梳理、归纳对比、科学决策，坚持从群众中来，再回群众中去，反复用实践来检验，使财税立法充分反映人民的意志和各方面的客观实际，不断提高立法的质量和效率。一是制定财税立法规划，应当广泛听取有关各部门、各方面的意见，集思广益，善于吸收宝贵的意见和有益的建议；二是组织财税法律起草班子，应当尽可能地吸收各有关方面的人员和专家学者参加，组成由立法机关、有关部门和专家学者三结合的立法班子，充分发挥专家学者在财税立法中的重要作用；三是开展财税立法工作，应当讲究财税立法方法，注重科学的立法技术，特别是加强和改善立法协调，对于立法中的

重大问题及其重大分歧意见要适时报告高层领导，由高层有关领导及时会商协调、决策解决，以免争论不休、久拖不决，加快财税法制建设，提高财税立法质量。

第三编
对深化财税改革和法制建设的展望和建议

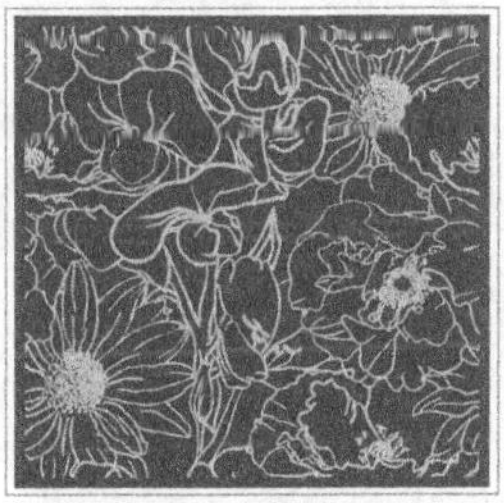

第八章　对我国财税改革的展望

2013年11月12日党的十八届三中全会通过的《全面深化改革决定》提出"全面深化改革的总目标是完善和发展中国特色社会主义制度,推进国家治理体系和治理能力的现代化",又强调:"财政是国家治理的基础和重要支柱,科学的财税体制是优化资源配置、维护市场统一、促进社会公平,实现国家长治久安的制度保障。必须完善立法、明确事权、改革税制、稳定税负、透明预算、提高效率,建立现代财政制度,发挥中央与地方两个积极性"。① 全面深化财税改革,建立现代财政制度,是现阶段党中央立足我国全局、面向未来提出的重要战略思想,是科学把握现代国家发展规律做出的重大决策部署,抓住了我国改革开放的关键环节,对于完善中国特色社会主义制度、全面建成小康社会,实现中华民族伟大复兴的中国梦,具有重大而又深远的

---

① 《中共中央关于全面深化改革若干重大问题的决定》(第1版),人民出版社2013年版,第19页。

意义。

深化财税体制改革,建立现代财政制度,需要正确处理以下几个方面的关系:一是处理好当前利益和长远利益的关系,既要解决当前存在的突出问题,又要注重构建有利于科学发展的财税体制机制;二是处理好积极推进改革与保持经济稳定发展的关系,坚持以改革促发展,通过发展生产力解决发展中的突出矛盾和问题,确保经济持续协调发展;三是处理好中央与地方的关系,充分调动两个积极性;四是处理好改革总体设计和分步实施的关系,在确定改革方向、增强协调的基础上,准确把握各项措施出台的时机、力度和节奏;五是处理好财税改革与相关配套改革的关系,各项改革协同推进,确保改革全面成功、取得实效。目前我国已经进入全面建设小康社会的决定性阶段,面临前所未有的发展机遇和风险挑战,从目前到今后一个阶段,为了落实“四个全面”战略部署,围绕深化财税改革,建立现代财税制度,重点进行下述三项改革。

第一节　深化预算管理制度改革

在社会主义市场经济条件下,财政职能的范围主要包括:一是有效配置公共资源,提供市场机制难以有效提供的公共产品和服务,包括行政、国防、义务教育、基础科学、公共卫生、环境保护和基础建设等;二是调节收入分配,运用财政政策工具,从宏观上理顺分配关系,调控收入分配,缩小收入分配差距,均衡区域公共服务水平,兼顾公平与效率;三是促进经济稳定增长,实施对宏观经济调控的财政政策,调整产业结构,保证充分就业,防止通货膨胀,促进经济可持续协调发展。现代预算制度是现代财政制度的基础。预算编制科学完整、预算执行规范有效、预算监督公开透明是现代预算管理制度的核心内容。现阶段围绕深化预算制度改革,建立现代预算管理制度,重点推进以下几个方面的改革：

一、实施全面规范的预算公开制度

党的十八届三中全会《全面深化改革决定》指出，“实施全面规范、公开透明的预算制度”。预算公开透明的本质是国家预算的法定、政府行为的公开透明，不仅是建设阳光政府、法治政府，依法行政、依法理财、防范财政风险的需要，而且是人大加强预算审查监督，提高审查监督质量和效果的需要。推行预算公开，要借鉴国际经验，从我国的实际情况出发，注重顶层设计，明确实施步骤，积极稳妥地加以推进。逐步扩大公开范围，细化公开内容，不断完善预算公开机制，加强人大对预算的审查监督，强化预算公开的监督检查，逐步实施全面规范、公开透明的预算制度。

二、改进年度预算控制方式

党的十八届三中全会《全面深化改革决定》明确提出，“审核预算的重点由平衡状态、赤字规模向支出预算和政策拓展”。长期以来，我国传统的预算审查批准主要包括预算收入、预算支出和收支平衡三个方面的内容，其核心是收支平衡，而不是支出规模和政策。这在客观上容易带来预算执行的“顺周期”问题，即在经济紧缩下行时，为了完成收入任务，有些财税部门可能收“过头税”，造成经济“雪上加霜”；而在经济过热时，有些财税部门完成收入任务后又容易收“人情税”，搞“藏富于民”，该收不收，造成经济更加过热。这种状况既不利于依法理财、依法治税，又会影响政府“逆周期”的宏观调控政策效果。因此，审核预算的重点要向支出预算和政策拓展。与此同时，收入预算将从约束性转向预期性。这是我国审查监督预算制度的重大改革，不仅有利于加强人大对预算的审查监督，而且有利于改善财税宏观调控，促进依法理财、依法治税。

三、建立跨年度预算平衡机制

党的十八届三中全会《全面深化改革决定》指出，“建立跨年度预算平衡机制”。经济发展有一定的连续性，相应的预算也应有一定的连续性。特别是在审核预算的重点向支出预算和政策拓展,收入预算将从约束性转向预期性后,年度预算执行结果可能出现年度预算不平衡状态,即年度预算执行出现超赤字。为了保证预算的连续性,要建立跨年度预算赤字弥补机制。为了确保财政发展的可持续性,全国年度财政赤字总规模应设置一定的警戒线,如国际上通行的警戒线是年度财政赤字占GDP的比重不超过3%。为了实现跨年度预算平衡,还要抓紧实行中期财政规划管理,可先编制财政三年滚动规划,实现逐年更新滚动管理,逐步强化三年滚动规划对年度预算的约束性,增强宏观政策的前瞻性和财政发展的可持续性。

四、清理规范重点支出挂钩机制

党的十八届三中全会《全面深化改革决定》明确提出,"清理规范重点支出同财政收支增幅或生产总值挂钩事项,一般不采取挂钩方式"。据有关统计,目前与财政收支增幅或GDP挂钩的重点支出涉及7类15项规定。其中,由相关法律规定的支出挂钩机制包括教育、科技、农业3个领域,由国家中长期规划和中央政策文件规定的挂钩机制包括文化、医疗卫生、社会保障、计划生育4个领域。2012年仅财政安排的上述7项与财政收支增速或国内生产总值挂钩的重点支出即占全国财政支出的48%。支出挂钩机制在特定发展阶段曾为促进上述领域事业发展发挥了积极作用,但也导致财政支出结构固定僵化,肢解了各级预算安排安排,加大了政府统筹安排财力的难度,而且也不符合社会事业发展规律,容易引发攀比、敞口花钱等问题。这是造成专项转移支付项目过多,预算内容无法公开,资金投入重复低效的重要原因。重点支出一般不采取挂钩机制,有利于增强财政投入的针对性、有效性和可持续性,有利于统筹兼顾各项支出,确保重点支出投入的需要。

五、规范完善转移支付制度

我国的转移支付制度主要包括一般性转移支付和专项转移支付两种形式。一般性转移支付主要解决基本服务均等化问题,专项转移支付主要解决外部性、中央与地方共同支出责任和实现中央特定目标等问题。目前我国的转移支付制度不够规范完善，尤其是专项转移支付项目繁杂、资金分散、配套过多，影响政策目标的实现和重大改革的实施的效率。目前我们要按照《全面深化改革决定》提出的要求，改革完善转移支付制度：一是完善一般性转移支付增长机制。要尽快改革目前的财政转移支付办法，以公共服务均等化为目标，按照科学合理的"因数法"，采用规范化、公式化的计算方法，测算出标准收入和标准支出及其差额，并根据各地的实际情况，核定各地转移支付的规模，尽快健全规范转移支付办法，减少转移支付的随意性，提高透明度。二是增加一般性转移支付规模和比例，重点增加对革命老区、民族地区、边疆地区、贫困地区的转移支付，以增强地方政府自主使用财力的能力和欠发达地区财政的"造血"功能，促进区域社会公共服务均等化。三是清理、整合、规范专项转移支付项目。大力压缩专项转移支付规模和项目，归并重复交叉项目，逐步取消竞争性领域专项和地方资金配套，严格控制引导类、救济类、应急类专项，对保留的专项进行甄别，属于地方事务的项目，划入一般性转移支付，并根据经济社会发展情况及时清理专项转移支付项目。四是尽快制定财政转移支付法，促进财政转移支付的规范化、法制化，逐步实现社会公共服务均等化，促进区域经济协调发展。

第二节　深化税收制度改革

税收收入是国家财政收入的主要来源，税收制度是国家财政制度的重要组成部分，是国家治理的基础和重要支柱。党的十八届三中全会《全面深化改革决定》指出："完善税收制度。深化税收制度改革，完善地方税体系，逐步提高直接税比重。推进增值税改革，适当简化税率。调整消费税征收范围、环节税率，把高能耗、高污染产品及部分高档消费品纳入征收范围。逐步建立综合与分类相结合的个人所得税制。加快房地产税立法并适时推进改革，加快资源税改革，推动环境保护费改税。”①现阶段深化税制改革的总目标是，按照上述决定的总要求，改革税收制度，优化税制结构，推进依法治税，理顺国家、集体、个人之间的分配关系，在保持宏观税负总体稳定的基础上，充分发挥税收筹集财政收入、调节收入分配、促进结构优化的职能作用。深化税制改革的政策取向：一是优化税制结构。调整直接税与间接税的比例，逐步提高直接税的比重。二是完善地方税体系。在科学划分中央税、共享税和地方税的基础上，合理配置各级政府税收收入配置权，健全地方主体税种，调动地方组织收入的积极性。三是推进依法治税。为了全面贯彻落实税收法定原则，要加快税收立法步伐，特别是加快重点税收实体法的立法进程，将一些比较成熟的税收暂行条例，通过法定程序尽快上升为法律，全面推进依法治税。根据上述决定对税制改革的具体要求，现阶段深化税制改革的重点包括以下几项主要任务。

一、进一步发挥消费税的调节功能

随着经济社会发展和居民消费水平的提升，我国现行消费税制度越益明显存在征收范围过窄、课税环节单一、税基偏小、税率结构不合理等问题，迫切需要进行改革。消费税改革的重点是，适应当前经济社会发展和居民消费水平的变化，适当扩大消费税的征税范围，将一些高耗能、高污染产品和部分高档消费品纳入征税范围；调整征收环节，弱化政府对生产环节税收的依赖，促进解决重复建设和产能过剩问题，努力提升经济发展质量；调整部分税目，进一步发挥消费税的调节作用。

二、加快资源税从价计征改革

我国资源税主要采取从量定额计征方式，税额标准自1994年以来

---

①《中共中央关于全面深化改革若干重大问题的决定》(第1版)，人民出版社2013年版，第20页。

没有变化，税负水平明显偏低，难以发挥促进资源节约和环境保护的作用，迫切需要进行改革。重点是推进煤炭等重要矿产品资源税的从价计征改革，清理取消相关收费基金，适当提高其他仍实行从量计征的资源税的税额标准，适应生态文明建设需要，逐步扩大资源税征收范围，更好发挥资源税的调节作用。

三、建立综合与分类相结合的个人所得税制度

个人所得税是筹集财政收入、调节收入分配的重要税种，我国《个人所得税法》自实施以来，由于受到征管配套条件的制约，缺乏个人资产信用等信息征集系统，一直实行分类税制征收模式，难以体现量能负担原则，难以有效发挥调节收入分配的作用。从国际税制发展趋势来看，个人所得税制应当向综合征收税制的方向发展。但从我国目前现实情况和税收征管条件来看，实行综合征收的工作量多、难度大、成本高。为了尽快扭转我国收入分配差距扩大趋势，加大对收入分配不公的调节力度，要全面修改个人所得税制，建立与物价上涨联动机制，完善税前基本扣除；适当合并精简相关税目，实行综合与分项相结合的个人所得税模式，并课以超额累进税率，拉开档次、级距和税率，加大对高收入的调节力度；加快健全个人所得税有关的信息征集系统，完善有关的征管配套措施，为顺利推进个人所得税制改革，充分发挥个人所得税的职能作用创造有利条件。

四、加快房地产税改革

房地产税是世界上大多数国家普遍征收的一个税种，并已成为地方政府的主体税种。推进房地产税改革，不仅是促进我国房地产业健康发展的客观需要，而且是加大对收入分配差距调节力度的迫切要求。党的十八届三中全会《全面深化改革决定》指出："加快房地产税立法并适时推进改革。"加快房地产税改革，不仅有利于引导住房合理消费，促进节约集约用地，而且有利于合理引导市场预期，促进房地产市场形成健康发展的长效机制；不仅有利于加大对高收入的调节力度，缓解社会分配不公矛盾,而且有利于构建地方主体税种,可为地方政府提供持续、稳定的收入来源。现阶段加快房地产税改革,一要将房地产税改革纳入财税改革顶层设计,以完善房地产税为基本目标;二要把房地产税成为地方主体税种,完善地方税体系作为改革主攻方向;三要顺应国际税制改革的发展趋势,房地产税改革遵循"拓宽税基、简并税种、降低税率、严格征管"的原则;四要对不同类型的房地产实行差别税率,促进资源有效利用和税负公平;五要做好房地产税改革相关税费的信息收集和数据测算,促进新旧税制的顺利衔接和平稳过渡。

五、适时开征社会保障税

党的十八届三中全会《全面深化改革决定》提出:"完善以税收、社会保障、转移支付为主要手段的再分配调节机制,加大税收调节力度。"①全面建设小康社会,必须切实保障人民群众安居乐业、无后顾之忧。为了切实保障人民群众的基本生活,健全完善社会保障制度,应当适时开征社会保障税,以严格规范的税收征管办法取代社会保障费征集办法,切实保证社会保障基金的高效征收和稳定来源,有效保障社会保障资金的专款专用和严格监管,促进社会保障资金的有效使用和社会保障制度的健全完善,确保人民群众的基本生活无忧无虑。这不仅是全面落实上述决定、完善税收制度的重大成果,而且对于健全完善社会保障制度有着特别重大的意义。

六、清理规范税收优惠政策

税收优惠政策是税收制度的重要组成部分,在实现经济社会发展目标方面具有特别重要的作用。目前我国现行的税收优惠政策尤其是区域优惠政策过多,地区之间竞相攀比,引发税收优惠恶性竞争,严重冲击了市场经济正常秩序,损害了国家税制的统一性,必须大力予以清理整

① 《中共中央关于全面深化改革若干重大问题的决定》(第1版),人民出版社2013年版,第40页。

顿。党的十八届三中全会《全面深化改革决定》明确提出:“按照统一税制、公平税负、促进公平竞争的原则,加强对税收优惠特别是区域税收优惠政策的规范管理。税收优惠政策统一由专门税收法律规定,清理规范税收优惠政策。”①为了贯彻落实上述决定的要求,要按照统一税制、公平税负、促进公平竞争的原则,加强对税收优惠特别是区域税收优惠政策的规范管理。清理已出台的税收优惠政策,对执行到期的应彻底终止不再延续,对未到期限的要明确政策终止的过渡期,对带有试点性质且具有推广价值的,应尽快转化为普惠制,在全国范围内实施。区域发展规划应与税收优惠政策脱钩,今后在原则上不得再出台新的区域税收优惠政策。税收优惠政策统一由专门税收法律法规规定,同时严格禁止各种各样的越权减免税。为了控制过多的税收优惠,要尽快将税收优惠纳入国家预算管理,如同澳大利亚等有些税收法治健全国家将税收优惠当作税式支出那样,在编制年度国家预算时,先由税务主管部门会同有关产业部门,按照国家产业政策要求,提前梳理确定该年度需要实施的税收优惠政策,计算并汇总需要实施税收优惠的年度规模及其总量,再报经立法机关审查批准后列入当年国家年度预算,实行总量控制,严格预算执行。

七、改革完善税收征管体制

健全的税收征管体制是税收制度有效运行的基础和重要保障。改革税收征管制度,一要按照精简效能、优化服务、有效监管的原则,减轻纳税人不必要的负担,最大限度地简化办税程序,税务机关尽可能地为纳税人提供便利,满足纳税人的需求;二要划清税收征管权限,规范征管程序,明确法律责任,以利于严格依法治税、以率计征,既要防止越权减免税,不收“人情税”,又要落实税收优惠政策,不收“过头税”;三要加强

① 《中共中央关于全面深化改革若干重大问题的决定》(第1版),人民出版社2013年版,第21页。

税收征管,严格税收减免,防止收入流失,同时通过加强税收法制建设,严格依法治税,从源头上大力遏制违法乱纪、非正常收入暗流,严厉打击非法暴富活动,坚决取缔非法收入。2018年第十三届全国人大一次会议审议通过的《国务院机构改革方案》明确提出,改革国税地税征管体制,将省级和省级以下国税地税机构合并,具体承担所辖区域内各项税收、非税收入征管等职责。顺利推进国税地税机构合并改革,不仅是精简机构、精兵简政,避免重复征税,提高税收征管质量和效率的需要,而且为全面提高税收征管能力建设水平,保持国家财政收入的可持续增长奠定良好的体制机制基础;不仅是促进我国税收征管现代化,为进一步深化税制改革提供强有力现代征管保障的需要,而且有利于促进依法治税,提升我国现代税收治理能力,促进国家治理体系和治理能力的现代化。

第三节　深化中央与地方财政体制改革

深化中央与地方财政体制改革,必须理顺政府间的分配关系,构建政府间和谐的财政关系。为此,一要按照集权和适当分权相结合的原则,合理划分中央政府与地方政府之间的事权和财政支出范围,中央政府主要负责全国性的事务,地方政府主要负担地方性的事务;二要按照受益范围原则、公平与效率兼顾原则,划清由中央政府承办的事务、由地方政府承办的事务、由中央承办地方协助的事务、由地方承办中央资助的事务,在此基础上明确各级政府的行政管理权限、经济管理权限、科教文卫等事业发展方面的权限;三要按照财权、财力与事权相适应的原则,明确划分中央、地方财政与事权相匹配的财权、财力,理顺中央与地方财政的分配关系,确保各级财政正常履行相应职能和提供公共服务的基本需要;四要制定中央与地方财政关系法、财政转移支付法,在理顺分配关系的基础上,使中央与地方财政的分配关系规范化、法制化,构建政府间和谐的财政关系。

党的十八届三中全会《全面深化改革决定》指出："建立事权和支出责任相适应的制度"，"适度加强中央事权和支出责任……逐步理顺事权关系"，"进一步理顺中央和地方收入分配"。[①] 合理划分中央与地方财政事权和支出责任是政府有效提供基本公共服务的前提和保障，是建立现代财政制度的重要内容，是推进国家治理体系和治理能力现代化的客观需要。为此，2016年国务院决策启动，推进中央与地方财政事权和支出责任划分改革，到2020年基本完成主要领域改革。

一、中央与地方财政事权和支出责任划分改革的主要原则

财政事权是一级政府应承担的运用财政资金提供基本公共服务的任务和职责，支出责任是政府履行财政事权的支出义务和保障。现行的中央与地方财政事权和支出责任划分还存在不清晰、不合理、不规范等问题，划分改革应当遵循以下主要划分原则：一是体现基本公共服务受益范围原则；二是兼顾政府职能和行政效率原则；三是实现权责利相统一原则；四是激励地方政府主动作为原则；五是做到支出责任与财政事权相适应原则。

二、中央与地方财政事权和支出责任划分改革的重点内容

中央与地方财政事权和支出责任划分改革主要有以下重点内容。

（一）逐步划清中央与地方的财政事权

推进中央与地方财政事权划分改革的政策取向和改革内容主要包括：一是适度加强中央的财政事权；二是保障地方履行财政事权；三是减少并规范中央与地方共同财政事权；四是建立财政事权划分动态调整机制。

（二）合理划分中央与地方财政的支出责任

完善中央与地方财政支出责任划分的改革原则及其内容，主要包

---

① 《中共中央关于全面深化改革若干重大问题的决定》（第1版），人民出版社2013年版，第21页。

括：一是中央的财政事权由中央承担支出责任；二是地方的财政事权由地方承担支出责任；三是中央与地方共同财政事权区分情况划分支出责任。

（三）进一步理顺中央与地方财政的收入划分

保持现有中央和地方财力格局总体稳定，结合税制改革，考虑税种属性，将收入周期性波动较大、税基分布不均衡或流动性较大、具有较强再分配作用或易转嫁的税种划为中央税，将其余具有受益明显区域性特征、对宏观经济运行不产生重大影响的税种划为地方税，进一步理顺中央和地方收入划分。

（四）加快省以下财政事权和支出责任划分

省级政府要参照中央做法，结合当地实际，按照财政事权划分原则合理确定省以下政府间财政事权。将部分适宜由更高一级政府承担的基本公共服务职能上移，明确省级政府在保持区域内经济社会稳定、促进经济协调发展、推进区域内基本公共服务均等化等方面的职责。将适宜由基层政府发挥信息、管理优势的基本公共服务职能下移，强化基层政府贯彻执行国家政策和上级政府政策的责任。

第九章　对今后我国财税法制建设的主要建议

从目前到今后一个时期,为了落实"四个全面"战略部署,围绕深化财税体制改革,建立现代财税制度,现阶段全面加快财税法律体系建设的重点应当有以下主要内容。

第一节　财税基本法律

基本内容包括:规定社会主义公共财政的职能任务、原则要求、运行方式、决策程序、监督管理;确定国家财政管理体制,划分各级政府财政管理权限,核定各级财政收支范围,规范财税基本制度,理顺财政分配关系,加强公共服务职能。主要法律包括:公共财政法、税法通则、中央财政与地方财政关系法、财政监督法等,调整国家与机关团体、社会组织、公民之间和中央与地方之间所发生的财税收支分配关系等内容。为了调整国家与机关团体、社会组织、公民之间和中央与地方之间所发生的财税收支关系,加快政府职能转变,增强财政公共服务职能,明确财税分配基本原则,理顺财税分配关系,加强财政监督,促进依法理财、依法治税。为了全面推进依法治国,全面加快小康社会建设,现阶段需要重点制定以下法律。

一、适时制定公共财政法

公共财政法是财政领域内的根本大法。制定公共财政法,不仅是建立健全中国特色社会主义现代财政制度、促进依法理财、依法治税的现实需要,而且是推进依法行政、依法治国,促进国家治理体系和治理能力现代化的迫切要求。制定公共财政法的内容主要是,确定公共财政的适用范围、基本原则,理顺财政分配关系,调整公共财政收支结构,加大公共服务职能,加快政府职能转变,加强财政监督,促进依法理财、民主理财,推进依法治国,促进小康社会建设。

二、及时制定中央与地方财政关系法

制定中央与地方财政关系法,不仅是贯彻落实中央与地方财政事权和支出责任划分改革的重大举措,而且是建立现代财政制度,促进国家治理体系和治理能力现代化的重要内容。制定中央与地方财政关系法的内容主要是,按照集中领导、分级管理的原则,进一步划清中央与地方政府的事权及与事权相匹配的支出责任,明确划分中央与地方财政与事权相匹配的财权和财力,理顺中央与地方财政的收入划分,理顺各级财政之间的分配关系,确保各级财政正常履行相应职能和提供公共服务的基本需要。

三、适时制定税法通则

税法通则是涵盖和统领税收领域包括税收立法、税收执法、税收司法的根本大法。制定税法通则,不仅有利于构建中国特色社会主义现代税收制度,而且有利于完善税收法律体系,促进依法治税、依法理财。制定税法通则的内容主要是,规范税收立法、税收执法、税收司法的基本原则,调整确定税制结构,明确税务主管部门的主要职责和权限、纳税人的基本权利和义务，规范税收征管的主要原则，理顺税收分配关系，促进以法治税、依法理财，加快小康社会建设。

四、尽快制定财政监督法

《中国共产党第十九次全国代表大会上的报告》指出："健全党和国家监督体系……要加强对权力运行的制约和监督，让人民监督权力，让权力在阳光下运行，把权力关进制度笼子。"①制定财政监督法不仅是贯彻落实党的十九大报告精神的重大措施，而且是治理和遏制腐败的客观需要和重要组成部分。财政监督对于严格预算分配、保障财政政策执行，加强增收节支，维护财经秩序、治理遏制腐败有着不可替代的重要作用。为了发挥财政监督在健全财政政策体系、推进财税体制改革、优化财政收支结构、促进依法理财、综合治理腐败等方面的保驾护航作用，必须制定财政监督法。制定财政监督法的内容主要是，明确财政监督的适用范围、基本原则，规范财政监督的实施主体、主要内容、方式方法和运行程序，同时完善财政系统内部监督制约机制，将对财权和财力的监督关进制度"笼子"，严格财经纪律，整顿财经秩序，堵塞收入流失，遏制违法乱纪活动，打击非法收入和各种腐败活动，为全面推进依法治国，加快小康社会建设，创造良好的法治环境。

第二节　预算收支方面的法律

基本内容包括：确定国家预算管理体制，规定预算管理制度，规范预算编制制度、预算审查批准制度，强化预算监督制度；建立健全部门预算制度、国有资本经营预算制度、社会保障预算制度，适时建立税式支出预算制度，健全完善国库收付管理制度、决算审批制度、财政转移支付制度

① 《党的十九大报告辅导读本》(第1版)，人民出版社2017年版，第66页。

等。主要法律包括:《预算法》、部门预算法、国有资本经营预算法、社会保障预算法、国库集中收付管理法、财政转移支付法等,调整国家与机关团体、社会组织、公民之间和中央财政与地方财政之间在预算资金的筹集、分配、管理和使用过程中所发生的预算收支关系,调整立法机关与行政机关之间的预算审批监督关系等内容。为了调整国家与机关团体、社会组织、公民之间和中央财政与地方财政之间在预算资金的筹集、分配、管理和使用过程中所发生的预算收支关系,调整立法机关与行政机关、人大与政府之间的预算审批监督关系,规范预算的编制、管理,严格预算审批、监督,理顺预算分配关系,严格预算约束,增强预算执行的法定性和严肃性,提高预算资金的使用效益,增强公共服务功能,增加对科教文化、医疗卫生、环境保护、社会保障等的财力投入,促进依法理财。为了全面推进依法治国,全面加快小康社会建设,现阶段需要重点制定以下法律。

一、尽快全面修订《预算法》

我国《预算法》是国家预算领域内的根本大法,统领各种与预算有关的法律制度,包括部门预算法、国有资本经营预算法、社会保障预算法、国库集中收付管理法、财政转移支付法等。修订《预算法》的内容主要是,将新的预算改革成果用法律形式固定下来,预算按复式预算编制,复式预算包括一般公共预算、政府基金预算、国有资产经营预算、社会保障预算。规范预算编制办法,早编细编预算,提高预算的完整性和透明度,精简预算级次,提高预算效能,加强预算审批监督,明确预算调整内涵,加强预算超收收入使用监督,增强预算公共服务功能,取消重点支出同财政收支增幅挂钩事项,建立跨年度预算平衡机制,加强预算监督管理,严格预算约束,提高预算资金的使用效益。

二、及时制定部门预算法

党的十八届三中全会《全面深化改革决定》提出,“改进预算管理制度”,“实施全面规范、公开透明的预算制度”。制度部门预算法,不仅是贯彻落实上述决定精神的客观要求，而且是实施全面规范、公开透明的预算制度的重要内容和组成部分。部门预算不仅是整个政府预算的有机组成部分，而且规模大、数量多、自成体系、问题不少，对政府预算的整体效能有重大影响。制定部门预算法，不仅是规范和加强部门预算，健全完善政府预算体系的迫切需要，而且对于建立现代财政制度，促进依法理财，推进依法治国，有着非常重大的意义。制定部门预算法的内容主要是，将部门改革的成果用法律形式固定下来，明确部门预算的适应范围、原则要求，部门预算按综合预算编制，综合预算包括预算内和预算外、体制内和体制外等的所有收支，规范部门预算的编制方法、程序要求、审批监督、管理使用，加强对部门预算的审查监督，提高部门预算资金的使用效益。

三、适时制定社会保障预算法

党的十九大报告指出："健全社会保障体系建设。按照兜底线、织密网、建机制的要求，全面建设覆盖全民、城乡统筹、权责清晰、保障适度、可持续的多层次社会保障体系。"①社会保障预算既是政府复式预算的重要组成部分，又相对独立、自成体系，是社会保障收入的主要渠道。制定社会保障预算法，不仅是完善政府预算体系的需要，而且是落实党的十九大报告精神，建立可持续的多层次社会保障体系的要求，有利于加强和规范社会保障预算收入来源。制定社会保障预算法的内容主要是，加大对社会保障资金的预算投入，促进覆盖城乡的社会保障体系的建立健全，确保和规范养老保险、医疗保险、失业保险和最低生活的保障，同时严格社会保障预算支出管理，规范社会保障预算资金使用方向，确保专款专用，提高社会保障预算资金的使用效益。同时在逐步完备社会保障制度，健全社会保障体系的基础上，逐步扩大社会保障预算的覆盖范围，稳步提高社会保障预算的保障水平，为全面建设小康社会提供水平

① 《党的十九大报告辅导读本》（第1版），人民出版社2017年版，第46页。

适度、持续稳定的社会保障网。

第三节　税收收入方面的法律

基本内容包括：确定税收管理体制，划分税收管理权限，规定总体税制，规范各种单项税收制度。主要法律包括：税收征收管理法、增值税法、消费税法、企业所得税法、个人所得税法、关税法、资源税法、印花税法、房地产税法、土地使用税法、遗产与赠与税法、社会保障税法等。调整国家与公民、法人和其他组织之间的税收分配关系、中央与地方之间税收分配关系等内容。为了调整国家与公民、法人和其他组织之间的税收分配关系、中央与地方之间税收分配关系，注重节能降耗，加强对资源的综合利用和生态环境的有效保护，促进经济社会可持续协调发展，加大对高收入行业和高收入者的调节力度，缓解收入分配过大差距，增强社会保障资金来源的稳定性、强制性，提高社保资金使用的有效性，保障人民的基本生活。为了全面推进依法治税，全面加快小康社会建设，现阶段需要重点制定以下法律。

一、尽快制定房地产税法

党的十八届三中全会《全面深化改革决定》指出，“加快房地产税立法并适时推进改革”。房地产税是一个综合概念，既包括房产税，也包括土地增值税、土地使用税、城镇土地使用税、耕地占用税等多个相关税种，与房地产有关的各种税以及整个房地产开发、交易、保有全链条中各种税之外的费，都可以纳入整个“房地产税”的视野并加以整合，因而这个税种涉及面非常宽，涉及的利益攸关方相当多，牵一发而动全身。加快房地产税改革与立法，对于尽快构建现代税制，培育充实地方财政收入，完善地方税体系，稳定房地产价格，公平税收负担，调节收入分配差距，促进资源的有效利用，保障房地产业健康发展，有着特别重要的促进作用。

制定房地产税法的内容主要是，将现行的房产税和有关土地使用的税、土地出让金等的费合并精简为房地产税，按照“宽税基、简税种、低税率、严征管”的原则，由企业单位和居民个人的房产保有者缴纳，并对不同类型的房地产实行差别税率，促进资源有效利用和税负公平，同时加大对社会贫富悬殊、居民收入过大差距的调节力度，缓解收入分配差距过大的矛盾。

二、适时制定增值税法

增值税是我国的主体税种，2015 年我国增值税收入占全部税收收入的比重为 24.9%，2016 年增值税占比上升到 31.2%。[①] 制定增值税法，不仅是巩固完善增值税转型改革，促进增值税由生产型转向消费型的客观需要，而且落实税收法定原则，完善税法体系，促进依法治税的迫切要求。制定增值税法，对于完善增值税转型改革，提高企业的有机构成，加快企业设备更新和技术升级，促进企业技术进步，有着特别重大的意义。制定增值税法的内容主要是，将增值税转型改革成果用法律形式固定下来，完善增值税制度，适当兼并和降低应税税目和税率，增加对先进技术设备进项的税额扣除，提高企业的有机构成，加快企业的技术进步，同时规定增值税法的立法宗旨、适用范围，确定纳税人、税目税率、计税方法，明确减税免税、出口退税优惠政策，规定增值税的征收管理。

三、及时制定资源税法

制定资源税法，不仅是巩固完善资源税改革成果，加强资源节约集约利用，加快生态文明建设的客观需要，而且是全面落实税收法定原则，完善税收法治体系，促进依法治税的迫切要求。制定资源税法的内容主要是，将资源税改革的成果用立法形式固定下来，修改完善资源税制度，

---

① 自 2016 年 5 月 1 日起，在全国范围内全面推开营业税改征增值税试点，全部营业税纳税人由缴纳营业税改为缴纳增值税。资料来源：《中国统计年鉴 2016 年各项税收》。

如适当扩大资源税征收范围，建立资源有偿使用制度，实行资源分类从价计征，适当调高部分资源税应税品目的税率或税额标准，促进资源节约利用和有效保护，提高资源的使用效益。

四、制定社会保障税法

制定社会保障税法，不仅是贯彻落实《全面深化改革决定》提出的“完善以税收、社会保障、转移支付为主要手段的再分配调节机制，加大税收调节力度”①等改革要求的重大举措，而且是“建立更加公平可持续的社会保障制度”的客观需要。制定社会保障税法的内容主要是，将社会保障收入由非税形式改为税收形式，强化社会保障资金的筹集征收，降低筹集征收费用，提高筹集征收效率，由于税收具有强制性、稳定性等的特点，社会保障费改为社会保障税后，可以运用税收征管方式，强制筹集征收社会保障资金，增强社会保障资金来源的稳定性和强制性，有效保证社会保障资金的稳定来源，强化社会保障资金的监督管理，保证社保资金专款专用、有效使用，提高社保资金使用的针对性和有效性，保障人民群众特别是弱势群体的基本需要。

五、制定遗产与赠与税

制定遗产与赠与税，是落实党的十八届三中全会《全面深化改革决定》提出的“规范分配秩序，完善收入分配调控机制和政策体系，建立个人收入和财产信息系统，保护划分收入，调节过高收入，清理规范隐性收入，取缔非法收入……努力缩小城乡、区域、行业收入分配差距，逐步形成橄榄型分配格局”②等改革要求的重要措施。制定遗产与赠与税的内容主要是，对个人继承的全部“遗产”及其“赠与财产”分别予以界定，按照遗产数量分别设立级距档次并赋予相应的税率，纳税人按照全部遗产

---

① 《中共中央关于全面深化改革若干重大问题的决定》（第1版），人民出版社2013年版，第46页。

② 《中共中央关于全面深化改革若干重大问题的决定》（第1版），人民出版社2013年版，第46页。

数量扣减可依法免税的赠与财产数量，乘以相应的税率缴纳税收，即（全部遗产－赠与财产）×相应税率＝应缴税收，增强对继承人继承遗产而获个人所得的调节，同时防止被继承人生前通过赠与方式转移财产非法避税，摒弃不劳而获观念，倡导按劳分配、多劳多得，作为个人所得税的补充，不仅加大对社会贫富悬殊、收入过大差距的调节，而且有效防止个人所得税的流失。

六、全面修订我国《个人所得税法》

党的十八届三中全会《全面深化改革决定》指出，"逐步建立综合与分类相结合的个人所得税制"。修订我国《个人所得税法》的内容主要是，合理调整费用扣除标准、完善费用扣除办法，实行综合与分项相结合的征收办法，在实行超额累进税率征收的基础上，有效加大对高收入的调节力度，缓和个人收入分配不公的矛盾。目前我国《个人所得税法》修订重点包括以下主要内容。一是实行综合与分项相结合的征收办法，将工资薪金、劳务报酬、稿酬和特许使用费4项劳动所得纳入综合征税范围；二是与物价上涨指数相适应，适当提高综合所得的费用基本扣除标准、完善费用扣除办法；三是将增加子女教育支出、继续教育支出、大病医疗支出、住房贷款利息和住房租金等纳入专项扣除；四是实行个人所得超额累进税率，合理调整个人所得税的税率和级距，加大对高收入的调节力度。

第四节　财政支出方面的法律

基本内容包括：制定财政支出管理体制，划分财政支出管理权限，确定财政支出的方向范围、原则要求、方式方法和监督管理，规范财政转移支付、财政补贴支出、税收优惠支出等专项制度。主要法律包括财政支出管理法、财政转移支付法、我国《政府采购法》、财政补贴法、税式支出法等，调整在财政分配过程中所发生的各种支出关系等内容。为了调整在财政分配过程中所发生的各种支出关系，划清支出管理权限，优化财政支出结构，严格支出使用方向，加强税收优惠的总量控制和效益控制，发挥财税优惠政策的导向作用，规范财政支出和转移支付管理办法，加大财政转移支付的力度，严格财政补贴，促进农业和中西部地区加速发展，加快构建和谐社会，现阶段需要重点制定以下法律。

一、适时制定财政支出管理法

党的十八届三中全会《全面深化改革决定》指出，“审核预算的重点……向支出预算和政策拓展”，“清理规范重点支出同财政支出增幅挂钩事项”，“中央和地方按照事权划分相应承担和负担支出责任”。制定财政支出管理法，不仅是贯彻落实上述决定精神的重大措施，而且是完善财税法律体系，促进依法理财的客观需要。制定财政支出管理法的主要内容是，明确财政支出管理体制，划分财政支出管理权限和支出责任，规范财政支出的方向范围、原则要求、方式方法和监督管理，调整优化财政支出结构，加大公共服务支出，严格支出监督管理，提高财政资金的使用效益。

二、尽快制定财政转移支付法

党的十八届三中全会《全面深化改革决定》提出，“完善一般性转移支付增长机制”，“清理、整合、规范专项转移支付项目”。制定财政转移支付法，不仅是贯彻落实上述决定精神，改革转移支付制度的客观需要，而且是完善财税法律体系，促进依法理财，推进依法治国的迫切要求。制定财政转移支付法的内容主要是，制定规范透明的财政转移支付制度，按照因素法合理确定中央对地方转移支付的标准，以促进基本公共服务均等化为目标，根据不同地区的经济发展水平、收入差距和影响财政收支等的客观因素，核定各地区标准化收入和标准化支出，合理确定对各地区的转移支付的规模，同时优化转移支付结构，缩减专项转移支付规模和比重，提高一般性转移支付比重，加大对老少边穷欠发达地区转移支付的力度，促进基本公共服务均等化，保障各级政权履行职能和提供公共服务的基本需要，促进区域经济社会协调发展。

三、及时制定财政补贴法

党的十八届三中全会《全面深化改革决定》指出，“完善收入分配调控体制机制和政策体系……增加低收入者收入……努力缩小城乡、区域、行业收入分配差距”，“健全农业支持保护体系，改革农业补贴制度……推进城乡基本公共服务均等化”。[①] 财政补贴是收入分配调控体制机制和政策体系的重要组成部分和调控有效手段。制定财政补贴法，不仅是贯彻落实上述决定精神，缩小我国收入分配差距的客观需要，而且是完善财政法律体系，加强财政宏观调控，促进依法理财的迫切要求。制定财政补贴法的内容主要是，制定财政补贴政策，规范财政补贴管理制度，划分财政补贴管理权限，规范财政补贴的方向范围、原则要求、方式方法和监督管理，调整优化财政补贴结构，加大对“三农”和中西部欠发达地区的补贴力度，严格补贴资金的监督管理，提高财政补贴资金的使用效益，加快小康社会全面建设。

第五节　国有资产收支管理方面的法律

基本内容包括：制定国有资产管理体制，规范国有资产管理制度和国有资产投资管理、经营管理、收益分配等各专项制度，确定国有资本预算的适应范围、原则要求，规范国有资本预算的编制程序、审批监督、管理使用等制度。主要法律包括国有资产管理法、国有资本经营预算法，调整国有资本所有者、经营者和劳动者在国有资产的投资形成、占有使

① 《中共中央关于全面深化改革若干重大问题的决定》（第 1 版），人民出版社 2013 年版，第 24 页。

用、收益分配中所发生的国有资产收支管理关系，规范国有资本预算在编制、审批、监督、使用中发生的预算收支分配关系。为了调整国有资本预算在编制、审批、监督、使用中发生的预算收支分配关系，调整国有资产所有者、经营者、使用者在国有资产的投资形成、占有使用、收益分配中所发生的国有资产收支管理关系，规范国有资本经营预算管理，理顺国有资本所有者、经营者和劳动者的分配关系，促进国有经济持续协调发展，加快小康社会全面建设，现阶段需要重点制定以下法律。

一、尽快制定国有资产管理法

党的十八届三中全会《全面深化改革决定》提出，"完善国有资产管理体制，以管资本为主加强国有资产监管，改革国有资本授权经营体制……国有资本投资运营要服务于国家战略目标，更多投向关系国家安全、国民经济命脉的重要行业和关键领域，重点提供公共服务、发展重要前瞻性战略性产业、保护生态环境、保障国家安全"。[①] 制定国有资产管理法，不仅是贯彻落实上述决定精神，完善国有资产管理体制，推动国有企业完善现代企业制度的迫切需要，而且是健全财政法律制度体系，促进依法理财，推进依法治国的重要内容。制定国有资产管理法的内容主要是，明确国有资产监管重点，改进国有资产监管方式和手段，提高国有资本配置和运营效率，改革国有资本授权经营体制，建立向全国人大报告国有资产管理情况制度。同时规范国有资产管理制度，完善国有资产投资管理、经营管理、收益分配等各专项制度，调整国有资产所有者、经营者、使用者在国有资产的投资、形成、占用、使用、收益和分配中所发生的收支管理关系，促进国有经济持续协调发展，促进国家治理体系和治理能力现代化，加快小康社会全面建设。

二、适时制定国有资本经营预算法

国有资本经营预算是国家复式预算的有机组成部分和重要内容。

---

① 《中共中央关于全面深化改革若干重大问题的决定》（第1版），人民出版社2013年版，第9页。

党的十八届三中全会《全面深化改革决定》指出,“完善国有资本经营预算制度,提高国有资本收益上缴公共财政比例……更多用于保障和改善民生”。① 制定国有资产经营预算法,不仅是贯彻落实上述决定精神,规范国有资本经营预算制度的客观需要,而且是完善国家预算法律体系,促进依法理财,推进依法治国的重要内容和有效手段。制定国有资本经营预算法的内容主要是,规范完善国有资本经营预算制度,调整国有资产经营预算的主要构成,优化国有资本经营预算收支结构,同时明确国有资本预算的适应范围、原则要求,规范国有资本预算的编制程序、审批监督、管理使用,提高国有资本的使用效益,理顺国有资本所有者、经营者和劳动者的分配关系,确保所有者的权益,促进国有资本保值增值,推进国家治理现代化,加快小康社会建设。

第六节　社会保障资金收支管理方面的法律

基本内容包括:制定社会保障税制度,强化社会保障资金的筹集征收和管理监督,制定社会保障资金管理制度和社会救济资金、失业救济资金、职工养老资金、医疗资金、优抚安置资金等各专项资金管理制度。主要法律包括社会保障资金管理法等,调整国家在社会救济资金、失业救济资金、职工养老资金、医疗资金、优抚安置资金等的筹集、分配、使用和管理的过程中所形成的社会保障资金收支管理关系。为了调整国家在社会救济资金、失业救济资金、职工养老资金、医疗资金、优抚安置资金等的筹集、分配、使用和管理的过程中所形成的社会保障资金收支管理关系,多渠道筹集社会保障资金,确保社会保障资金的稳定来源,强化

① 《中共中央关于全面深化改革若干重大问题的决定》(第1版),人民出版社2013年版,第9页。

资金监督管理，保证社会保障资金专款专用，提高资金使用效益，保障人民群众的基本生活，加强对弱势群体的保护，促进构建和谐社会，现阶段需要重点制定以下法律。

一、及时制定社会保障税法

制定社会保障税法，不仅是贯彻落实党的十八届三中全会《全面深化改革决定》提出的“完善以税收、社会保障、转移支付为主要手段的再分配调节机制，加大税收调节力度”①等改革要求的重大举措，而且是“建立更加公平可持续的社会保障制度”的客观需要。制定社会保障税法的内容主要是，将社会保障收入由非税形式改为税收形式，强化社会保障资金的筹集征收，降低筹集征收费用，提高筹集征收效率，由于税收具有强制性、稳定性等的特点，社会保障费改为社会保障税后，可以运用税收征管方式，强制筹集征收社会保障资金，增强社会保障资金来源的稳定性和强制性，有效保证社会保障资金的稳定来源，强化社会保障资金的监督管理，保证社保资金专款专用、有效使用，提高社保资金使用的针对性和有效性，保障人民群众特别是弱势群体的基本需要。

二、适时制定社会保障预算法

党的十八届三中全会《全面深化改革决定》指出，“建立更加公平可持续的社会保障制度”。社会保障预算既是政府复式预算的重要组成部分，又相对独立、自成体系，是社会保障收入的主要渠道。制定社会保障预算法，不仅是完善政府预算体系的需要，而且是建立可持续社会保障制度的要求，有利于加强和规范社会保障预算收入来源。制定社会保障预算法的内容主要是，加大对社会保障资金的预算投入，促进覆盖城乡的社会保障体系的建立健全，确保和规范养老保险、医疗保险、失业保险和最低生活的保障，制定规范社会保障资金管理制度和社会救济资金、

---

①《中共中央关于全面深化改革若干重大问题的决定》（第1版），人民出版社2013年版，第46页。

失业救济资金、职工养老资金、医疗资金、优抚安置资金等各专项资金管理制度,强化社会保障资金支出的审批监督,严格社会保障资金支出管理,规范社会保障资金的使用方向,确保专款专用,提高社会保障资金使用效益。同时在逐步完备社会保障制度,健全社会保障体系的基础上,逐步扩大社会保障预算的覆盖范围,稳步提高社会保障预算的保障水平,为全面建设小康社会提供水平适度、持续稳定的社会保障网。

第四编
财税立法和财税监督重大专题研究

第十章　新时期财税法治建设的目标与路径

党的十八大报告和《中共中央关于全面深化改革若干重大问题的决定》（以下简称《全面深化改革决定》）、《中共中央关于全面推进依法治国若干重大问题的决定》（以下简称《全面推进依法治国决定》）是我国新时期社会主义财税法治建设的指导原则和根本方针。根据党的十八大报告和两个决定确定的主要原则和指导方针，从现阶段我国财政经济的实际情况出发，下个阶段我国财税法治建设的目标和路径主要包括以下几个方面。

第十一届全国人大常委会委员长吴邦国在《形成中国特色社会主义法律体系座谈会》上正式宣布，"以宪法为统帅，以宪法相关法、民法商法等多个法律部门的法律为主干，由法律、行政法规、地方性法规等多个层次的法律规范构成的中国特色社会主义法律已经形成”。[①] 同时，又强调指出：“立法工作任务依然艰巨而繁重……完善中国特色社会主义法律体系也是一项长期的历史任务，必须随中国特色社会主义实践的发展而发展。”

由于种种原因，我国财税立法不仅明显滞后于改革开放，而且滞后于其他方面的立法，一些重要的财税基本法律尚未制定出台，离健全社会主义财税法律体系的要求还有较大距离。健全完善社会主义财税法律体系的任务相当艰巨繁重，任重道远。由于财税是国家治理的基础和重要支柱，[②]财税法治是依法治国的主要基石，依法理财、依法治税则是依法治国的重要组成部分，全面推进依法治国，必须加快财税法律体系建设。

经过很多年各有关部门的共同努力，目前内容简单、争议较少、较易立法的一些财税法律，大都已经制定出台。剩下的一些财税立法，内容复杂、争议较多，立法难度也越来越大。因此，为了加快财税立法和财税法治建设，必须发扬爬坡攀登精神，敢于“啃硬骨头”，攻坚克难，勇攀高峰，敢于攻克财税立法的难关。从目前情况来看，下个阶段财税立法的重点主要包括以下内容：

第一节　抓紧制定财政主要法律，规范财政分配关系

一、及时制定中央财政和地方财政关系法，理顺规范财政分配关系

规范财政分配关系，合理调节财力分配，必须理顺政府间的分配关系，首先理顺中央财政与地方财政间的分配关系。党的十八大指出，“加

---

① 吴邦国：《中国特色社会主义法律体系学习读本》（第1版），新华出版社2011年版，第2页。

② 《中共中央关于全面深化改革若干重大问题的决定》（第1版），人民出版社2013年版，第19页。

快财税体制改革，健全中央和地方财力与事权相匹配的体制”。① 为了理顺政府间财政分配关系，合理调节各级政府财力分配，构建中央和地方财力与事权相匹配的体制，必须制定中央财政与地方财政关系法，并为最终制定财政法创造有利条件。

《全面深化改革决定》明确指出，建立中央和地方“事权和支出责任相适应的制度”。② 制定中央财政与地方财政关系法，应当重点规定以下主要内容：

一要按照集权和适当分权相结合的原则，合理划分中央政府与地方政府之间的事权和财政支出范围，中央政府主要负责全国性的事务，地方政府主要负担地方性的事务。

二要按照受益范围原则、公平与效率兼顾原则，划清由中央政府承办的事务、由地方政府承办的事务、由中央承办地方协助的事务、由地方承办中央资助的事务，在此基础上明确各级政府的行政管理权限、经济管理权限、科教文卫等事业发展方面的权限。

三要按照财权、财力与事权相适应的原则，明确划分中央财政、地方财政与事权相匹配的财权、财力，理顺中央财政与地方财政的分配关系，确保各级财政正常履行相应职能和提供公共服务的基本需要。

二、适时制定政府债务管理法，将债务管理纳入法治化轨道

国务院《关于 2013 年中央预算执行情况和其他财政收支情况的审计报告》表明，至 2013 年 6 月底，全国各级政府负有偿还责任的债务 20.7 万亿元、负有担保责任的债务 2.9 万亿元、可能承担一定救助责任的债务 6.6 万亿元。③ 从近两年地方政府债务的审计情况来看，2014 年

---

① 胡锦涛：《在中国共产党第十八次全国代表大会上的报告》，人民出版社 2012 年版，第 21 页。

② 《中共中央关于全面深化改革若干重大问题的决定》（第 1 版），人民出版社 2013 年版，第 21 页。

③ 国务院《关于 2013 年中央预算执行情况和其他财政收支情况的审计工作报告》。

以来，地方政府债务总量的增速有所降低，但地方政府债务规模还在不断扩大。目前，我国政府债务规模已经偏大，仅2016年发行的地方政府债券就达5.46万亿元，加上一些隐性债务，债务规模更大，特别是有些地方债务规模过大，超过债务清偿能力，存在一定的债务风险。

为了将债务规模控制在安全可靠的范围以内，从目前我国的实际情况出发，应当赋予地方省级政府适当的举债权，并将地方债务规模和债务管理纳入法治化轨道。根据发展社会主义市场经济的要求，按照中央统一领导与地方分权管理的原则，实行名副其实的分税制后，应当赋予省级地方政府适当的举债权，省级地方政府举借一定规模的债务，主要用于弥补以前年度的财政赤字、归还地方政府旧债（包括隐性挂账）和其他急需的财政支出。根据我国的实际情况，参照国内外有关经验，一般来说，地方省级债务占当年本地区GDP的比重应当控制在5%以内，省级债务余额占GDP的比重一定控制在30%以内，这是省级综合财力可以承受的范围，总体上必须控制在这个安全可靠的范围之内。

《全面深化改革决定》指出："建立规范合理的中央和地方政府债务管理及风险机制"。① 为了严格控制政府债务规模，特别是地方政府债务规模，并将债务管理纳入法治化轨道，应当制定政府债务管理法。该法重点规定以下主要内容：

一要适当给予地方省级政府一定的举债权。根据本地区社会经济发展的实际情况，地方省级政府可以举借一定规模的债务，地方省级债务占当年本地区GDP的比重应当控制在5%以内，地方省级债务余额占本地区GDP的比重应当控制在30%以内。省级地方政府举借的债务，主要用于弥补以前年度的财政赤字、归还地方政府旧债和其他急需社会公共服务方面的财政支出。

---

① 《中共中央关于全面深化改革若干重大问题的决定》（第1版），人民出版社2013年版，第20页。

二要强化地方债务管理。严格地方债务约束，应当将地方债务收入与支出纳入预算管理，省级地方债务预算应对当年地方债务的发行额度、主要用途、使用期限、借用利率、使用方式和还本付息做出详细说明，并由本级人大审查批准和监督。

三要强化地方债务偿债责任。建立健全清偿债务机制，在发行地方债券或者为地方债融资时，必须明确地方债务的发行主体、发债规模、发债程序、偿还机制、发债责任、债务资金使用及其绩效考核，并纳入地方省级政府任期目标责任制，与地方省级主要负责人的政绩考核挂钩。

四要建立地方债务决策终生责任追究制度及责任倒查机制。对决策严重失误造成重大损失、恶劣影响的，严格追究行政首长、负有责任的其他领导人员和相关责任人员的法律责任。①

三、抓紧制定转移支付法，促进基本公共服务均等化

自 1994 年分税制财政体制改革以来，我国加大对中西部欠发达地区转移支付的力度，逐步形成转移支付制度。中央财政集中的财力主要用于增加对地方特别是中西部地区的转移支付，转移支付规模不断扩大，对于推进地区间基本公共服务的均等化，贯彻落实国家宏观调控政策目标，支持区域经济社会协调健康发展，起到积极有效的促进作用。但与建立现代财政制度的要求相比，现行中央对地方转移支付制度还存在一些问题和明显不足，主要表现在：一是受中央与地方事权和支出责任划分不清晰，转移支付结构不合理；二是一般性转移支付项目种类过多，目标用途多元，均等化功能弱化；三是专项转移支付涉及领域过宽，分配使用不科学，地方配套压力过大；四是转移支付测算核定方法不科学，管理不规范，信息不公开，内容不透明，影响转移支付作用的充分发挥。

---

① 《中共中央关于全面推进依法治国若干重大问题的决定》（第 1 版），人民出版社 2014 年版，第 17 页。

促进基本公共服务水平均等化，既是财政分配的主要目标，又是公平收入分配的有效途径。党的十八大提出，“完善促进基本公共服务均等化……的公共财政体系”。[①] 为了合理调节财政分配，公平收入分配，实现基本公共服务均等化目标，缩小收入分配差距，必须改革现行转移支付制度，强化转移支付资金管理。一是对转移支付的目标、原则、形式、资金的用途等以法律法规的形式予以规定；二是将转移支付和各级政府的预算同步进行，并把转移支付纳入各级预算，实行预算管理，其项目要详细列出，并经立法机关审查批准后，对社会公开，接受社会监督；三是改变中央转移支付多头管理的情况，将分散在各部门的转移支付管理职能归并，交给一个专门的中央转移支付管理机构行使管理职能；四是各级财政对下级政府的转移支付引入奖惩激励机制和有偿使用机制，充分调动下级政府开源节流的积极性，消除下级政府对财政补贴的依赖性，增强其财政自求平衡的能力。《全面深化改革决定》指出，“完善一般性转移支付增长机制……”[②]在改革规范转移支付制度的基础上，制定转移支付法，应当重点规定以下主要内容：

一要建立规模适度的转移支付基金，确保稳定可靠的资金来源。

建立转移支付稳定可靠的资金来源，有利于改变目前转移支付资金结构，改变非均等化资金占主体的状况，形成稳定的转移支付制度。许多国家规定某些税种收入专门用作中央对地方的转移支付，使其专税（款）专用。我国应该借鉴发达国家的成功经验，为转移支付建立稳定的资金来源。首先，各级政府要建立本级转移支付基金，此基金原则上由本级财政在年初预算中足额安排，专款专用。中央可以考虑将取消增值税增量返还后的资金作为对下转移支付的资金来源，省级政府除接受来

---

① 胡锦涛：《在中国共产党第十八次全国代表大会上的报告》，人民出版社2012年版，第21页。

② 《中共中央关于全面深化改革若干重大问题的决定》（第1版），人民出版社2013年版，第20页。

自中央的转移支付资金外，还可以选择将其消费税、个人所得税的一定比例，作为对下转移支付的资金来源。其次，为了提高资金使用效益，绝大多数专项转移支付资金，应该在使用范围上与上级财政所指示的方向一致的基础上，归集建立上级拨付转移支付基金，并与本级转移支付基金合并使用。

二要规范一般转移支付测定办法，将"基数法"改为"因素法"。

基数法由于分税制伴随而来的基数不合理，弱化了转移支付的均等化功能，导致"富者越富，穷者越穷"。因此，应将"基数法"，改用"因素法"，采用国际通行的测算核定公式：

对地方的一般转移支付(1) = [该地方政府的标准支出(2) - 该地方政府的标准收入(3) - 该地方政府得到的其他转移支付(4)] × 调整系数(5)

其中，(1)是对地方的一般转移支付，如计算结果为正数，就是该地区应该得到的一般转移支付数额；如计算结果为负数，就是该地区财政实力较强，不需要转移支付拨款。(2)是该地方政府的标准支出，根据该地方政府的各类支出的标准单位成本和受益者数量以及调整系数加总得出。(3)是该地方政府的标准收入，根据该地区的 GDP、居民总收入、商品零售额、地方税税基和平均税率等因素计算得出。(4)是该地方政府得到的其他转移支付，该地方政府得到的包括专项转移支付等在内的其他非一般转移支付之和。(5)是调整系数，根据该地区自然地理条件、人口密度、社会经济发展水平、城市化程度、人均 GDP 和人均可支配收入等因素确定，该地区条件越差，系数相应越高，以达到均等化目标。

三要缩减专项转移支付规模，加大一般转移支付的比例。

与专项转移支付相比，一般转移支付没有给地方政府规定资金的具体使用方向，只作为政府财力的补充，下级政府对之拥有较大的使用自主权，其主要用途是平衡地方预算，满足地区基本公共支出的需要，因而更能体现公平原则，计算方法也更科学，可以降低人为因素的干扰，避免专项转移支付的随意性。综观世界发达分税制国家,一般都以一般转移支付为主,专项转移支付限定在具有明显外溢性、需要两级或多级政府共同分摊成本的某些基础项目和公益事业上。而我国目前专项转移支付范围过宽,许多专项资金的支配使用缺乏事权依据,费用分摊和专项资金在各地之间分配也缺乏严格的标准和制度约束。因而,应该压缩专项转移支付规模,增大一般转移支付的比例和规模,建立以一般转移支付为重点、专项转移支付为补充的复合体系。一般性转移支付,其主要目的是为平衡地方财政收支,同时促进县乡基本公共服务均等化;专项转移支付,则作为中央和省调控县乡经济发展、解决特殊情况的工具。通过一增一减,加大中央对地方的一般性转移支付的比例,扩大转移支付的规模,加强地方自主使用财力的能力,增强欠发达地区的"造血功能",促进区域经济持续协调发展。

四、修订完善《预算法》,为依法理财奠定良好基础

为了建设现代预算制度,更好落实预算法定原则,针对目前预算审查监督存在的问题,修订完善我国《预算法》,应当重点规定以下主要内容:

一要明确预算初步审查的重点,提高预算审查的质量和效果。

目前人大对预算的程序性审查多、实质性审查少,预算审查的质量和效果还不理想。其重要原因是,预算审查的时间过于短促,因财政部提交预算方案的时间过晚,一般由人大财经委对预算方案进行初步审查的时间不到1个月,而在人民代表大会召开期间,由人民代表大会代表讨论审查预算草案的时间最多只有1天。由于预算涉及内容很多,其专业性、政策性、法律性又极强,人大代表和委员们在极短的时间内只能对预算草案进行程序性审查,难以突出重点、抓住要害,难以对预算进行全面深入的实质性审查,影响预算审查监督的质量和效果。

《全面深化改革决定》强调指出,"加强人大预算决算审查监督、国有资产监督职能”。①为了加强对预算的初步审查工作,要在现行《预算法》中重点规定以下主要内容:财政部门在人民代表大会举行的1个半月前,将预算方案的主要内容提交人大预算工委,先由预算工委进行预先审查,并向财政部门提出对预算草案的初步分析意见和需要提供的相应材料。在人民代表大会举行的1个月前,财政部门将预算方案提交人大财经委进行初步审查。为了规范和加强预算审查,提高预算审查质量和效果,我国《预算法》还要规定对预算预审和初步审查的重点内容:一是预算安排的指导思想是否符合国家的财经政策,是否反映了社会经济的实际情况和基本需要;二是预算编制是否符合有关法律的要求,是否体现积极可靠、量入为出、收支平衡的原则;三是收入安排是否与国内生产总值增长幅度相适应,该纳入预算的收入是否都纳入了预算;四是预算支出结构是否合理,各项公共支出特别是法定重点支出项目,如科教卫生和社会保障等的支出安排是否妥当,是否达到法定的增长幅度;五是预算费是否按法定的比例设置;六是为实现预算拟采取措施是否切实可行;七是上年预算执行是否严格按批准的预算执行,是否符合有关法律规定;八是其他重要问题。

二要明确预算调整行为,加强对预算调整的审查监督。

国家预算具有法定性,一经人民代表大会审查批准,就是规范财政资金来源、规模、去向、用途的法律性文件,具有极强的法律约束效力,非经法定程序,任何单位和个人不得改变。但由于目前有些部门、地方法治观念淡薄,又缺乏严格的责任制,预算约束软化,调整过于频繁,“乱批条子、乱开口子”的现象时有发生;完不成预算收入任务,或者支出超过预算,有关单位和主管部门也不承担任何责任;加上《预算法》对预算调整的概念界定不科学和有关规定不合理,造成政府多收可以多支,实际

① 《中共中央关于全面深化改革若干重大问题的决定》(第1版),人民出版社2013年版,第29页。

上使预算调整脱离人大监督范围,并给预算审查监督增加了难度。

《全面深化改革决定》提出,“把权力关进制度笼子”“让人民监督权力,让权力在阳光下运行”。① 为了规范政府的预算调整行为,加强人大常委会对政府预算调整的审查监督,现行《预算法》要进一步明确规定预算调整的概念、界限、范围、程序及其要求,特别是要对预算调整概念进行严格的科学界定。对预算调整概念应修改为:“预算调整是指经全国人民代表大会批准的中央预算和经地方各级人民代表大会批准的地方本级预算,在执行中因特殊情况需要增加支出或减少收入,使原批准的预算总收入、总支出发生变动超过2%,或者使原批准的预算总支出超过总收入,或者使原批准的预算中举借债务的数额增加的部分变更。”对预算调整范围应规定为:“在预算执行中,遇有下列预算收支变化情况之一的,政府应当提请本级人大常委会审查批准:一是使原批准的本级预算总支出超过总收入的;二是本级预算总收入变动超过2%的,或者本级预算总支出变动超过2%的;三是本级人民代表大会批准预算决议中强调确保的预算重点支出项目和法定必保的支出项目需要调减指标的;四是比原批准的预算中举借债务的数额增加的;五是其他可能引起预算收支不平衡的预算调整方案。”对预算调整程序应规定为:“因特殊情况必须调整预算时,政府应当编制预算调整方案,并于当年第三季度提交同级人大常委会审查批准。在常委会举行会议审批前一个月前,将预算调整的初步方案提交人大财经委和预算工委进行初步审查。”

三要规范预算审查监督,加强人大对预算的审查监督。

现行《预算法》的一个重大缺陷是,缺乏人大常委会对预算审查监督的实质性内容,仅在第五章预算审查和批准和第九章监督中涉及人大对预算审查监督的一些程序性内容。人大审查监督的一个主要特点是依

① 《中共中央关于全面深化改革若干重大问题的决定》(第1版),人民出版社2013年版,第35页。

法审查、依法监督,《预算法》的缺陷是造成人大对预算进行程序性审查监督多、而实质性的审查监督少的重要原因,直接影响人大对预算审查监督的质量和效果。

《全面深化改革决定》强调指出,“加强人大常委会同代表的联系,充分发挥代表作用”。提出“完善人大工作机制,通过座谈、听证、评估、公布法律草案等扩大公民有序参与立法途径,通过询问、质询、特定问题调查、备案审查等积极回应社会关切”。[①] 为了规范预算审查监督,完善人大工作机制,修订我国《预算法》应当增设一章,重点规定人大常委会加强对预算审查监督的主要内容。既要将现有全国人大常委会《关于加强预算审查监督的决定》的有关精神和重要内容吸收充实到现行《预算法》中,又要将各地人大及其常委会加强对预算审查监督行之有效的创新做法和成功经验概括纳入现行《预算法》中,重点规定以下主要经验做法:一是明确人大财经委初审预算草案可召开座谈会、论证会,财政部门对初审意见要及时反馈;二是人大常委会可责成审计部门对重点部门和重点项目资金使用情况进行专项审计,并报告审计结果;三是人大代表或常委会委员可以依照法定程序,对预算决算中的有关问题提出询问与质询;四是人大常委会可就预算、决算中的重大事项或特定问题组织专题调查;五是人大常委会可就预算审查监督中的重大问题举行听证会,对预算工作进行评议,作出有关决议;六是对人民代表大会预算决议中强调确保的支出项目和法定必保的支出项目需要调减指标的,须报经人大常委会批准后执行;七是人大常委会组成人员可以按照法定程序,提出有关预算的修正案;八是坚持先有预算、后有支出的原则,编制临时预算,规范人民代表大会召开前的预算支出;九是公民或组织有权对违反预算法律、法规的行为,向人大及其常委会或者其他有关国家机关进行

① 《中共中央关于全面深化改革若干重大问题的决定》(第1版),人民出版社2013年版,第29页。

检举和控告；十是对违反规定，负有责任的主管领导和直接责任人员追究行政责任或其他法律责任等。

五、及时修订《审计法》，充分发挥审计监督在依法治国中的特殊作用

《全面深化改革决定》指出，“强化权力运行制约和监督体系。加强……审计监督”。[①] 由于审计监督的主要特点是依法审计、依法监督，重点任务是对政府及其各有关部门预算执行情况进行审计监督，因而审计监督在依法治国中有着特别重要作用。但由于目前审计机关行政领导体制尚未改革理顺，审计监督作用尚未充分发挥。同时人大及其常委会又缺乏自己的审计机关及其审计力量，为了加强人大对预算的审查监督，必须借用国家审计机关的力量，充分发挥审计监督的职能作用。为此，现行《审计法》应当重点规定以下主要内容：

一要改革审计机关现行领导体制，强化对政府预算的审计监督。

为了加强对审计机关的领导，特别是增强审计的独立性，充分发挥审计监督的职能作用，必须尽快改革审计机关现行领导体制，并在现行《审计法》中明确规定，由现行政府领导改由人大常委会领导，同时《宪法》也要做出相应的修改。即审计机关设在人大常委会，向人大常委会负责并报告审计工作。其主要原由：一是审计政府预算执行情况和其他财政收支执行情况是审计机关的主要任务，按现行领导体制审计机关和财政部门都归政府领导，审计财政预算执行情况实属政府内部审计，审计机关归人大领导后，审计财政预算执行情况则属政府外部审计，而这种外部审计监督的力度和效果是内部审计监督无法比拟的；二是审计机关向人大常委会负责，审计结果直接向人大常委会报告，不仅可以确保审计机关的独立性，避免不必要的行政干预，而且大大增强对预算执行情况的审计监督力度，有利于充分发挥审计监督的职能作用；三是有利

① 《中共中央关于全面深化改革若干重大问题的决定》（第1版），人民出版社2013年版，第35页、第36页。

于人大常委会加强对政府财政预算及其执行情况的审查监督。① 法制比较健全的西方主要国家，审计机关多数设在议会，向议会负责并报告审计工作，如英国、美国、加拿大、澳大利亚、俄罗斯、波兰、丹麦、以色列、法国、西班牙、葡萄牙、埃及、科威特、印度尼西亚等。在审计机关领导体制尚未改革完善之前，我国新《审计法》要明确规定，审计机关应当无条件接受人大常委会的委托审计，如对预算执行中重大问题的重点审计和对国家重大建设项目的专项审计等，既可充分发挥审计监督作用，及时发现预算执行的问题和财经运行的风险，又可弥补人大审查监督预算专业力量的不足。

二要明确审计监督的重点内容，加大对国家预决算审计监督的力度。

现行《审计法》除了规定审计机关要对本级预算执行情况和决算草案进行审计以外，还要规定对部门预算和一级预算单位预算执行情况和决算草案每年进行审计，对国家重大建设项目进行重点审计和跟踪审计，确保国家建设预算资金专款专用，提高预算资金的使用效果。同时规定，各级人大及其常委会可以委托或借用国家审计机关的力量，开展对预算执行情况的专项审计和对重大建设项目的重点审计。国家审计机关应当认真执行人大常委会的委托审计。

三要加强对社会经济重要方面的审计，发挥审计监督反腐倡廉的“利剑”作用。

为了充分发挥审计监督反腐倡廉的重要作用，现行《审计法》要明确规定，加强对国有资本经营预算收支、社会保障预算资金收支、节能环保预算资金收支、政府采购预算资金收支、重点建设项目招投标等的预算资金收支的审计监督，为社会经济的稳定、持续、健康发展保驾护航，同时有力促进反腐倡廉建设。

---

① 《中共中央关于全面深化改革若干重大问题的决定》（第1版），人民出版社2013年版，第29页。

四要改进完善审计结果公开制度，审计结果直接向人大常委会报告。

现行《审计法》要明确规定，改进完善审计结果公开制度，按照对人民负责和向社会公开的原则，审计结果要第一时间向人大常委会报告，及时、全面、如实反映审计发现的问题，不得隐瞒不报、少报、漏报，或者避重就轻，为及时发现财经运行中的风险隐患，弥补管理漏洞和制度缺陷，发挥建设性的参谋助手作用，同时有利于促进依法理财治国。

五要加强整改检查跟踪机制，明确整改部门单位法律责任。

现行《审计法》要明确规定，针对审计机关审计查出的问题，有关地方、部门、单位要逐项制定相应的整改措施，及时进行整改；对拒不整改的，边查边犯、屡查屡犯的，或阳奉阴违的地方、部门、单位的有关领导和直接责任人，严格追究相应的行政责任或其他法律责任，全面推进依法治国，促进国家治理现代化。

第二节　加快制定税收主要法律，为依法治税创造良好条件

一、抓紧制定税法通则，同时相应修改《宪法》

税法通则既是统揽税收全局的基本大法，又是各种税收原则和税法规则的综合反映和集中体现。制定出台税法通则，对于落实税收法定原则，有着特别重要的现实意义和极其深远的历史意义。加紧制定税法通则，重点规定以下主要内容：

一要规定各项税法基本原则和税法适用原则。

要把所有税法原则和税收规则进行分类梳理，并采取概括和列举相结合的方法，在税法通则中把上述各项原则和规则一一罗列出来，并做出相应的科学规定。我国的税法通则不仅应当涵盖和体现税法基本原则，包括税收法定原则、税收公平原则、税收效率原则、行使税收管辖权原则等，而且应当涵盖和体现税法适用原则，包括实质课税、诚信原则、

法律优位、禁止追溯原则、特别法优于普通法、国际税收协定优先适用等原则，并应分别对各项原则及其内容加以科学界定和严格规范。

二要将纳税人的权利义务具体化、规范化、法制化。

长期以来，我国税法对纳税人的义务规定较多，而对纳税人的权利涉及较少，征税机关的权利义务规定更是不全面。鉴于我国新《税收征收管理法》中相关规定还不是很完善，税法通则应更为完善地规定征纳双方的权利义务，尤其是规定纳税人在税收征纳活动中享有的普通权利，如限额纳税权、税负从轻权、获取信息权、赔偿救济权等，尤其需要注意的是，对纳税人享有的程序性权利应做出集中规定，如知情权、听证权、陈述申辩权、要求说明理由的权利等。

三要赋予纳税人与征税机关同样平等的法律地位。

税法通则不仅要概括列举纳税人的各项权利义务，而且要明确赋予纳税人与征税机关同样平等的法律地位，在纳税人的权利义务规范化、法制化的基础上，确保对纳税人权益的保护政策得以全面落实，措施到位有力，更具可操作性。同时，在修改完善《宪法》时，要相应规定和重点增加以下主要内容：《宪法》应当赋予纳税人的依法纳税权、纳税知情权、诚实推定权、涉税保密权、财产安全权、民主立法权、民主监督权等基本权利。还要将国家保护纳税人合法权益的作为一条基本原则在《宪法》中明确规定，并将《宪法》第56条修改为："中华人民共和国公民有依法纳税的义务，国家保护纳税人的合法权益。"

二、适时制定纳税人权益保护法，依法维护纳税人权益

《全面深化改革决定》明确指出，"健全依法维权和化解纠纷机制。强化法律在维护群众权益、化解社会矛盾中的权威地位……依法维护权益"①。依法治税首先必须完善税法体系，而完善税法的核心是切实

① 《中共中央关于全面推进依法治国若干重大问题的决定》（第1版），人民出版社2014年版，第29页。

保护纳税人的合法权益。因此,必须尽快创造相应条件,适时制定有实质性内容的、专门的纳税人权益保护法,重点规定以下主要内容:

一要规范纳税人各项主要权益及其保护措施。

运用概括和列举相结合的方法,把纳税人的各项主要权益全部罗列出来,如纳税人的依法纳税权、申报纳税服务权、诚实纳税推定权、涉税信息保密权、税收使用知情权、税收立法参与权等,并规定有关的保护政策,采取相应的保护措施,系统增加保护纳税人权益的实质内容,强化执法部门有关的法律责任,使保护纳税人权益真正落到实处。

二要鼓励纳税人依法成立自己的维权组织。①

允许和鼓励纳税人依法成立纳税人自己的维权组织,如纳税人协会、纳税人之家等,组织纳税人维护自己的合法权益。其主要职责:一是开展税收法律宣传教育,引导纳税人依法诚信纳税,同时增强纳税人的维权意识,并为纳税人维护合法权益提供法律援助。二是收集纳税人对税收执法、征收管理、纳税服务等方面的意见建议,及时向有关税务机关反映,提出改进建议。同时有重点地参与稽查案件审理,积极参与税务听证、行政复议和税务诉讼前的调解活动,及时协调化解税务矛盾纠纷。三是开展税收法律实施调研活动,及时收集纳税人对税收立法、司法的意见建议,反映纳税人的合理需求,为税收立法、司法决策提供参考依据。

三要健全税务矛盾和纠纷预防化解机制。②

为了健全税务矛盾和纠纷预防化解机制,必须加强受理纳税人税务投诉、行政复议和税务诉讼的机构建设。在目前既定的条件下,作为受理纳税人税务投诉的专门机构,应在现有的财政监察系统或者在税务系

---

① 《中共中央关于全面推进依法治国若干重大问题的决定》(第1版),人民出版社2014年版,第29页。

② 《中共中央关于全面推进依法治国若干重大问题的决定》(第1版),人民出版社2014年版,第29页。

统组织框架内，从上到下分别设立税务监察机构，专门受理纳税人对税务人员的投诉；作为税务诉讼的专门机构，应在现有的法院系统组织框架内，成立专门的税务法庭，待时机成熟时可单独成立各级专门的税务法院，专门受理有关纳税人相应的税务诉讼。

四要建立纳税人法律救助制度。①

建立纳税人法律救助制度，实施对纳税人的法律救助，保证纳税人特别是弱势群体在遇到税法问题或者利益受到侵害时，获得及时有效的法律帮助，更有效地维护自己的合法权益。建立纳税人法律救助中心，可由注册税务师、注册会计师、律师、纳税人代表等志愿者共同组成的专业化第三方组织，为纳税人提供免费、高效、快捷的税法救助服务，更好维护纳税人的合法权益。纳税人法律救助中心的主要职责是：依法实施对纳税人特别是弱势群体的法律救助和法律服务，为纳税人遇到税法问题及时获得有效的法律帮助，保护纳税人的合法权益；对纳税人反映的有争议问题，及时进行调查了解、核实沟通，提出合理化建议，公平合理作出调解；并对税务机关日常行政执法行为进行监督等。

三、尽快修订《税收征收管理法》，加强对纳税人权益的保护

在尚未制定出台专门的纳税人权益保护法之前，必须尽快修改我国《税收征收管理法》，该法应当专门增设纳税人权益保护一章，全面系统地增加保护纳税人权益、强化执法部门有关法律责任等内容，严格限定税收主管部门在税收执法中的行政量裁权。修订我国《税收征收管理法》要以保护纳税人权益为中心，以促进和谐税收建设为目标，为改善税收管理，优化纳税服务和深化税制改革提供法律保障。为此需要重点规定以下主要内容：

一要确定纳税人为自主申报的纳税主体，增强纳税人应有的权利。

---

① 《中共中央关于全面推进依法治国若干重大问题的决定》（第 1 版），人民出版社 2014 年版，第 28 页。

为了完善纳税人权利体系，优化申报纳税服务，切实保障纳税人权益，修订我国《税收征收管理法》，既要在总则立法宗旨和有关章节中确立纳税人为自主申报纳税的主体，具有与税务机关同等重要的法律地位，又要规定增加纳税人权利的具体内容，确立优化申报纳税服务的理念。为了加强对纳税人权益的保护，我国《税收征收管理法》应当规定增加纳税人以下应有的权利：依法纳税权、诚实纳税推定权、纳税申报修正权、参与税收立法权、申报纳税服务权等。

二要明确电子申报资料的法律效力，为纳税人申报纳税提供便利。

为了适应电子技术在现代管理领域的广泛应用，同时减轻征纳双方的成本负担，根据各地电子申报的实际情况和相对成熟的技术支持，修订我国《税收征收管理法》，必须明确纳税人电子申报资料的法律效力，应当增加规定："根据征纳双方认可的安全方式，使用电子化签名报送的各类电子申报资料具有与纸质资料同等的法律效力"。这既符合为纳税人提供优质服务、减轻纳税人负担的总体要求，又体现立法的科学性和实用性的有机统一。

三要建立纳税申报修正制度，促进税收征纳关系的和谐。

为了加强对纳税人权益的保护，修订我国《税收征收管理法》，要建立纳税申报修正制度，规定纳税人、扣缴义务人在纳税申报后发现有误的，可以对申报内容进行修正，可以更正申报或补充申报。这是"以人为本"精神在《税收征收管理法》中的具体体现，给予纳税人、扣缴义务人因各种原因而造成申报不实进行自我更正的机会。如果在税务机关实施税务检查之前，纳税人、扣缴义务人对以前纳税期内少缴的税款进行补充申报并补缴了税款和滞纳金，可视为纳税人对自身违法行为进行了纠正。无论纳税人少缴税款的原因为何，都应允许其补充申报并补缴税款及滞纳金，并相应减轻其处罚。这种修正制度及其处理方式，不仅符合国际税制的通行做法，而且有利于构建和谐税收，促进和谐社会的建设。

四要明确侵犯纳税人权益行为的法律责任，增强保护纳税人权益的意识。

为了有效保护纳税人权益，修订我国《税收征收管理法》，必须明确规定税务机关和税务人员侵犯纳税人权益行为的法律责任。一要规定税务机关和税务人员不得利用工作之便，对纳税人索取或变相索取财物，对于"吃拿卡要"纳税人财物和获取其他利益的，要以受贿罪论处；二要规定税务部门在法定时间内不得以任何借口对纳税人进行重复税务检查，不得重复索取纳税申报资料，否则以侵犯纳税人权益论处；三要规定税务人员不得对纳税人打击报复，对于肆意打击报复纳税人、无理故意刁难申报纳税的，要严肃依法处理，坚决开除出税务部门，清除侵害纳税人权益的"害群之马"；四要规定为了避免人情税、过头税和"暗箱操作"等违法乱纪现象的发生，税务部门不得安排税务人员及其直系亲属在同一系统和利益相关单位工作，税务人员不得负责和参与对其利益相关方的直系亲属及其单位的税收征管工作等。

第三节　抓紧落实预算法定原则，促进依法理财治国

下个阶段落实预算法定原则的重点包括以下主要内容：

一、细化和科学编制国家预算，增强预算的科学性和完整性

《全面深化改革决定》指出，"改进预算管理制度。实施全面规范、公开透明的预算制度"。[①] 目前我国预算编制存在的主要问题是，预算编制的时间过晚、过短，预算编制的内容过于简单粗略，影响预算编制的科学性、完整性和透明度；同时财政编制报批的预算草案只有一般性预

① 《中共中央关于全面深化改革若干重大问题的决定》(第 1 版)，人民出版社 2013 年版，第 19 页。

算,缺乏政府基金预算,国有资产经营预算,社会保障预算,预算编制不仅很不完整,而且更谈不上预算编制的科学性。

为了落实预算法定原则,必须克服预算编制的问题,早编、细编预算,提高预算编制质量,增强预算的完整性和科学性,要求政府预算主管部门重点做好以下主要工作:一要提前编制预算草案,从预算年度前一年的年初开始编制至年末结束,编制期限为12个月,在每个预算年度开始前必须将预算草案全部编制完毕;二要按复式预算编制各级预算,复式预算包括公共预算、政府基金预算、国有资产经营预算、社会保障预算;三要细化预算编制内容,政府本级公共预算收支按一级预算单位编制,国有资产经营预算收支按类别和重大建设项目编制,社会保障预算收支按社会保障和补助的类别编制,转移支付收支按一般转移、专项转移的类别编制;四要采用"因素法"编制各级预算,按照国家预算完整性原则的要求,科学编制复式预算。

二、加强和完善预算审查监督,[①]强化国家预算约束

《全面深化改革决定》强调指出,"强化权力运行制约和监督体系",[②]"完善……专项检查和责任追究制度"。[③] 从近几年对预算执行情况的审计工作报告反映的情况来看,目前违反预算管理的行为种类比较繁多:有些地方和部门没有严格依法征税,存在少征、多征、包税和变相包税等问题;有些领导预算法治观念淡漠,"乱批条子、乱开口子"时有发生;预算资金管理使用不严,有的擅自改变使用方向,有的铺张浪费严重;违法乱纪现象比较普遍,缺乏严格责任追究制度。

《全面深化改革决定》提出,"审核预算的重点由平衡状态、赤字规

---

① 《中共中央关于全面深化改革若干重大问题的决定》(第1版),人民出版社2013年版,第29页。

② 《中共中央关于全面深化改革若干重大问题的决定》(第1版),人民出版社2013年版,第35页。

③ 《中共中央关于全面深化改革若干重大问题的决定》(第1版),人民出版社2013年版,第38页。

模向支出预算和政策拓展”。[①] 加强预算审查监督，不仅要重点加强对科教文卫等法定支出和重点建设支出项目的审查监督，还要加强对预算执行全过程的跟踪监督，特别是加强对政府预算调整的审查监督，落实预算法定原则，强化预算约束。为了严格法律责任，强化预算约束，针对较为普遍、危害较大的违反预算管理行为，最高立法机关还应委托审计机关、借用审计力量，有重点地加强对预算执行的审计监督，并视违法乱纪行为的情节轻重，追究有关部门主要领导和直接责任人员相应的行政责任或者刑事责任。加强对预算审计监督的重点包括以下主要内容：一是否严格依法征税，依率计征，应收尽收。有否按税收指标多征、少征、缓征税收，有否“包税”或“变相包税”、越权减免税。二是否截留、挤占财政收入，有否混淆各级财政收入的级次，擅自变更财政收入的级次。三是否擅自改变财政资金的用途，有否将财政资金挪作他用，或在预算科目之间流用。四是否私设部门、单位小金库，有否违规发放津贴，巧立名目发放各种补贴。五是否健全地方债务管理制度，将地方债务纳入预算管理，严格地方债务风险目标管理，防范地方财政风险。对地方举借债务擅自超过法律规定比例的，或者地方债务到期无法清偿的，追究地方主要领导和直接责任人员的法律责任。

第四节　全面落实税收法定原则，依法保护纳税人合法权益

严格依法治税，全面落实税收法定原则[②]的核心是严格按照税法规定办税，重点是依法征税，依率计征，应收尽收。为此，税务主管部门必

---

① 《中共中央关于全面深化改革若干重大问题的决定》（第 1 版），人民出版社 2013 年版，第 19 页。

② 《中共中央关于全面深化改革若干重大问题的决定》（第 1 版），人民出版社 2013 年版，第 29 页。

须带头严格执行税法,重点包括以下内容:

一、落实税收法定原则,必须强化对纳税人合法权益的保护

落实税收法定原则的实质是,维护纳税人的合法权益。税务部门应由“对纳税人征管”转变“为纳税人服务”的法治观念,树立保护纳税人合法权益,强化行政执法主体应尽义务的法治意识。在税收法律关系中,税收机关作为行政执法主体有依法征税的权利,纳税人作为义务主体有依法纳税的义务。但作为行政执法主体的税务机关对其征税权利应伴有相应的义务,而纳税人对其纳税义务也应伴有相应的权利。作为征税主体的行政执法机关,在行使征税权利后,就应赋予保证税收收入合法有效使用,行政机构依法履行职责且高效运转,确保纳税人财产安全等的义务。纳税人在依法履行纳税义务后,就应享受税收使用的知情权、财政支出的监督权、财产人身的安全权、财税立法参与权等有关方面的权利。落实税收法定原则,税务机关必须加强对纳税人合法权益的保护。

二、落实税收法定原则,必须严格依法治税

为了全面推进依法治国,财政部门应当带头严格依法理财,税务部门应当带头严格依法治税,即按照税法规定的税收八大要素,全面落实税收法定原则,严格依法征税,以率计征,缴纳税款,应收尽收。切实改变有些税务机关按照税收任务或计划指标征收税收的做法,尽快取消有些地方和部门存在的各种形式的“包税”或变相“包税”现象,严格按照税法规定办理税务,真正做到有法必依、执法必严,严格依法征税、以率计征,既不能征收“过头税”“人情税”,也不能超越税收管辖权,擅自搞“越权减免税”,减征、少征、缓征应征的税收收入,更不能违法乱纪,私自截留、占用、挪用税收收入,或者私下进行“暗箱操作”“权钱交易”,从根本上确保税收的公平正义,纳税的合理合法,确保纳税人的合法权益不受侵犯,从根本上全面推进依法治国,促进国家治理现代化。

三、落实税收法定原则,必须按税收要素全面落实

落实税收法定原则,必须按照税收八大要素,包括纳税人、征税对象、计税依据、税率、计税方法、减税免税、征收管理等全面落实税法，特别是贯彻落实税法中税收优惠政策。在条件成熟时，借鉴国外如澳大利亚等国行之有效的先进经验，最好实行税式支出，即把税收优惠当作财政支出处理，在对税法规定的税收优惠政策进行全面梳理的基础上，根据财经发展情况，预测计算出税收优惠的数额规模，作为政府财政支出的一项重要内容，列在政府预算支出报表中，与政府预算报告一并报最高立法机关审查批准，通过强化政府预算约束，尽量缩小税务部门的行政量裁权，促进税收法定原则的全面落实。

第十一章 关于完善中国特色社会主义财税法制体系的研究

党的十八届四中全会通过的《全面推进依法治国决定》指出："贯彻中国特色社会主义法治理论，形成完备的法律规范体系、高效的法治实施体系、严密的法治监督体系、有力的法治保障体系，形成完善的党内法规体系，坚持依法治国、依法执政、依法行政共同推进……实现科学立法、严格执法、公正司法、全民守法，促进国家治理体系和治理能力现代化。"①

中国特色社会主义财税法律制度是我国社会主义法律体系的重要组成部分。完善我国的财税法制体系，不仅对于深化改革开放，促进社会主义市场经济体制健全完善，建设社会主义公共财政，改善和规范财税宏观调控，促进经济社会的持续发

---

① 《中共中央关于全面推进依法治国若干重大问题的决定》(第1版)，人民出版社2014年版，第4页。

展和区域经济的协调发展,维护社会安全稳定,确保我国长治久安,有十分重要的现实意义,而且对于完善中国特色的社会主义法律体系,促进依法理财、依法治税,全面推进依法治国,加快小康社会全面建设,有着非常深远的意义。

第一节　国外财税法制建设对我们的主要借鉴

美国、澳大利亚、德国、法国等一些法制健全国家在财税立法和财税法律体系建设方面有着丰富的经验和有益的成果,有许多方面值得我们研究借鉴,主要包括以下内容:

一、财税法律制度比较健全完备,涉及财税领域各个方面

美、澳、德、法等国的财税法律制度比较健全完备。从纵向构成上看,一般由宪法、法律、行政法规等组成。如美国由《宪法》、法律、行政法规和法院判例等组成;澳大利亚由《宪法》、各税种法律、行政法规和司法解释等组成。

(一)在宪法中明确规定财税主要原则和有关权限

一是宪法明确规定税收法定原则。包括税制法定、税收要素法定、税收征管法定等内容,必须由最高立法机关所通过的法律加以规定。如澳大利亚《联邦宪法》规定,“议会有权制定关于税收的法律”;“一部税法只能规范一个税种”。法国《宪法》规定,“国会通过的法律决定税率、税基以及征税方式”。

二是宪法明确规定财政支出法定原则。宪法明确规定政府安排支出必须经过立法机关批准。如美国《联邦宪法》规定,“没有拨款法律为依据,财政部不能提供钱款,安排支出”;澳大利亚《联邦宪法》规定,“政府安排日常支出必须通过提出拨款法案的方式进行”。

三是宪法明确规定财税立法权限。宪法对涉及财税立法权限的事

项也有明确规定。如德国《联邦宪法》规定，“联邦对财政与关税，对其他联邦税收或共享税收享有立法权，州对地方消费税以及联邦税收立法权以外的项目享有立法权”。

四是宪法明确划分政府事权与财权。如美国《联邦宪法》、德国《联邦宪法》、澳大利亚《联邦宪法》对联邦的事权有明确规定；德国《联邦宪法》对联邦和州的税收做出明确规定。

（二）通过制定财税法律规范财税各个方面的主要活动

除宪法之外，立法机关制定大量的财税法律，如税收基本法、每个税种相应的税法、预算方面的法律、财政支出方面的法律、国有资产管理方面的法律、社会保障方面的法律等，来规范财税的收入分配和宏观调控等方面。

（三）通过制定行政性法规补充细化财税法律有关内容

根据法律规定，行政部门要制定行政性法规对财税法律进行实施说明。如美国财政部要制定财政法规对美国《税收法典》的有关规定进行说明，这些法规要按照所对应的法典章节的顺序汇集成册，并在正式实施前，向社会公布征求意见。美国国家税务局要制定税收裁定，对《税收法典》和行政性法规如何适用具体情况进行解释。澳大利亚联邦税收办公室也通过制定税收公函或税收函复，对其税法的适用进行解释。在英美法系国家中，有关财税事项的司法判例也构成法律的一部分。这些判例可为以后类似事项的处理提供法律依据。

（四）财税法律体系涉及财税各个方面

从横向构成上看，这些国家的财税法律体系的范围广泛，内容众多，包括规范各种税收、政府预算、财政支出、财务、会计、国债管理、国有资产管理、社会保障等方面的法律。

二、财税立法层次较高，并以法律为主体，法律效力较高

这些国家宪法明确规定，财税法律草案必须要提交最高立法机关审议批准；财税法律草案只有经过最高立法机关审议批准后，才能签署公布,成为正式法律。宪法还对税收与财政支出做出了严格的原则性规定,即有关税收与财政支出等方面的事项必须制定法律加以规范。行政性法规只是对财税法律的细化补充,其内容不能与财税法律的内容相抵触,更不能脱离财税法律而单独存在。而税务部门的裁定、公函和函复必须与法律和行政法规的内容协调一致,否则将会被法院判定为无效。

三、中央政府与地方政府之间事权、财权的划分比较清晰

这些国家宪法和有关法律对中央政府与地方政府之间的事权、财权划分作出明确规定。如德国联邦政府主要负责国防、外交、社会安全、社会保障和高速公路建设等事务;州政府主要负责文化教育、科学研究和公共安全(警察)等事务。德国联邦税收主要有:关税、消费税、资本转让税、个人所得附加税和法人附加税等;州税收主要有:财产税、遗产税、机动车辆税、啤酒税和赌博税等;德国联邦和州共享税主要有:个人所得税、法人税和增值税等。

四、注重立法的民主化、科学化,不断提高财税立法质量

这些国家大多经过许多年的财税法治建设实践,努力推进财税立法民主化、科学化进程,财税立法范围较广、质量较高。搞好财税法律草案的起草与审议是提高财税立法质量的重要途径。在财税法案起草方面的主要经验是:一要广泛听取不同部门的意见,认真研究现行财税制度和财税法律中存在的问题,提出改革方案;二要召开咨询会,了解社会不同阶层、不同团体对现行制度和改革方案有关内容的意见反映,收集社会不同团体提供的各种建议及其证据;三要运用宏观经济模拟模型,对改革方案的财政收支做出预测;四要运用微观模拟模型,将改革方案对不同群体的影响进行分析。在财税法案审议方面的主要经验包括:一是审议程序严格规范。税收法案先要提交给众议院,由众议院对法案进行严格审查,表决通过后再由参议院对法案进行审议并表决;两院如有不同意见,要召开两院联席会议进行审议表决;二是众、参两院有关财税的专门委员会在审议财税法案中发挥着主导作用,一般通过举行听证会等方式,由财税专门委员会对财税法案先行审议,并将其修改后的法案提交给两院讨论,两院以动议的形式要求财税专门委员会对法案进行修改后,提交大会审议批准;三是立法机关各委员会分工明确、各负其责、严格把关,确保财税法案的审议质量。

第二节　我国社会主义财税法制体系建设的现状和问题

一、我国社会主义财税法制体系的建设的现状

自改革开放以来,特别是党的十四大确定建立社会主义市场经济体制以来,进一步深化财税体制改革,财税立法有了较大的进展。据不完全统计,截至2017年年底,全国人民代表大会及其常务委员会制定财税法律和有关财税问题决定30多件,其中第十二届全国人大及其常委会制定和修改财税法律和有关财税问题决定10多件,国务院制定了有关财税方面的行政法规和法规性文件300多件,地方省市人大及其常委会制定了3000多件地方性财税法规和规范性文件,使财政、税收的主要活动有了法律依据。这些财税法律、法规与其他法律、法规相配合,使财税领域的主要方面基本上做到有法可依,为推进我国改革开放和依法治国的进程,促进经济社会持续协调发展,起到了非常重要的作用。

二、我国财税法制体系建设中存在的主要问题

我国财税立法虽然取得了很大的进展,但与完善中国特色社会主义财税法律体系,建设社会主义财税法治体系,发展社会主义财税法治理论,促进全面依法理财、依法治税等方面的要求还有较大差距,存在一些不足和亟待解决的问题,主要表现在以下几方面:

第一,已制定的财税法律较少,一些重要法律尚未制定出台,离健全完善社会主义财税法律体系尚有差距。

我国虽然已经制定了许多行政法规和法规性文件,但目前已经制定

出台的财政、税收法律仅有10部，即《预算法》《会计法》《注册会计师法》《政府采购法》《企业国有资产管理法》《个人所得税法》《企业所得税法》《车船税法》《环境保护税法》《税收征收管理法》。一些规范财政、税收基本活动急需的重要法律，如公共财政法、分税制管理体制法、中央与地方财政关系法、财政转移支付法、国有资产管理法、国债管理法、财政监督法、税法通则等，一些主要税种的单项法律，如增值税法、消费税法、资源法、房地产税法等，由于种种原因，还未制定出台，适应社会主义市场经济发展要求的现代财税法律体系尚未健全完善。

第二，财税立法滞后于改革开放，立法级次和法律效力较低，不能适应改革开放发展的需要。

20世纪80年代以来，经过多次规模较大的税制改革，我国已从改革前有限的几个税种，发展到目前19个种税，①形成一个多税种、多层次、多环节征收的税制新格局和分税制财政体制。但至今税收实体方面仅4个税种有税法：即《个人所得税法》《企业所得税法》《车船税法》和《环境保护税法》，另外税收征管程序方面有1个《税收征收管理法》。其中《个人所得税法》和《税收征收管理法》亟待修订和完善。一些主体税种如增值税、消费税、资源税、房地产税等都还没有法律，绝大部分税种都还停留在行政法规上，其中税收条例4个，税收暂行条例15个。由于财税立法级次不高，大量行政性法规的法律效力较低，变动又比较频繁，不符合国际通行规则，不仅影响投资环境和吸引外资，而且影响我国企业参与国际市场竞争，还影响财税部门严格依法理财、依法治税及其执法效果。

第三，财税立法缺乏科学合理的长远规划，立法分工不明确、协调不及时、进展不理想。

长期以来，由于缺乏科学合理的财税立法长远规划，财税立法分工

---

① 《2017年中国税制概览》(第1版)，经济出版社2017年版，第13页。

不够明确，并不清楚究竟哪些法律应由国务院起草，哪些法律应由全国人大起草，应该由哪个部门起草、何时提交审议，都没有明文明确规定，全国人大对财税立法的内部分工也不够明确，致使立法"扯皮"现象时有发生，影响财税立法进程。立法程序相当繁杂，一般财税法律从立法提案、列入规划、到分配落实立法任务，再从法律草案起草、审议、修改、协调、到批准通过，都要反复经历下述许多部门、许多过程：从国家税务总局、财政部，到国务院法制办公室，到国务院常务会议，然后再到全国人大财经委员会和预算工委、法律委员会和法工委，最后到全国人大常委会，层层调查，层层研究，层层修改，层层协调，经过程序过多、时间拖得过长，不仅大量重复劳动，浪费人财物，而且影响立法质量和效率，一旦中间某个环节出问题、被卡住，立法就立即陷入停顿状态，就难以按质、按量、按时完成立法任务。

第四，行政法规成为财税法律制度的主体，立法质量不够理想，影响执法效果。

由于多方面的原因，我国大量现行法规成为财税法律制度的主体，财税立法特别是法规质量不够理想：有些法规缺乏对我国国情的全面考虑，规定得不够合理、不切实际，以致出现有法难依的情况；有些法规的规定比较笼统、不够具体，弹性较大，缺乏可操作性，不能有效地解决实际问题；有些法规前瞻性不强，与改革开放的进程不相适应，以致颁布实施不久就滞后于改革发展；有些法规存在着较浓的部门色彩和地方保护主义，有争局部利益的倾向，对行使权力主体的职权规定多而细，而对其相应承担的法律责任规定少而粗；有些法规之间存在矛盾、冲突、不衔接的现象，有些法规与法律不一致，影响法制的统一性和严肃性，不仅给严格依法理财、依法治税造成一定困难，而且导致财税执法不力、违法乱纪严重的一个重要原因。这种状况已经不能适应完善财税制度体系，建立现代财税体制，促进依法理财、依法治税，全面推进依法治国的要求，必须尽快改变。

第三节　完善社会主义财税法制体系的目标和构想

一、完善社会主义财税法制体系的总体目标

党的十八届四中全会《全面推进依法治国决定》指出："全面推进依法治国，总目标是建设中国特色社会主义法治体系，建设社会主义法治国家。"①完善我国社会主义财税法制体系的总体目标应当是，既适合中国国情，又符合国际通行做法，以《宪法》为统帅，以财政基本法、税法通则为骨干，以涵盖财政、预算、税收、财政支出、财务、会计、国债管理、国有资产管理、社会保障资金管理、财政监督等方面的法律为主体，以相关的行政法规和地方性法规为辅助，由门类齐全、内容完整、结构严谨、内部协调、体例科学的财税法律及其配套法规构成有机的统一整体，形成健全完善、系统协调、外部开放的社会主义财税法律体系，促进中国特色社会主义法治体系的建设，促进依法理财、依法治税，全面推进依法治国，推进国家治理体系和治理能力现代化，加快小康社会的全面建设。

二、社会主义财税法律体系的主要构成

从我国财税法律体系的纵向构成看，在《宪法》统帅下，应当包括财税法律、财税行政法规、地方性财税法规和法规性文件等层次：

《宪法》，即《宪法》中关于财政、税收方面的原则性规定，这是构建我国财税法律制度的统帅和基石。应在《宪法》中健全和完善有关财政管理体制、税收制度、分税制管理体制等财税基本制度，中央政府和地方政府之间事权、财权和支出责任的划分，税收法定原则、预算支出法定原则、公民在财税方面的基本权利和义务等重大原则性的规定。

① 《中共中央关于全面推进依法治国若干重大问题的决定》(第1版)，人民出版社2014年版，第4页。

财税法律，即由全国人民代表大会及常务委员会制定通过的关于财税方面的法律、规定、决定和决议等。

财税行政法规，即由国务院制定通过的关于财税方面的条例、规定、决定和全国性法律实施细则等。

地方性财税法规，即由省、直辖市、自治区人大及其常委会和《立法法》规定的较大的市人大及其常委会制定通过的，关于财税方面的条例、规定、决定和全国性财税法律、财税行政法规在本行政区的实施细则等。

从财税法律体系的横向构成看，应当包括以下十大方面：

（一）财税基本法律

主要包括公共财政法、税法通则、中央财政与地方财政关系法、财政监督法等，调整国家与机关团体、社会组织、公民之间和中央与地方之间所发生的财政关系等内容。

（二）预算方面的法律

主要包括《预算法》、国有资产经营预算法、社会保障预算法、国库收付管理法等，调整国家与机关团体、社会组织、公民之间和中央财政与地方财政之间在预算资金的筹集、分配、管理、使用过程中所发生的预算关系，调整人大与政府之间的预算审查、批准、监督关系等内容。

（三）税收方面的法律

主要包括《税收征收管理法》《企业所得税法》《个人所得税法》以及增值税法、消费税法、关税法、资源税法、印花税法、房地产税法、土地使用税法、遗产税法、社会保障税法等。调整国家与公民、法人和其他组织之间的税收关系以及中央与地方之间税收关系等内容。

（四）非税收入方面的法律

主要包括政府性基金管理法、行政事业性收费法、彩票法等，调整国家与公民、法人和其他组织之间在政府性资金、行政事业性收费和彩票资金的筹集、分配和管理过程中发生的社会关系等内容。

（五）财政支出方面的法律

主要包括财政支出管理法、财政转移支付法、《政府采购法》、财政补贴法、税式支出法等，调整在财政分配过程中所发生的各种支出关系等内容。

(六)财务方面的法律

主要包括具有法律效力的财务通则、财务管理法等，调整国家与企业、事业、行政单位和基本建设单位之间的财务关系等内容。

(七)会计方面的法律

主要包括具有法律效力的《会计准则》《会计法》《注册会计师法》等，调整在经济活动中进行会计事务所形成的会计关系等内容。

(八)国有资产管理方面的法律

主要包括国有资产投资法、国有资产管理法、国有资产经营预算法等，调整国有资产所有者、经营者、使用者在国有资产的投资、形成、占有、使用、收益和分配中所发生的国有资产管理关系、经营预算关系等内容。

(九)国债管理方面的法律

主要包括国债管理法、外债管理法等，调整以国家为主体的债权债务关系以及国债资金筹集、分配、使用、流通、偿还关系等内容。

(十)社会保障资金管理方面的法律

主要包括社会保障资金管理法、社会保障税法、社会保障资金预算法等，调整国家在社会救济资金、失业救济资金、职工养老资金、医疗资金、优抚安置资金等的筹集、分配、使用和管理的过程中所形成的社会保障关系、税收关系、资金预算关系等内容。

第四节　完善我国社会主义财税法制体系应采取的主要措施

党的十八届四中全会《全面推进依法治国决定》提出："法律是治国之重器，良法是善治之前提。建设中国特色社会主义法治体系，必须坚持立法先行，发挥立法的引领和推动作用，抓住立法质量这个关键……要把公正、公平、公开原则贯穿立法全过程，完善立法体制机制，坚持立改废释并举，增强法律法规的及时性、系统性、针对性、有效性。”①现阶段完善社会主义财税法制体系，应当采取以下主要措施：

一、制定科学合理的财税立法长远规划，抓住财税立法的重点，有计划地加快财税重点立法

党的十八届四中全会《全面推进依法治国决定》指出：“健全有立法权的人大主导立法工作的体制机制，发挥人大及其常委会在立法工作中的主导作用。”②全国人大及其常委会在依法治国、建设社会主义法治国家的进程中，肩负着重大任务，必须发挥人大及其常委会在立法中的主导作用，切实抓好立法长远规划。财税法律制度是社会主义法律体系的重要组成部分，经过近40年的不断探索，改革开放和经济建设有了很大发展，改革的方向和目标已经明确，财税立法在数量和质量上，都还远远不能适应改革开放、经济发展的需要，必须按照系统论的科学方法，注重财税法制体系的顶层设计，尽快制定科学合理的财税立法长远规划，根据党的十八届四中全会《全面推进依法治国决定》“加强重点领域立法”的要求，应把财税立法工作的重点放在一些改革发展稳定迫切需要的、条件比较成熟的、规范财税基本活动的重要法律上，如中央财政与地方财政关系法、房地产税法、国有资产经营预算法、增值税法、社会保障税法、社会保障预算法等。现阶段首先要根据法律的轻重缓急、起草的难易程度、立法的需要与可能，搞好财税立法各项目标的协调配合，理顺财税法律之间、法规之间、法律与法规之间的关系，明确立法权限和分工协作，制订周密的年度财税立法计划，加强对法律起草工作的领导，组织强

① 《中共中央关于全面推进依法治国若干重大问题的决定》（第1版），人民出版社2014年版，第8页。

② 《中共中央关于全面推进依法治国若干重大问题的决定》（第1版），人民出版社2014年版，第10页。

有力的工作班子，有计划、有重点地加快财税立法。

二、从我国国情出发，研究借鉴国外财税立法的成功经验，尽快与国际通行做法衔接

党的十八届四中全会《全面推进依法治国决定》提出："社会主义市场经济本质上是法治经济。使市场在资源配置中起决定作用和更好发挥政府作用……完善社会主义市场经济法律制度。"①一些法制健全、经济发达国家对市场经济条件下的财税立法有着丰富经验。我们所要制定市场经济条件下的财税法律、法规，本质上属于现代市场经济的运行规则，都要遵循现代市场经济共同的客观规律。这就决定了我们在制定适应市场经济的财税法律时，不仅必要而且可能借鉴吸收国外成功的立法经验和行之有效的立法成果。但我国还是一个发展中国家，经济发展水平还不高，经过40年的改革开放，我国初步建立社会主义市场经济体制和相应的财税体制。因此，借鉴和吸收国外经验时，必须从中国的实际出发，择优选择对我国发展最有用、最有效的为我所用。这就要求我们，一方面借鉴市场经济国家由立法机关制定财税法律的成功经验；另一方面在财税立法的体系构成、主要原则、立法方式、立法技术、立法体例和立法内容等方面，研究吸收国外立法的有效成果，并尽快与国际通行做法衔接协调，如给予外资企业国民待遇，避免双重征税，为内外资企业创造公平竞争的环境等，以加快财税立法的步伐，促进经济社会持续协调发展。

三、经过法定的立法程序，尽快将条件成熟的法规上升为法律

党的十九大报告指出："推进科学立法、民主立法、依法立法、以良法促进发展、保障善治。"②经过20世纪90年代税制全面改革和对税制改革的授权立法，我国现有税收条例4个，税收暂行条例15个。为了贯彻

① 《中共中央关于全面推进依法治国若干重大问题的决定》（第1版），人民出版社2014年版，第12页。

② 《党的十九大报告辅导读本》（第1版），人民出版社2017年版，第38页。

党的十九大报告精神，落实税收法定原则，加快税收立法，要在对现有财税法规进行全面清理的基础上，区别不同情况，采取不同的对策：对已经完全不适用和部分不适用的法规，该废止的废止，如《农业税条例》；该部分失效的失效，如《营业税暂行条例》；该修改的修改，如《消费税暂行条例》；对经过多年改革开放的实践检验、条件基本成熟、规范财税基本活动的一些重要法规，经过法定的立法程序，由全国人大及其常委会尽快将这些财税法规上升为效力较高的财税法律，如《增值税暂行条例》等，这是目前加快财税立法最便捷、最有效的措施。对曾经列入全国人大立法规划的财税立法项目，如社会保障税法、财政监督法等，要摸清存在问题，搞好立法协调，继续抓好法律起草制定工作，适时提交全国人大审议；对已列入第十三届常委会立法规划的财税立法项目，要做到起草计划、组织、进度三落实，及时掌握财税立法情况，督促起草部门加快进度，严格按照立法规划的要求，保质保量地完成立法任务。

四、讲究立法技术和论证协调，积极推进科学立法、民主立法，努力提高立法质量和效率

党的十八届四中全会《全面推进依法治国决定》指出："深入推进科学立法、民主立法。加强人大对立法工作的组织协调，健全立法起草、论证、协调、审议机制……推进立法精细化。"①完善社会主义财税法制体系的范围广、内容多、涉及面宽、任务繁重，必须按照系统论的科学方法，注重财税法制体系的顶层设计，讲究立法方法和立法技术，抓住财税立法的重点，先立改革发展稳定急需的、条件比较成熟的、规范财税活动的基本法律，再立与之相配套的法律、下位法律和其他一般法律，同时要使各财税法律之间、不同效力等级的法律规范之间、实体法与程序法之间紧密配合、互相协调。要改进法律起草制定和论证协调工作：对重要的

---

①《中共中央关于全面推进依法治国若干重大问题的决定》(第1版)，人民出版社2014年版，第10页。

财税立法项目统一组织力量起草,实行立法工作者、实际工作者和专家学者三结合;对需由国务院组织起草的财税法律,人大常委会的立法工作机构和有关专门委员会可以适当方式参与起草的论证和调查;在全国人大统一安排下,人大专门委员会和人大常委会工作机构有重点、有选择地承担财税重点法律的起草任务;对财税立法中有争议的重大问题和重大分歧意见,由立法高层领导及时进行立法协调和相应决策,切实避免久拖不决,提高立法协调的时效和质量。同时,积极推进财税的民主立法、科学立法,努力提高财税立法工作的质量和效率,为完善财税法律体系,建设现代财税制度,促进依法理财、依法治税,推进国家治理体系和治理能力现代化,全面建设小康社会,做出应有贡献。

第十二章　关于全面修订《个人所得税法》的重点问题和政策建议

第一节　全面修订《个人所得税法》的指导思想

修订我国《个人所得税法》的指导思想是否正确合适，直接决定我国《个人所得税法》修订的成败和效果。党的十九大报告指出："鼓励勤劳守法致富，扩大中等收入群体，增加低收入者收入，调节过高收入，取缔非法收入……履行好致富再分配调节职能，加快推进基本公共服务均等化，缩小收入分配差距。"①为了贯彻落实党的十九大报告上述精神，构建人与自然、经济社会协调发展的和谐社会，促进小康社会全面建设，全面修订我国《个人所得

---

① 《党的十九大报告辅导读本》（第1版），人民出版社2017年版，第46页。

税法》应以加大对高收入者的调节力度,缩小收入分配差距,缓和收入分配不公矛盾,构建社会主义和谐社会,促进小康社会全面建设为指导思想。这是因为:

从我国收入分配的现状来看,贫富差距正在扩大,最高收入与最低收入相差好几十倍。我国基尼系数早已超过国际0.4的警戒线,据国家统计局公布的基尼系数,到2008年创下改革开放以来的最高值,为0.491,此后逐步持续下滑,2016年再次转为上涨为0.465,2017年基尼系数为0.467。必须尽快采取有力措施,逐步解决收入分配差距悬殊、收入分配不公问题,而作为直接税的个人所得税则是调节收入分配的重要手段,应当在调节收入分配方面发挥更加重要的作用。

从维护社会稳定来看,修订我国《个人所得税法》涉及千家万户,我国低收入者尤为关注这次调整。就全面修订《个人所得税法》调整税负水平来说,对低收入者应适当减轻税负,对高收入者应适当加重税负,对中收入者则应基本持平,以缓解社会矛盾,较少社会振动,维护社会稳定。

从实践经验来看,在我国现有条件下,比较可行的途径是:在国民收入初次分配领域,应当坚持效率优先、兼顾公平的原则,以促进经济的发展,即把"蛋糕"尽量做大;在国民收入再分配领域,应当坚持公平优先、兼顾效率的原则,防止收入差距过大,形成两极分化,影响社会稳定。因此,在个人所得税制改革和修订完善上,必须始终把调节收入分配,防止两极分化,促进社会主义和谐社会建设放在首位。

从社会主义基本经济规律来看,正如党的十九大报告指出:"明确新时代我国社会主要矛盾是人民日益增长的美好生活需要和不平衡不充分的发展之间的矛盾,必须坚持以人民为中心的发展思想,不断促进人的全面发展、全体人民共同富裕"。① 社会主义生产的根本目的是满足

---

① 《党的十九大报告辅导读本》(第1版),人民出版社2017年版,第19页。

人民群众日益增长的美好生活需要，进而实现共同富裕，在社会主义市场经济条件下，如何处理好个人收入分配中公平与效率的问题，有效遏制收入分配差距扩大，防止两极分化，同时促进经济社会持续协调发展，是关系到社会主义生产根本目的——人民群众能否实现共同富裕的根本问题。

第二节　实行综合与分类相结合的征税模式

个人所得税的征税模式主要有三种，即分类征税模式、综合征税模式、分类与综合相结合模式。究竟采用哪种模式为好，必须分析和比较它们各自的利弊得失。

一、分类征收

分类征收所得税是将不同来源的个人所得按不同的税率分别计算征收的办法。分类征收有以下主要优点：

一是可以因所得性质的不同而采取不同的税率，体现税收政策的区别对待；二是有利于在所得发生处控制税源，由支付单位预扣预缴税款；三是各项所得单独征收，稽征手续简便，操作易行，节约费用。

分类征收主要缺点：

第一，征税范围有限，转移所得、偶然所得难以纳入征税范围；第二，不能实行统一累进的所得税率，不利于体现公平税负原则；第三，也不利于有效发挥对个人总收入水平的调节作用。

二、综合征收

综合征收所得税是将不同来源的个人所得经过合并计算、综合成统一的个人所得，使不统一的税基转为统一的税基，然后按统一的办法和税率征税。综合所得税的主要优点：

一是可以体现对个人征税的公平性；二是在采用累进税率的条件

下，有利于体现量能征税的原则，有效发挥税收调节个人收入水平的作用；三是综合所得税在课税的范围上，一般大于分类所得税，也有扩大财源的意义。

综合征收的主要缺陷：

第一，比分类税制复杂，实施和管理的要求较高、难度较大；第二，不太容易实行源泉扣缴制度，对工资薪金收入不如分类征收模式那样容易实行代扣代缴制度。从国际上看，据 78 个国家实行所得税征收模式的类型分析，有 62 个国家实行综合征收税制，占 79.5%，因而这是一种主要的征收模式。

从我国的现实情况和征税管理水平出发，目前我国征税模式应当采用综合征税与分项征税并用的综合计税的方式。综合征税项目应当是应税所得的主要项目，即对经常性的、数量较大、比较稳定的所得项目，如工薪所得、劳务所得、财产所得等，实行综合征税；同时，对其他项目实行单项征税。单项征税的项目所征的税款为最终税，不再列入综合计税的范围。

实行综合征收税制，并不意味着要求实行全面申报。但对符合以下条件之一的纳税人必须履行申报义务：

一是超过一定数额的重点纳税人；二是有多种来源所得者；三是未实行源泉扣缴和征收预提税者；四是同时从一个以上雇主取得收入者。

以上都必须履行申报义务，并分期向税务机关缴纳税款。年终应对征收预提税和实际应缴税计算比较，该补的补，该退的退，但退税面最好能控制在征税面的 20% 以下，否则工作量太大，难以操作。

第三节　合理调整减免税项目

在调整减免税项目时，应当考虑以下方面的因素和要求：

一是体现国家有关的重大方针政策，对贯彻重大政策如科教兴国、兴师重教、科技创新、兴农支农等方面的减免项目不宜取消；

二是维护国家的安定团结和社会的稳定，可能影响社会稳定的如社会保障、环境保护方面减免项目不宜取消；

三是对重大的自然灾害如洪涝灾害、海啸、地震灾害等应规定减免税项目，但应有一定的前提条件和审批程序；

四是免税、减税项目分别列出，并在税法、细则两个层次上分别写明，对普遍性的项目（如国债利息免税）、国家通行的项目（如外交代表免税）等可以写进税法，对非普遍性的项目、具有特定对象的项目则可写进细则。

第四节　科学制定费用扣除标准

制定费用扣除标准至少应当考虑以下因素和要求：

第一，个人基本生活费用的扣除；第二，家庭负担费用的扣除，包括育儿经费、教育经费、养老经费等；第三，商品零售价格指数特别是居民消费价格指数的扣除；第四，不能影响广大纳税人的基本生活，特别是不能降低低收入者的生活水平；第五，对外籍居民纳税人和中国居民纳税人两种扣除标准设定一个最后期限，逐步缩小国内居民和外国居民之间费用扣除的差距，以适应加入 WTO 和逐步实现国民待遇的需要。

自改革开放以来，特别是"九五时期"以来，我国住房、教育、医疗、劳保等体制改革加快，由居民家庭负担的费用成倍增加，加上交通、水电、燃气等价格大幅度上涨等，居民生活费用水平上升很多。因而我国科学制定费用扣除标准的改革方向：一是应当由以个人基本生活费用的扣除为主，逐步转向以家庭负担费用的扣除为主；二是费用扣除应当随物价变化而及时进行调整。但是，实际操作起来有一定的难度，每年调整不仅困难，而且也没有必要，可以考虑几年调整一次，根据物价变化的实际情况，如消费价格指数累计超过5%，或者每隔3年调整一次费用扣除标准。

第五节　合理调整个人所得税的税率和级距

为了更好体现全面修订我国《个人所得税法》的指导思想，加大对高收入调节的力度，缓和社会分配不公矛盾，应当对原税率表和级距作如下调整。

增加原《个人所得税法》中最后一档，即对全月应纳税所得额超过10万元的部分，征收税率为45%。第6档改为月应纳税所得额超过8万元至10万元的部分，征收税率为40%。这样修改后，级次由6级增加到7级，边际税率维持现行45%的税率不变，才能较好地体现《个人所得税法》修改的指导思想。从国际税率水平来看，45%的边际税率并不高。据实行综合税制的76个国家的情况统计，最高边际税率为50%～70%的22个国家，占总数的29%。其中既有发达国家，也有发展中国家。

第六节　明确征税项目、免税项目和税率调整的权限

我国《宪法》规定，全国人民代表大会有“制定和修改刑事、民事、国家机构和其他的基本法律”的职权。全国人大常委会有“制定和修改应当由全国人民代表大会制定的法律以外的其他法律”。为了保证我国改革开放的顺利进行，1984年第五届全国人大常委会第七次会议通过了《关于授权国务院改革工商税制发布有关税收条例草案试行的决定》，1985年第六届全国人大第三次会议又通过了《关于授权国务院在经济

体制改革和对外开放方面可以制定暂行的规定或者条例的决定》,使我国初步形成了财税法规体系,促进了改革开放和经济建设的发展。目前,我国已经进入全面建成小康社会、全面深化改革、全面依法治国、全面从严治党"四个全面"战略布局的新阶段,取消对制定税收条例授权的条件已经成熟。无论是否保留对制定财税法规的授权,制定财税法律理应是全国人大及其常委会的专属职权和重大事宜,这也是全面落实税收法定原则的重要内容。

我国的《立法法》明确规定,财政、税收等的基本制度只能制定法律,即财税法律的制定修改权应属全国人大及其常委会。确定征税项目、免税项目和税率的调整,是制定和修改税法的核心内容,其权限应当归属全国人大及其常委会。在税法制定和修改过程中,税收主管部门有权提出征税项目、免税项目和税率的调整方案,经全国人大常委会审议、修改、通过后,作为税法的重要组成部分而纳入税法。在税法制定后,非经法定程序,国务院各部门包括税收主管部门、地方各级政府都无权调整征税项目、免税项目和税率,以保证我国税法执行的统一性和严肃性。如有特殊情况必须由税收主管部门或地方省级政府调整税法中的征税项目、免税项目和税率,必须经全国人大常委会授权和批准。

为了便于税收征管的具体操作,国务院税收主管部门有权就税法的施行制定实施条例或实施细则,有权就自己职责范围内的主管事项依法作出解释和说明,如对税法确定的征税项目、免税项目和税率作出解释和说明等。

第七节　优化税收征管配套措施和外部配套条件

为了加强对个人所得税的征收管理,许多国家采取多种配套措施。我们可以借鉴的征管配套措施主要有:

一、建立纳税人纳税号码制度

实行纳税人纳税号码制度，是一些国家加强个人所得税管理的一项重要经验。其一般做法是，对每一个纳税人都规定一个纳税申报号码，这个固定的纳税号码可用于纳税人所有的税收活动。在税务部门与工商、银行等部门密切配合或实行联网的情况下，纳税号码制度可以有效遏制个人所得税的流失，因而在国外特别是法治比较健全的国家采用得比较多。

我国税法应当规定，凡是年满 18 岁的公民都必须到当地税务机关登记并领取税务编码卡。凡是与纳税人取得收入有关的所有活动都必须使用税务编码。这些信息最终将从各个部门和银行、邮局、企事业单位、雇主等汇集到税务部门，税务机关可以通过计算机网络进行集中处理，方便准确地掌握纳税人的各项收入情况，从而更有效地控制和审核个人的纳税申报。纳税人编码系统应与公安户籍管理系统、身份证管理系统、银行储蓄存款管理系统、工商行政管理系统等联网，以便共享有关信息，充分发挥其应有的效用。

二、规定单位、雇主代扣代缴个人所得税和全员全额扣缴申报的义务

为了对个人所得税的工资薪金实行单位、雇主预扣制度，在确定纳税人义务的同时，还应规定单位、雇主应履行的义务。单位、雇主代扣代缴税收的主要义务是：

第一，代扣税款义务。即要求单位、雇主在规定的期限内按照职工、雇员的应税所得和适用税率预扣税款。预扣税款的范围一般规定为工资薪金。

第二，代缴税款义务。即单位、雇主必须将预扣的税款，在规定的期限内缴纳给税务机关。

第三，向税务机关提供有关职工、雇员的纳税资料。一般规定单位、雇主必须提供付给职工、雇员的工资、薪金、佣金等的情况资料。

第四，扣缴义务人应当按照国家规定办理全员全额扣缴申报义务。

三、规定银行的义务

实行利息的扣缴制度,就应规定银行应当履行的税收义务,规定金融机构在年终必须提供每个纳税人储蓄存款及其利息收入和债务情况,规定银行必须提供利息所得、借款数额以及公司收息支付情况。

四、规定对未履行义务的处罚

对未履行义务的处罚,一般应规定采取罚款制度。规定对未按要求提供情况的、未提供收息支付情况的都要罚款。涉及犯罪的或造成国家税收重大损失的,除罚款外,还应规定起诉、拘留、判刑等法律措施。

五、规定对税收部门的义务限制

应当规定对税收部门的义务限制,如税务部门询问情况必须与税收目的相关的,向银行询问情况必须尊重银行的保密规定制度。规定对任何与纳税人有商业往来的第三方,都必须提供有关税收情况,但应当遵守职业上的保密规定。

第八节 搞好个人所得税与企业所得税的衔接

一、个人所得税与法人企业所得税的收入水平

个人所得税与企业所得税收入水平相比较,在高收入的工业化国家,个人所得税占主导地位,如19个高收入国家,个人所得税占财政收入的27.27%,而企业所得税只占7.26%;在35个中等收入国家,个人所得税占财政收入的8.55%,企业所得税占13.26%;在18个低收入国家个人所得税占7.69%,企业所得税占12.07%。

从我国所得税情况来看,2004年、2007年企业所得税收入为4074亿元、8769.5亿元,分别占当年税收总收入的15.8%、17.7%,与中等收入国家收入水平相当;个人所得税收入为1737亿元、3185.5亿元,分别只占税收总收入的6.8%、6.4%,比中等收入国家明显偏低,不宜降低边际税率,同时应加强税收征管。

从近几年的发展情况来看,2014 年、2017 年我国企业所得税收入为 24,642.19 亿元、32,117.29 亿元,分别占当年税收总收入的 20.68%、22.25%;2014 年、2017 年个人所得税收入为 7376 亿元、11,966.37 亿元,分别占当年税收总收入的 6.19%、8.29%。从上述两种税收入的发展趋势来看,我国企业所得税收入的水平偏高一些,而个人所得税收入的水平偏低一些。

二、个人所得税与法人企业所得税的划分标准

我国一般应以自然人个人和公司(或企业,下同)法人作为划分个人所得税和公司所得税的标准。对自然人个人,包括从事生产经营的自然人个人、个体工商户征收个人所得税,而对公司法人包括国有企业、股份公司、私营有限公司以及我国公司设在国外的分支机构等则征收公司所得税。对于非法人组织的合资、合伙企业的合资人、合伙人应缴纳个人所得税。

第十三章　关于修订完善《预算法》的看法和主要建议

第一节　关于修订《预算法》的必要性和迫切性

我国《预算法》自 1994 年颁布以来，对于规范我国的预算管理，加强预算监督和预算行为，强化预算分配和监督职能，促进经济社会持续协调发展发挥了重要作用。但从《预算法》执行 20 多年的实践看，特别是从全面深化改革、全面推进依法治国、全面建设小康社会的要求来看，现行《预算法》已经不能适应现阶段全面深化改革、全面推进依法治国的需要，存在一些明显的不足和缺陷，归纳起来主要有三个方面的问题：

第一，随着我国改革开放的深入发展和社会主义公共财政的逐步建立，不断深化财政预算改革，出现了许多新情况，建立了不少新制度，如部门预算制度、政府采购制度、国库集中支付制度、财政转移支付制度、收支两条线制度等,我国《预算法》缺乏许多新内容、新规定,已经滞后于改革开放,特别是滞后于财税改革,需要通过修改我国《预算法》将实践证明行之有效的新制度以法律形式固定下来。

第二,我国预算法律制度本身也存在一些薄弱环节,如预算编制不科学,预算体系不完整,预算内容不透明,预算调整不合理,预算科目不科学,转移支付不规范等,需要通过修改我国《预算法》加以改善。

第三,我国《预算法》的有些条款规定比较原则、过于笼统,缺乏具体内容,可操作性不强,特别是缺乏人大对预算审查监督的内容,已经不能适应现阶段深化财政预算改革、严格预算审查监督和加强预算管理的要求,迫切需要修改和完善我国《预算法》,尽快解决我国预算法律制度存在的主要问题,并为逐步解决财政预算体制机制中的深层次矛盾创造良好条件。

党的十八届四中全会《全面深化改革决定》指出:"改进预算管理制度。实施全面规范、公开透明的预算制度。"修改《预算法》不仅是贯彻落实上述决定精神,解决《预算法》存在问题的迫切需要,而且是完善预算法律体系,建立现代预算制度,促进依法理财,推进依法治国,进而推进国家治理现代化的客观要求。

第二节　关于修订《预算法》的指导思想和初步设想

党的十九大报告指出:"建立全面规范透明、标准科学、约束有力的预算制度,全面实施绩效管理。"①我国《预算法》是规范预算编制、预算审批监督和预算管理执行的基本法律,是财政预算领域内的根本大法。修订和完善我国《预算法》不仅是做好预算审批监督和预算管理执行的

① 《党的十九大报告辅导读本》(第1版),人民出版社2017年版,第33页。

重要前提，而且关系到中国特色社会主义公共财政体制的完善和现代财政预算制度的建立，关系到促进依法理财、全面依法治国，关系到推进国家治理体系和治理能力的现代化。全面修订我国《预算法》的指导思想，从总体上看，主要包括以下内容。

一要以中国特色社会主义公共财政理论为指导，以全面深化预算改革，完善公共财政体制，建立现代预算制度为目标；二要按照现代法治理论，根据党的十九大报告精神和全面推进依法治国的要求，建立全面规范透明、标准科学、约束有力、比较完备的预算法律制度，真正做到有法可依，努力促进依法理财，全面推进依法治国；三要坚持以人为本，贯彻落实科学发展观，统筹兼顾人民群众各方面的利益，注重经济、社会与人的全面、可持续、和谐发展，加快构建社会主义和谐社会，全面建设小康社会。

我国《预算法》涉及国家、集体、个人三者利益分配，涉及中央与地方利益分配、社会和经济发展的各个方面，需要修改的范围很广、内容很多，由于目前一些关系重大的政治经济体制尚需深入改革，中央和地方事权、财权和支出责任的划分改革正在进行，中央与地方财政的分配关系尚未理顺，分税制预算体制和转移支付制度尚未规范化、法制化，要进行根本性的我国《预算法》大改的条件还不够成熟。鉴于我国的上述条件和现状的制约，现阶段修订我国《预算法》在范围、内容和程度上，进行全面大改的可能性不大，而进行小改又缺乏实质性意义，因而这次修订我国《预算法》的初步设想，从范围、程度和内容来看，只能是以立足于中改为好，对于一些争议比较大、修改条件不太成熟的问题可以放到以后逐步解决。在这个初步设想和上述指导思想的大前提下，这次修改我国《预算法》需要重点研究解决以下主要问题：分税制预算体制改革问题、预算执行与预算批准时间矛盾问题、预算编制改革问题、部门预算改革问题、人大审查监督预算的重点问题、预算超收收入使用问题、预算调整问题、加强人大预算的审查监督问题、决算草案编制审批问题、预算外资金使用监督问题、加强预算执行的审计监督问题、国库支付制度改革问题等。

第三节　关于修订《预算法》的主要内容和建议

一、关于改革和完善分税制预算体制

实行分级管理的分税制预算体制是市场经济国家普遍推行的财政管理体制模式。2016 年 8 月 6 日国务院颁发《关于推进中央与地方财政事权和支出责任划分改革的指导意见》指出，现行的中央与地方财政事权和支出责任划分还存在不清晰、不合理、不规范等问题，主要表现在：

一是政府职能定位不清，一些本可由市场调节或社会提供的事务，财政包揽过多，同时一些本应由政府承担的基本公共服务，财政承担不够；二是中央与地方财政事权和支出责任划分不尽合理，一些本应由中央直接负责的事务交给地方承担，一些宜由地方负责的事务，中央承担过多，地方没有担负起相应的支出责任；三是不少中央和地方提供基本公共服务的职责交叉重叠，共同承担的事项较多；四是省以下财政事权和支出责任划分不尽规范；五是有的财政事权和支出责任划分缺乏法律依据，法治化、规范化程度不高。分税制预算体制除了上述问题外，还存在中央与地方分配关系尚未理顺，地方税体系尚不健全，地方主体税种缺位，特别是县级财力规模过小，县级财政普遍比较困难，难以支撑地方政府正常运行；同时转移支付制度不规范、不科学、不透明，转移支付有较大的随意性，难以充分发挥转移支付调节地区间收入差距、促进区域公共服务均等化的功能。

为了改革和完善分税制预算体制，我国《预算法》应当增加和明确规定以下内容：一要按照社会主义市场经济公共财政的要求，将政府事权控制在市场失效的领域、社会公共事务和宏观经济层次；二要根据区域

性原则和受益性原则，科学合理划分各级政府的事权，将属于管理全国性的社会公共事务和宏观经济事务的权限划归中央政府，将属于管理地方性的社会公共事务和中观经济事务的权限划归地方政府；三要按照分级财政管理的要求，将所有的税种明确划分为中央税、地方税、中央和地方共享税，同时健全完善地方税体系，使各级政府履行社会性公共管理事务和区域性经济管理事务有相应的财力保证；四要按照公平透明原则，健全和完善科学规范的转移支付制度，加大对老少边穷、欠发达地区的转移支付力度，保证地区之间人均可支配财力的相对公平，促进区域经济的协调发展。通过上述改革，逐步理顺中央和地方的分配关系，整顿规范分配秩序，逐步解决县级财政困难等问题。

二、关于预算执行与预算批准时间的矛盾

先有预算，后有支出，严格按预算支出，是预算管理监督的一项基本原则。但是，目前由于种种原因，全国人民代表大会一般在3月召开，国家预算要经过全国人民代表大会的审查批准，才具法律效力，才能执行预算，这就出现预算执行在前、预算批准在后的不正常现象，影响预算执行的严肃性。

为了解决预算执行与预算批准时间的矛盾问题，有三种方法：一是修改预算年度，将预算年度改为从自然年度3月至下年度的3月，如果修改预算年度，就会出现预算年度与自然年度不一致而带来一系列新的矛盾和弊端，给正常的社会和经济生活造成诸多的问题，甚至出现混乱，这种削足适履的做法，不仅于事无补，无法解决根本问题，而且造成极大的副作用，实在得不偿失。二是在人民代表大会召开之前，比照上年度预算执行的情况，政府有关部门先编制一个第一季度临时预算，由政府提请人大常委会审查批准后执行，在人民代表大会召开后，再按人民代表大会批准的预算执行，这种方法简单易行。三是全国人民代表大会逐年提前召开，由目前本预算年度的3月提前到年初1月或上预算年度的年末12月召开。人民代表大会审查的重点是本年度的预算，上年度的预算执行情况改由政府有关部门报告预计执行情况，到 6 月审查决算时，专门审查上年度的预算执行情况，这种方法较为理想，但在具体操作上有一定的难度。

三、关于预算编制改革

财政部门传统的预算编制周期一般为 3～4 月，编制时间既晚又短，内容过于简单粗略，影响预算编制的科学性，预算科目多数只有类级的数据，少数有款级的数据，很多预算支出没有落实到具体项目，预算既不完整，透明度又太低，致使“内行看不清，外行看不懂”，既不利于人大对预算的审查监督，又不利于预算的严格执行，影响了部门预算的批复和预算资金的下拨使用，有的资金甚至到年底才能下拨，不仅影响了财政资金的使用效益，而且形成“一年预算，预算一年”的现象，追加支出不断，随批随用，影响国家预算的严肃性。近几年来，中央预算编制虽然有所改进，编制时间比以前提前了，预算内容也有所增加，但离加强预算审查监督的要求仍有一定距离。

先有预算，后有支出，严格按预算支出，是预算管理监督的一项基本原则，编好预算则是坚持这项原则的基本前提。为了克服上述预算编制的问题，早编、细编预算，提高预算编制质量，必须在我国《预算法》中明确规定：一是预算编制要从预算年度前一年的年初开始至年末结束，编制期限为 12 个月，在每个预算年度开始前必须将预算草案全部编制完毕；二是中央预算和地方各级预算按照复式预算编制，复式预算包括公共预算、政府基金预算、国有资产经营预算、社会保障预算；三是细化预算编制内容，政府本级公共预算收支按一级预算单位编制，国有资产经营预算收支按类别和重大建设项目编制，社会保障预算收支按社会保障和补助的类别编制，转移支付收支按一般转移、专项转移的类别编制；四是应当采用科学规范的因素法预算编制方法，按照国家预算完整性原则的要求，编制综合预算，综合预算应当包括一般公共预算内收支、政府基金预算收支、国有资产经营预算收支、社会保障预算收支；五是规范和细化部门预算的编制，明确规定部门预算编制的范围、内容、标准、方法、程序和要求等；六是决算编制从预算年度结束后的下一年开始，编制期限为6个月。

四、关于部门预算改革

为了适应社会主义公共财政的要求，实行部门预算，可使国家预算不断规范和细化，不仅大大提高了预算的科学性和透明度，有力地促进财政部门合理分配和有效监管预算资金，而且为各级人大对预算进行实质性审查监督创造了有利条件，增强了预算审查监督的力度。归纳起来，实行部门预算可以增强"四性"：一是增强预算的完整性。国家预算是由部门预算和单位预算组成的，虽然我国《预算法》对部门预算早有规定，但许多年没有实行了，使国家预算缺了一大块内容，有了部门预算，国家预算才能完整。二是增强预算的综合性。由于部门预算实行综合预算，即对一般公共预算的收支、政府基金预算收支等统一编入部门预算，统一安排、统一监管。由于部门预算包括一般公共预算、政府基金预算、国有资产经营预算、社会保障预算，综合反映政府收支的全貌，使预算内容更加完整，使人大审查监督的范围更加全面。三是增强预算的透明性。部门预算编制到部门、单位和项目，反映预算的具体内容和支出方向，使预算内容大大细化，更加公开透明，使人大审查监督的对象更加明确具体。四是增强预算的科学性。部门预算按科学的因素法规范编制，反映政府职能的转变，坚持有保有压，使预算资金的投向更加科学合理，人大审查监督的更好把握重点、富有成效。

实行部门预算改革，必须编制部门预算和单位预算；各部门必须将本部门所属各司局、各单位所有需要的预算资金，统一归口，综合平衡成为部门预算；财政部门只对部门一个口子，统一审核部门预算，批复部门预算，划拨预算资金。为了规范和细化部门预算，《预算法》必须体现部门预算的上述特性，对部门预算提出明确的、统一的要求，应当明确规定部门预算的基本原则、政策依据、适用范围、主要内容、收支项目、编制方法、定额标准、报批程序和有关要求等，以利于财政部门的统一管理和严格控制，又利于人大的审查监督。为了保证部门预算的完整性，我国《预算法》应当规定部门预算按照综合预算编制，包括一般公共预算收支、基金预算收支、国有资产预算收支和社会保障预算收支。

五、关于明确初步审查的主要内容及其重点

目前，预算审查监督的质量还不高、效果还不理想的一个重要原因是，预算审查的时间过于短促，一般由人大财经委对预算进行初审的时间不到一个月，而由人民代表大会代表讨论审查的时间最多只有一天。由于预算的专业性、政策性、法律性很强，代表和委员们在很短的时间内很难全面审查，把握重点，抓住要害，难以对预算进行深入、实质性地审查。

为了改进和加强对预算的初步审查工作，我国《预算法》应当规定，财政部门在人民代表大会举行的一个半月前，将预算方案的主要内容提交人大预算工委，先由预算工委进行预审，并向财政部门提出对预算草案的初步分析意见和需要提供的材料。在人民代表大会举行的一个月前，财政部门将预算初步方案提交人大财经委进行初步审查。

党的十八届三中全会《全面深化改革决定》提出："审核预算的重点由平衡状态、赤字规模向支出预算和政策拓展。规范重点支出同财政收支增幅或生产总值挂钩事项，一般不采取挂钩方式。建立跨年度预算平衡机制。"①为了规范和加强预算审查，提高预算审查质量和效果，必须在《预算法》中明确人大财经委和预算工委进行初步审查和预审的主要内容及其重点：一是预算安排的指导思想是否符合国家的财经政策，是否反映了经济和社会的实际情况和基本需要；二是预算编制是否符合有关法律的要求，是否体现积极可靠、量入为出、收支平衡的原则；三是收

① 《中共中央关于全面深化改革若干重大问题的决定》(第1版)，人民出版社2013年版，第19页。

入安排是否与国内生产总值增长幅度相适应，该纳入预算的收入是否都纳入了预算；四是预算支出结构是否合理，各项公共支出特别是法定重点支出项目，如科技、教育和社会保障等的支出安排是否妥当，是否达到法定的增长幅度；五是预算费是否按法律规定的比例设置；六是为实现预算拟采取措施是否切实可行；七是上年预算执行是否严格按批准的预算执行，是否符合有关法律法规的规定；八是其他重要问题。

通过明确规定预算审查监督的主要内容及其重点，不仅可以规范人大财经委和预算工委审查监督预算的行为和要求，而且可以在全面审查预算的基础上，突出重点，抓住关键，促进预算审查由程序性向实质性转变，不断提高预算审查监督的质量和效果。

六、关于加强预算超收收入使用的监督

党的十八届四中全会《全面推进依法治国决定》指出："加强对政府内部权力的制约，是强化行政权力监督的重点……完善政府内部层级监督和专门监督，改进上级机关对下级机关的监督，建立常态化监督制度。"[①]由于有关法律缺乏对预算超收收入使用的规定，目前政府财政部门多收就可以多支，致使预算超收收入的使用出现较大的随意性，也游离于人大常委会的监督之外。近几年，全国预算收入每年超收较多，超收数额也越来越大。2014年全国一般公共预算收入超收840多亿元；2016年超收2405亿元，超收1.5%；2017年超收3963亿元，超收2.4%。其中，中央一般公共预算收入超收2596多亿元，比预算超收3.2%。预算超收是件好事，但超收过多也反映预算的预见性、科学性不够，在确定预算盘子时主管部门为了便于超收，往往强调困难多，有压低预算收入指标的倾向。

为了加强对预算超收收入使用的监督，我国《预算法》必须要求政府

---

① 《中共中央关于全面推进依法治国若干重大问题的决定》（第1版），人民出版社2014年版，第19页。

财政部门不断提高预算的预见性和科学性，同时明确规定，如果预算超收，应把预算超收收入主要用于弥补财政赤字和其他特殊的紧急支出外，一般不安排当年支出，主要用于结转下年预算支出。在预算执行过程中，如需要动用超收收入追加支出超过原预算总支出的2%时，政府财政部门应当编制预算调整方案，送交人大财经委和预算工委初审后，报请同级人大常委会审查批准；如需要动用超收收入追加支出低于原预算总支出的2%时，由政府财政部门及时向人大财经委和预算工委通报情况，向同级人大常委会报告预计超收收入安排使用情况。

七、关于加强预算调整的审查监督

国家预算一经人民代表大会批准，就是规范财政资金来源规模、去向用途的法律性文件，具有很强的法律效力，非经法定程序不得改变。但由于有些部门、地方法治观念淡薄，又缺乏严格的责任制，预算约束软化，调整过于频繁，政府预算乱批条子、乱开口子的现象时有发生；完不成预算收入任务，或者支出超过预算，有关单位和主管部门也不承担任何责任；加上我国《预算法》对预算调整的概念界定不科学和有关规定不合理，造成政府多收可以多支，实际上使预算调整脱离了人大监督范围，这也给预算审查监督增加了难度。

为了规范政府的预算调整行为，加强人大常委会对政府预算调整的审查监督，在我国《预算法》中应进一步明确预算调整的概念、界限、范围、程序及其要求。关于预算调整的概念，应修改为“预算调整是指经全国人民代表大会批准的中央预算和经地方各级人民代表大会批准的地方本级预算，在执行中因特殊情况需要增加支出或减少收入，使原批准的预算总收入调减超过2%或总支出调增超过2%的，或者使原批准的预算中举借债务的数额增加的部分变更”。

在预算调整范围上应规定，在预算执行中，遇有下列预算收支变化情况之一的，政府应当提请本级人大常委会审查批准：一是本级预算总收入调减超过2%的；二是本级预算总支出调增超过2%的；三是本级人民代表大会批准预算决议中强调确保的预算重点支出项目和法定必保的支出项目需要调减指标的；四是比原批准的预算中举借债务的数额增加的；五是其他可能引起预算收支不平衡的预算调整方案。

在预算调整程序上应规定：因特殊情况必须调整预算时，政府应当编制预算调整方案，并于当年第三季度提交同级人大常委会审查批准。在常委会举行会议审批前一个月，将预算调整的初步方案提交财经委和预算工委进行初步审查。

八、关于建立跨年度预算平衡机制

党的十八届三中全会《全面深化改革决定》指出："建立跨年度预算平衡机制。"预算审核重点由财政收支平衡状态向支出政策拓展后，收入预算从约束性转为周期性，预算执行结果有别于预算预期的平衡状态，即不平衡将成为常态，特别是年度预算赤字可能突破，要进一步严格规范超收收入的使用管理，原则上不安排当年支出。为了应对年度预算执行可能出现的超赤字状况，应当建立跨年度财政赤字弥补机制。

从国债负担率（国债余额占当年GDP的比重）的变化来看，改革开放初中央国债负担率处于较低水平，1981年为4.66%，后来逐步提高，到2007年达到最高峰位20.87%，之后中央国债负担率开始逐步下降，2009年下降为17.96%，2010年为17.0%，2015年降到15.8%。从全国国债负担率来看，2014年、2015年分别为29.86%、29.88%，2016年、2017年略有下降为29.35%、28.82%，但仍处于历史较高水平。从财政赤字占当年GDP的比重来看，2014年、2015年分别为2.12%、2.35%，2016年、2017年逐步上升为2.93%、2.88%，也还处于较高水平。

为了建立跨年度预算平衡机制，我国《预算法》必须规定：一是为确保国家财政的可持续发展，对全国财政赤字总规模应设置一定的警戒线，参考国外的有关经验，根据我国的实际情况，年度全国预算赤字不得超过当年GDP的3%，全国财政赤字余额不得超过当年GDP的30%；二是为实现跨年度预算平衡，建立财政跨年度预算平衡机制，先编制财政3

年预算滚动规划，实现3年预算更新滚动管理，强化3年预算滚动规划对年度预算的约束性；三是待条件成熟后，再编制五年预算滚动规划，以增强财政政策的前瞻性和财政发展的可持续性。

九、关于加强对预算执行情况的审计监督

党的十八届四中全会《全面推进依法治国决定》指出："加强党内监督、人大监督……审计监督"，"完善审计制度，保障依法独立行使审计监督权。对公共资金、国有资产、国有资源和领导干部履行经济责任情况实行审计全覆盖"。①

我国现行《预算法》规定，各级审计机关应当依照《审计法》的规定对下级政府预算执行情况和决算进行审计监督，这与后来出台的我国《审计法》规定对同级政府预算执行情况进行审计监督的要求不一致，也不符合目前对预算审计监督的实际情况。为了加强对政府预算的审计监督，修改《预算法》要与《审计法》的要求相一致，《预算法》应当修改为：各级审计机关应当依照《审计法》的规定，对同级政府预算执行情况和决算进行审计监督。

由于目前人大及其常委会缺乏自己的审计机关和审计力量，为了加强人大对预算的审查监督，必须借用国家审计机关的力量，充分发挥审计监督的职能作用，《预算法》还应规定：各级人大及其常委会可以借用国家审计机关的力量，开展对预算执行情况的专项审计和有关项目的重点审计。

十、关于加强决算编制和审批监督

党的十八届三中全会《全面深化改革决定》提出："加强人大预算决算审查监督、国有资产监督职能。"②目前我国存在重预算、轻决算，重预

---

① 《中共中央关于全面推进依法治国若干重大问题的决定》（第1版），人民出版社2014年版，第19页。

② 《中共中央关于全面深化改革若干重大问题的决定》（第1版），人民出版社2013年版，第29页。

算分配、轻执行管理的倾向,必须加强对预算执行的监督,加强对决算的审批。为此,必须规范决算的编制,完善决算审批程序,我国《预算法》应当规定:决算草案应当按照同级人民代表大会批准的预算所列科目编制,按预算数、调整数(或变更数)和实际执行数分别列出,变化较大的要作出说明。

我国《预算法》还应规定:决算草案应在人大常委会举行会议审批的一个月前,先提交常委会预算工委进行预先审查,再提交财经委员会进行初步审查,由财经委员会提出决算审查报告。与此同时,报送国家审计机关对决算草案的专项审查报告和年度审计工作报告。并由人大常委会根据决算审查报告和审计工作报告作出批准决算的决议。

十一、关于加强人大及其常委会对预算的审查监督

党的十八届四中全会《全面推进依法治国决定》提出:"强化对行政权力的制约和监督。加强党内监督、人大监督、民主监督、行政监督、司法监督、审计监督、社会监督、舆论监督制度建设,增强监督合力。"①

我国现行《预算法》的一个重大缺陷是,缺乏人大及其常委会对预算审查监督的规定,修订《预算法》要增设一章,专门规定人大及其常委会加强对预算的审查监督。首先,要将全国人大常委会《关于加强预算审查监督的决定》的主要精神和重要内容吸收纳入《预算法》中;其次,要将各地人大及其常委会加强对预算审查监督行之有效的成功经验和创新做法吸收纳入《预算法》中,归纳起来主要有:一是明确人大财经委初审预算草案可召开座谈会、论证会,财政部门对初审意见要及时反馈;二是人大常委会可责成审计部门对重点部门和重点项目资金使用情况进行专项审计,并报告审计结果;三是人大代表或常委会委员可以依照法定程序,对预算决算中的有关问题提出询问与质询;四是人大常委会可

① 《中共中央关于全面推进依法治国若干重大问题的决定》(第1版),人民出版社2014年版,第19页。

就预算、决算中的重大事项或特定问题组织专题调查；五是人大常委会可就预算审查监督中的重大问题举行听证会，对预算工作进行评议，作出有关决议；六是对人民代表大会预算决议中强调确保的支出项目和法定必保的支出项目需要调减指标的，须报经人大常委会批准后执行；七是人大常委会组成人员可以按照法定程序，提出有关预算的修正案；八是坚持先有预算、后有支出的原则，编制临时预算，规范人民代表大会召开前的预算支出；九是公民或组织有权对违反预算法律、法规的行为，向人大及其常委会或者其他有关国家机关进行检举和控告；十是对违反规定负有直接责任的主管人员和其他责任人员追究行政责任或其他法律责任等。

十二、关于国库集中支付制度改革

实行国库集中支付制度是预算支出制度的一项重大改革。以前我国实行的国库分散支付制度，就是将预算确定的各部门、各单位年度支出总额按期拨付到其银行开立的账户上，由各部门、各单位自主使用。分散支付制度存在的主要问题是：一是缺乏严格的预算监督机制，容易滋生腐败行为；二是由于大量资金沉淀在各部门、各单位，资金的使用效率很低；三是预算管理的关键环节不科学、不规范，无法建立起与社会主义市场经济相适应的现代预算管理制度。为了解决上述问题，铲除滋生腐败的温床，减少预算资金流通环节，提高财政资金使用效益，必须按照市场经济国家的通行做法，实行国库集中支付制度。为了推进预算执行制度改革，加强预算管理和监督，在《预算法》中应当明确规定，我国实行国库集中支付制度的主要原则、适用范围、主要内容、配套措施和有关要求等。

除此之外，为了全面深化财税改革，特别是深化预算改革，促进依法理财、依法治税，应当对我国推行的政府采购制度改革、预算支出改革、税式支出预算改革，预算科目改革和转移支付制度等有关改革作出原则性规定；还应对需要实施的复式预算包括公共预算、国有资产经营预算、社会保障预算等的主要内容及其编制要求，编制各种预算的主要方法，包括因素法、零基预算、综合预算等有关方法的主要内容及其要求作出必要的解释性规定。

第十四章　全面落实税收法定原则，有力推进依法治国

党的十八届三中全会作出的《全面深化改革决定》指出："全面深化改革的总目标是完善和发展中国特色社会主义制度，推进国家治理体系和治理能力现代化。"[①]党的十八届四中全会通过的《全面推进依法治国决定》又进一步提出："全面推进依法治国，总目标是建设中国特色社会主义法治体系，建设社会主义法治国家。这就是，在中国共产党领导下，坚持中国特色社会主义制度，贯彻中国特色社会主义法治理论，形成完备的法律规范体系、高效的法治实施体系、严密的法治监督体系、有力的法治保障体系，形成完善的党内法规体系，坚持依法治国、依法执政、依法行政共同推进，坚持法治国家、法治政府、法治社会一体建设，实现科学立法、

① 《中共中央关于全面深化改革若干重大问题的决定》（第1版），人民出版社2013年版，第3页。

严格执法、公正司法、全民守法，促进国家治理体系和治理能力现代化。”①由于财税在国家治理中的特殊地位，财税法治在依法治国中具有不可或缺的重要作用，税收法定原则和预算法定原则作为财税法治的基石和核心内容，要求我们以落实税收法定原则为契机，强化现代财税法治，全面推进依法治国，促进国家治理现代化。

第一节　强化财税法治是促进国家治理现代化的需要

一、现代财税是国家治理的基础和重要支柱

（一）现代财税是保证国家政权机器正常运转必需的财力基础

党的十八届四中全会《全面推进依法治国决定》指出：“财政是国家治理的基础和重要支柱，科学的财政体制是优化资源配置、维护市场统一、促进社会公平、实现国家长治久安的制度保障。”②现代财税具有组织国家财政收入职能，通过筹集财政收入，集中国家财力，保证重点建设，保障国家机器和人民政权的正常运转，为国家治理奠定必不可少的经济基础和财力保障。

（二）财税分配是宏观调节社会经济协调发展的有效手段

财税分配具有宏观调节职能，在社会主义市场经济条件下，通过国民收入的初次分配和再分配，合理配置公共资源，有效调节经济社会持续协调发展，促进市场经济有序健康发展。财税分配又是个人收入分配的调节器，运用财政收支手段，不仅可以通过财政转移支付，促进地区间社会公共服务均等化，而且可以通过调节社会保障收支，调节个人收入

---

① 《中共中央关于全面推进依法治国若干重大问题的决定》（第 1 版），人民出版社 2014 年版，第 4 页。

② 《中共中央关于全面深化改革若干重大问题的决定》（第 1 版），人民出版社 2013 年版，第 19 页。

分配差异，缓解收入分配不公。

（三）财税改革是全面深化改革的突破口和重要支柱

党的十八届三中全会《全面深化改革决定》提出："必须完善立法、明确事权、改革税制、稳定税负、透明预算、提高效率，建立现代财政制度，发挥中央和地方两个积极性。"①由于财税分配既涉及中央、地方各级的财政分配关系，又涉及国家、集体、个人的利益分配关系，还涉及其他各方面的利益分配关系，牵一发而动全身，财税改革既是全面深化改革的突破口，又是全面深化改革的重要支柱和财力保障。

（四）新一轮财税改革目标是建立适应国家治理现代化的现代财税制度

党的十八届三中全会《全面深化改革决定》明确指出要深化财税体制改革、建立现代财政制度。这是全面总结古今中外历史经验、深刻把握国家治理与执政规律、着眼我国现代化建设全局作出的重大决策，是今后一个时期财政改革发展和财政工作的行动纲领。如果说 1994 年财税改革的目的是建立与社会主义市场经济体制相适应的体制框架，那么新一轮财税体制改革就是要建立适应国家治理现代化的现代财税制度。只有财税体制改革取得根本性突破，才能为实现国家治理现代化和"两个一百年"奋斗目标提供强大的物质基础和有力的制度保障。从这个意义上讲，新一轮财税体制改革是关系我国现代化事业和国家治理现代化的一场深刻变革，不仅是完善社会主义市场经济体制，转变政府职能和经济发展方式，促进经济社会持续协调发展的迫切要求，而且是建立现代财政制度，推进国家治理体系和治理能力现代化，全面建设小康社会的客观需要。

---

① 《中共中央关于全面深化改革若干重大问题的决定》（第 1 版），人民出版社 2013 年版，第 19 页。

二、财税法治是依法治国的基础和重要内容

(一)财税法治可把政府财税权力、财力运行关进制度“笼子”

党的十八届三中全会《全面深化改革决定》提出:“强化权力运行制约和监督体系。坚持用制度管权管事管人,让人民监督权力,让权力在阳光下运行,是把权力关进制度笼子的根本之策。”①权力失去制约就会走向腐败。建立现代财税法治制度,并把政府财税权力、财力运行关进财税法治“笼子”,坚持用现代财税法治管权、管事、管人,真正让人民监督政府财税权力,让政府财税权力在阳光下运行。这既是治理国家和社会的根本之策,确保国家和社会长治久安,而且是推进全面依法治国、全面建设小康社会的根本保障。

(二)财税法治是市场经济的保护神

党的十八届四中全会《全面推进依法治国决定》指出:“社会主义市场经济本质上是法治经济。使市场在资源配置中起决定性主要和更好发挥政府作用,必须以保护产权、统一市场、公平竞争、有效监管为基本导向,完善社会主义市场经济法律制度。”②财税法律制度,不仅是市场经济法律制度的重要内容,而且是市场经济宏观调控的主要手段。通过完善财税法制体系,不仅可以依法改善宏观调控,加强市场监管,反对垄断经营,促进合理竞争,维护公平竞争的市场秩序,而且可以合理配置公共资源,提高资源配置效益,发挥市场在配置资源中的决定性作用。

(三)财税法治是预防惩治腐败的有效利器

党的十八届三中全会《全面深化改革决定》指出:“健全反腐倡廉法规制度体系……健全严格的财务预算、核准和审计制度。”③财税法治是

---

① 《中共中央关于全面深化改革若干重大问题的决定》(第1版),人民出版社2013年版,第35页。

② 《中共中央关于全面推进依法治国若干重大问题的决定》(第1版),人民出版社2014年版,第12页。

③ 《中共中央关于全面深化改革若干重大问题的决定》(第1版),人民出版社2013年版,第37页。

反腐倡廉的重要利器。通过健全财税法制，加强财税法治，严格财税管理，强化财税监督，不仅可以有效防止以权谋私、"暗箱操作"等违法乱纪行为，而且可以精准打击权钱交易、贪污腐化等腐败活动，从根本上铲除腐败发生的土壤。

（四）强化财税法治是全面推进依法治国的突破口和重要支柱

全面推进依法治国，总目标是建设中国特色社会主义法治体系，建设社会主义法治国家。其含义博大精深，内容包罗万象。不仅涉及政治、经济、社会、文化等的各个领域，而且涉及从上到下等的各个阶层、各个方面。依法理财、依法治税是依法治国在现代财经领域的集中反映和重点内容。没有依法理财、依法治税，依法治国就失去了强大的经济支柱和财力保障，依法治国就成了空中楼阁，国家治理现代化就成了一句空话。因而必须从强化财税法治这个突破口入手，全面促进依法理财、依法治税，牵一发而动全身，全面推进依法治国，促进国家治理体系和治理能力的现代化。

第二节　落实税收法定原则是全面推进依法治国的要求

税收法定原则、预算法定原则分别是税收法治、财政法治的基石和核心原则。这两条原则作为依法理财、依法治税的基础和重要支柱，既构成了现代财税法治的基石和核心内容，也成为了依法治国的基础和重要支柱。落实税收法定原则，不仅是依法治税的要求，而且是全面推进依法治国的需要。

从税收法定原则的内涵来看，应当包括以下三个方面：一是税种法定。也就是说，税种必须由法律予以规定；一个税种必定有与之相对应的一个税种法律；非经税种法律规定，征税主体没有征税权力，纳税主体不负缴纳义务。这是发生税收关系的法律前提，是税收法定原则的首要内容。二是税收要素法定。也就是说，税收要素必须由法律明确规定。

所谓税收要素，就是构成税收的必要因数，主要包括征纳税主体、征税对象、税目和税率、纳税环节、纳税期限和地点、减免税优惠、税务争议处理和税收法律责任八大要素。八大税收要素是税收关系得以具体化的客观标准，是税收缴纳过程得以全面展开的法律依据。因此它成为税收法定原则的核心内容。三是税收程序法定。也就是说，税收关系中的实体权利义务得以实现所依据的征管程序要素，必须经过法律规定，并且征纳主体各方均须依照法定征管程序行事。

一、落实税收法治原则是加强对纳税人合法权益保护的需要

落实税收法定原则的实质是，维护税法的尊严，保护纳税人的合法权益。由于我国现阶段纳税人的主体是广大人民群众，因而保护纳税人的合法权益，实质上就是保护人民群众的基本利益。落实税种法定，即非经税种法律规定，征税主体没有征税权力，纳税人就不负缴纳义务；落实税收要素法定，就使税收关系有了具体化的客观标准，就能最大限度缩小税收行政执法自由量裁权，真正做到依法征税，落实减免税优惠，严格法律责任，减少税务争议；落实税收程序法定，从税收的实质内容到税收征纳程序上，确保税收的公平正义，确保纳税人的合法权益。

二、落实税收法定原则是反腐倡廉①的要求

落实税收法定原则，要求落实税种法定、八大税收要素法定和税收程序法定，这就必须建立现代税收法治制度，并把政府税收权力及其财力运行关进税收法治“笼子”，坚持用现代税收法治管权、管事、管人，真正让人民监督政府税收权力及其财力运行，让政府税收权力在阳光下运行。并通过加强税收法治，强化税收监督，有效防止以权谋私、“暗箱操作”、权钱交易等违法乱纪行为，从根本上预防和铲除腐败的发生。

---

① 《中共中央关于全面推进依法治国若干重大问题的决定》（第1版），人民出版社2014年版，第13页。

三、落实税收法定原则是依法治税的需要

依法治税的核心是真正做到依照税法规定办事，严格依法征税，依率计征，应收尽收，既不能提前征税，又不能逾期征税；既不能收“过头税”，又不能收“人情税”；既不得按上级下达的计划任务或指标征税，又不得“包税”或变相“包税”，更不得越权减免税。由于税收法定原则要求税种法定、税收要素法定、征税程序法定，这就不仅为严格依法征税提供了必要的前提条件，而且为依法治税提供了客观的衡量标准，并为依法治税创造了良好的法治环境。

四、落实税收法定原则是全面推进依法治国的要求

全面推进依法治国，含义博大精深，内容包罗万象。不仅涉及从上到下等的各个层面，而且涉及政治、经济、社会、文化等的各个领域、各个方面。落实税收法定原则不仅是依法治国在税收领域的集中反映和重要支柱，而且是全面推进依法治国的重要基础和迫切要求。如果税收法定原则不落实，依法治税就无法落实，依法治国也就失去了可靠的经济基础和必要的财力来源，依法治国就成了无源之水、无本之木。因此，落实税收法定原则，不仅是促进依法治税、依法理财的迫切要求，而且是全面推进依法治国，推进国家治理体系和治理能力现代化的客观需要。

第三节　落实税收法定原则，必须健全完善税法体系

党的十八届四中全会《全面推进依法治国决定》指出：“法律是治国之重器，良法是善治之前提。建设中国特色社会主义法治体系，必须坚持立法先行，发挥立法的引领和推动作用，抓住提高立法质量这个关键。”①

---

① 《中共中央关于全面推进依法治国若干重大问题的决定》（第 1 版），人民出版社 2014 年版，第 8 页。

加快税收立法步伐，特别是一些重要的、主体的税种立法必须加快，这是健全完善税收法治体系，是落实税收法定原则的首要前提。为此，应当重点采取以下对策措施：

一、加快税收立法，健全完善税法体系

（一）尽快健全完善税法体系

尽快将一些条件成熟的税收条例，按照法定程序，提交人大常委会审议修改通过后，上升为税收法律，提高税法的质量、级次和效率，特别是一些主体税种如增值税、消费税、资源税等，必须由条例尽快上升为法律，真正做到有法可依，有法必依，执法必严，违法必究。为全面落实税收法定原则，改善宏观调控，维护公平竞争的市场秩序，充分发挥市场配置资源的决定性作用，奠定良好基础，也为调节社会收入分配不公，健全完善社会保障，从根本上保护纳税人权益创造有利条件。

（二）修改完善我国《宪法》和制定税法通则

将税收法定原则和国家保护纳税人合法权益作为基本原则在我国《宪法》中明确规定，我国《宪法》第56条修改为："中华人民共和国公民享有依法纳税的权利和义务，国家保护纳税人的合法权益"；同时，把税收法定原则纳入《宪法》有关规定。要加紧制定税法通则，税法通则必须强调落实税收法定原则，赋予纳税人与征税机关同样平等的法律地位，将纳税人的权利和义务更加具体化、规范化、法制化，使保护纳税人权益的政策得以全面贯彻落实，措施到位有力，更具可操作性。

（三）尽快制定一整套保护纳税人权益的法律制度

党的十八届四中全会《全面推进依法治国决定》提出："坚持人民主体地位……必须坚持法治建设为了人民、依靠人民、造福人民、保护人民，以保障人民根本利益为出发点和落脚点，保证人民依法享有广泛的权利和自由、承担应尽的义务，维护社会公平正义，促进公共富裕。”①比较理想的是在条件成熟时制定有实质性内容的、专门的纳税人权益保护法，使对纳税人权益的保护能够真正地、全面地落到实处。在尚未制定出台专门的纳税人权益保护法之前，必须尽快修改《税收征收管理法》，在该法中应当专门增设纳税人权益保护一章，全面系统地增加有关保护纳税人权益的内容。关于修订《税收征收管理法》的具体内容，将在本文第五部分阐述。

二、推进税收科学立法，发挥立法机关在税收立法中的主导作用

（一）尽快收回全国人大税收立法权

党的十八届四中全会《全面推进依法治国决定》指出：“健全有立法权的人大主导立法工作的体制机制，发挥人大及其常委会在立法工作中的主导作用。”②在改革开放初期，由于特殊时期的特殊需要，全国人大授予政府可以根据改革开放的情况变化，先制定实施条例，待条件成熟后再上升为法律。经过近 40 年的改革开放，我国已经建立了社会主义市场经济体制和财税管理体制，全国人大收回税收立法权的条件已经成熟。按照我国现行《立法法》的规定，国家财经基本制度应由最高立法机关制定，不得授权立法，因而税收法律制度也只能由全国人大及其常委会制定。这也符合税收法定原则内涵中税种法定和税收要素法定的要求。由全国人大直接制定税收法律，不仅可以减少过去税收立法部门色彩过浓的倾向，而且可以压缩税务部门行政执法过大的自由量裁权，促进税务部门严格依法治税，加强对纳税人权益的保护。

（二）更多发挥人大代表参与税法起草和修改法律的作用

党的十八届四中全会《全面推进依法治国决定》提出：“健全法律法

① 《中共中央关于全面推进依法治国若干重大问题的决定》（第 1 版），人民出版社 2014 年版，第 6 页。

② 《中共中央关于全面推进依法治国若干重大问题的决定》（第 1 版），人民出版社 2014 年版，第 10 页。

规起草征求人大代表意见制度，增加人大代表列席人大常委会会议人数，更多发挥人大代表参与起草和修改法律作用。"①人大代表是广大人民群众的忠实代表，他们最了解人民群众的呼声诉求。尽可能充分吸收人大代表参与税收立法的全过程，广泛听取人民群众的呼声意见，认真采纳人大代表和纳税人的合理化建议，在税收立法中明确赋予纳税人与税务机关同等重要的法律地位，尽量避免在税收法律中出现税务机关的本位主义和税务主管部门行政色彩过浓的倾向。

（三）在税法中明确税务部门对保护纳税人权益应尽的主要职责

在以前的税收立法中，对税务部门的权力和纳税人的义务规定的较多，对税务部门的义务和纳税人的权利规定的较少。这种状况必须改变，在税收立法中必须按照列举法，明确规定税务机关和税务人员对保护纳税人应尽的主要职责，以及相应的法律责任。加大对侵犯纳税人合法权益的税务机关及其税务人员的法律惩处力度，惩前毖后，以儆效尤，将侵犯纳税人合法权益的行为及其危害降到最低限度。

第四节　落实税收法定原则，必须严格依法治税

严格依法治税的实质是，严格按照税法规定办事，核心是依法征税，依率计征，应收尽收。为此，要从以下几方面采取应对措施：

一、在严格税收执法方面

（一）税务部门应当强化保护纳税人权益的意识

税务部门应由"对纳税人征管"转变"为纳税人服务"的观念，树立保护纳税人合法权益，强化行政执法主体应尽义务的新意识。在税收法

---

① 《中共中央关于全面推进依法治国若干重大问题的决定》（第1版），人民出版社2014年版，第11页。

律关系中,税收机关作为行政执法主体有依法征税的权利,纳税人作为义务主体有依法纳税的义务,这是毋庸置疑的。但作为行政执法主体的税务机关对其征税权利应伴有相应的义务,而纳税人对其纳税义务也应伴有相应的权利。作为征税主体的行政执法机关,在行使征税权利后,就应赋予保证税收收入合法有效使用,行政机构依法履行职责且高效运转,确保纳税人财产安全等的义务。纳税人在依法履行纳税义务后,就应享受税收使用的知情权、财政支出的监督权、财产人身的安全权等有关方面的权利。

(二)税务部门应按全面推进依法治国的要求严格依法治税

为了全面推进依法治国,财政部门应当严格依法理财,税务部门应当严格依法征税。切实改变有些税务机关按照税收计划指标征收税收的做法,尽快改变地方、部门存在的各种形式的"包税"现象,严格按照税法规定办事,严格依法治税,真正做到有法必依、执法必严,严格依法征税、以率计征,既不能征收"过头税""人情税",也不能超越税收管辖权,私自搞"越权减免税",更不能违法乱纪,私下搞"暗箱操作",从根本上确保税收的公平正义,纳税的合理合法,确保纳税人的合法权益不受侵犯。

二、在改善税收执法环境方面

(一)税务机关应增强维护纳税人合法权益的意识

税务机关既要增强维护纳税人合法权益意识,加强对税务人员的政治教育和业务培训,提高税务队伍的职业操守和依法行政能力,又要注重改进征管制度,精简业务流程,减少办事环节,实行"网上办税",规范办税服务厅建设,涉税事项"一窗式"受理、"一站式"办结等举措,加强宣传辅导,降低税收成本,使纳税人能够享受到顾客般的待遇,方便快捷、心情舒畅地履行纳税义务。

(二)税务人员应帮助纳税人全面了解自己的合法权益

税务人员应当主动帮助纳税人全面了解自己的合法权益。要把税收宣传改为税法宣传，应将纳税人的权利作为重要内容告知纳税人，使纳税人能够全面、及时地了解税法内容和自己所应享有的权利。可以仿效一些法制比较健全国家的做法，将税法规定有关纳税人的权利编印成手册，使纳税人通过多种简便方式获得；制订纳税人帮助计划和教育计划，帮助和教育纳税人全面了解税法内容，并学会依法保护自己的合法权益。

（三）税务机部门应以多种方式和途径体现纳税人的合法权益

税务部门可以通过多种方式和途径体现纳税人的合法权益。应当将纳税人作为税收征管的主体，使纳税人感受到自己是国家主人的重要地位。可以倡导“纳税人是新社会的主人翁”“绝不乱花纳税人的血汗钱”等的观念，充分体现纳税人与税务部门具有同等重要的法律地位。还可通过向纳税人主动报告税款分配使用、财政支出方向，自觉要求纳税人监督等多种形式来体现纳税人的合法权益。

（四）纳税人应强化维护自身合法权益的意识

纳税人应当树立依法维权观念，强化维护自己合法权益的意识。为此，纳税人应当认真学习财税法律法规，真正做到学法、懂法、守法、用法，真正学会和正确运用财税法律武器，认真履行自己的纳税义务，切实维护纳税人自身的合法权益。

三、在深化税务机构改革方面

（一）积极推进国税地税机构合并改革，精兵简政提高效率

积极推进国税地税机构合并改革，不仅是精简机构、精兵简政，避免重复征税，提高税收征管质量和效率的需要，而且为全面提高税收征管能力建设水平，保持国家财政收入的可持续增长奠定良好的体制机制基础；不仅是促进我国税收征管现代化，为进一步深化税制改革提供强有力的现代征管保障的需要，而且有利于促进依法治税，提升我国现代税收治理能力，促进国家治理体系和治理能力的现代化。

（二）国税地税征管合并改革重在改善税收征管，优化纳税人办税服务

国税地税征管合并改革的重心在于改善税收征管，要整合优化征管业务和信息系统，税务系统实现“六个统一”，即国税地税业务“一厅通办”，国税地税业务“一网通办”，12366“一键咨询”，实名信息一次采集，统一税务检查，统一税收执法标准。为便利纳税人办税，绝大部分办税服务厅保持现有办税服务场所、地点不变。纳税人也将减少报送办税资料。各省份税务机关梳理原国税地税相同业务的事项清单，整合报送资料，统一资料归档，实现纳税人同一资料只报送一套、同一涉税事项只需申请一次。纳税人还可以“一厅通办”所有涉税事项。目前全国已有9365个办税服务厅实现“一厅通办”。“一厅通办”不仅避免了“来回跑”，还进一步统一、简并、规范了涉税资料报送，简化、优化办税流程，降低纳税成本。

第五节　落实税收法定原则，必须保护纳税人合法权益

落实税收法定原则，实质是维护税法的尊严，全面促进依法治税，核心是维护国家和人民的根本利益，从根本上保护纳税人的合法权益。为此，要从以下几方面采取对策措施：

一、及时修订《税收征收管理法》，加强对纳税人权益的保护

党的十八届四中全会《全面推进依法治国决定》指出：“健全依法维权和化解纠纷机制。强化法律在维护群众权益、化解社会矛盾中的权威地位，引导和支持人们理性表达诉求、依法维护权益，解决好群众最关心

最直接最现实的利益问题。”①《税收征收管理法》是税收领域内唯一的程序法。修订《税收征收管理法》既是落实税收法定原则中程序法定的要求，又是加强对纳税人保护的需要。修订《税收征收管理法》，重点应放在加强对纳税人权益的保护，健全完善现代税收法治，并为改善税收征管、优化纳税服务和深化税制改革提供法治保障。为此要重点解决以下主要问题：

（一）确定纳税人有与税务机关同等重要法律地位，增加纳税人应有的权利

为了完善纳税人权利体系，优化申报纳税服务，切实保障纳税人权益，修订我国《税收征收管理法》，既要在总则立法宗旨和有关章节中确立纳税人为自主申报纳税的主体，具有与税务机关同等重要的法律地位，又要规定增加纳税人权利的具体内容，确立优化申报纳税服务的理念。为了加强对纳税人权益的保护，我国《税收征收管理法》应当增加纳税人以下应有的重要权利，包括：依法纳税权、诚实纳税推定权、纳税申报修正权、参与税收立法权、税收保密权、申报纳税服务权等。

（二）明确电子申报资料的法律效力，为纳税人申报纳税提供便利

为了适应电子技术在现代管理领域的广泛应用，同时减轻征纳双方的成本负担，根据各地电子申报的实际情况和相对成熟的技术支持，修订《税收征收管理法》，必须明确纳税人电子申报资料的法律效力。在此法中应当规定：“根据征纳双方认可的安全方式，使用电子化签名报送的各类电子申报资料具有与纸质资料同等的法律效力。”这既符合为纳税人提供优质服务、减轻纳税人负担的总体要求，又体现立法的科学性和实用性的有机统一。

（三）建立纳税申报修正制度，预防化解税务矛盾纠纷

纳税申报修正制度，是指纳税人在向税务机关就应纳税款进行申报

① 《中共中央关于全面推进依法治国若干重大问题的决定》（第1版），人民出版社2014年版，第29页。

后,发现纳税申报有误,需要对前次纳税申报进行修正的制度。许多国家都有修正纳税申报制度。为了加强对纳税人权益的保护,修订我国《税收征收管理法》,要引入纳税申报修正制度,规定纳税人、扣缴义务人在纳税申报后发现有误的,可以对申报内容进行修正,可以更正申报或补充申报。这是"以人为本"精神在《税收征收管理法》中的具体体现,给予纳税人、扣缴义务人因各种原因而造成申报不实进行自我更正的机会。如果在税务机关实施税务检查之前,纳税人、扣缴义务人对以前纳税期内少缴的税款进行补充申报并补缴了税款和滞纳金,可视为纳税人对自身违法行为进行了纠正。无论纳税人少缴税款的原因如何,都应允许其补充申报并补缴税款及滞纳金,并相应减轻其处罚。这种修正制度及其处理方式,不仅符合国际税制的通行做法,而且有利于预防化解税务矛盾纠纷,促进现代税收法治建设。

(四)适当降低加收滞纳金的上限,切实减轻纳税人的过重负担

为了严格限定税务行政处罚权,同时切实减轻纳税人的负担,减少税务机关清缴滞纳金的难度,便于基层税务实际操作,修订《税收征收管理法》,要按照实事求是的原则,参照《行政强制法》关于对罚款不得超出本金的表述,对滞纳金加收数额设定上限,增加"滞纳金加收不超过所欠税款的数额"的规定。同时,要增加有关非纳税人自身原因不加收滞纳金的规定,明确规定"有以下情形之一的,不加收滞纳金:(1)非因纳税人、扣缴义务人、委托代征人的过错,致使其未缴或者少缴税款的;(2)纳税人预缴税款小于实际应纳税款的;(3)经特别纳税调整补征的税款。"

(五)适当降低处罚的法定幅度,严格限定税务行政处罚的裁量权

为了加强对纳税人权益的保护,必须对税务行政处罚自由裁量权加以严格的限制,避免过去处罚不到位现象的发生,同时促进税收法治的建设,必须适当降低违反税法行为的处罚标准,修订《税收征收管理法》,要把多数涉及罚款的条款规定的"百分之五十以上五倍以下",修改为

"百分之二十以上二倍以下"。合理规定处罚幅度,严格限定税务行政执法自由裁量权,既符合现代税收法治精神,又利于税务机关对相同的违法行为作出一致的处罚决定,体现现代税收的公平正义。

(六)明确侵犯纳税人权益的法律责任,增强保护纳税人权益的意识

为了有效保护纳税人权益,修订《税收征收管理法》,必须明确规定税务机关和税务人员侵犯纳税人权益行为的法律责任。一要规定,税务机关和税务人员不得利用工作之便,对纳税人索取或变相索取财物,对于"吃、拿、卡、要"纳税人财物和获取其他利益的,要以受贿罪论处;二要规定,税务部门在法定时间内不得以任何借口对纳税人进行重复税务检查,不得重复索取纳税申报资料,否则以侵犯纳税人权益论处;三要规定,税务人员不得对纳税人打击报复,对于肆意打击报复纳税人、无理故意刁难申报纳税的,要严肃依法处理,坚决开除出税务部门,清除侵害纳税人权益的害群之马;四要规定,为了避免"人情税""过头税"和"暗箱操作"等违法乱纪现象的发生,税务部门不得安排税务人员及其直系亲属在同一系统和利益相关单位工作,税务人员不得负责和参与对其利益相关方的直系亲属及其单位的税收征管工作等。

二、依法成立纳税人自己的维权组织

党的十八届四中全会《全面推进依法治国决定》提出:"构建对维护群众利益具有重大作用的制度体系,建立健全社会矛盾预警机制、利益表达机制、协商沟通机制、救济救助机制、畅通群众利益协调、权益保障法律渠道。"①应当允许和鼓励纳税人依法成立纳税人自己的维权组织。如纳税人协会、纳税人之家等,组织纳税人维护自身的合法权益。具体做法:可由税务机关或其他部门牵头协助,社会各有关方面参与,建立起以纳税人为主体的群众性社会团体"纳税人维权协会"。其主要成员可

---

① 《中共中央关于全面推进依法治国若干重大问题的决定》(第1版),人民出版社2014年版,第29页。

以包括：在社会上或行业内有影响的纳税人的代表，税务机关和行政部门的代表，与纳税人密切相关的人大、政协、工商联、行业协会、个体劳动者协会的代表，同时吸收律师、会计师、注册税务师协会等社会团体的代表，搭建起一个征纳之间交流沟通的平台。其主要职责包括：

一是开展税收法律宣传教育，引导纳税人依法诚信纳税，同时增强纳税人的维权意识，并为纳税人维护合法权益提供法律援助。

二是收集纳税人对税收执法、征收管理、纳税服务等方面的意见建议，及时向有关税务机关反映，提出改进建议。同时有重点地参与稽查案件审理，积极参与税务听证、行政复议和税务诉讼前的调解活动，及时协调化解税务矛盾纠纷。

三是主动向税务机关提供有关涉税信息，协助税务机关加强税源监控管理，既要维护税法的权威性，依法打击各种涉税违法行为，又要维护纳税人的合法权益。

四是开展税收法律实施调研活动，及时收集纳税人对税收立法、司法的意见建议，反映纳税人的合理需求，为税收立法、司法决策提供参考依据。

三、健全税务矛盾和纠纷预防化解机制

党的十八届四中全会《全面推进依法治国决定》指出："健全社会矛盾和纠纷预防化解机制，完善调解、仲裁、行政裁决、行政复议、诉讼等有机衔接、互相协调的多元化纠纷解决机制。"①为了健全税务矛盾和纠纷预防化解机制，必须加强受理纳税人税务投诉、行政复议和税务诉讼的机构建设。在目前既定的条件下，作为受理纳税人税务投诉的专门机构，最好在现有的财政监察系统或者在税务系统组织框架内，从上到下分别设立税务监察机构，专门受理纳税人对税务人员的投诉；作为税务

① 《中共中央关于全面推进依法治国若干重大问题的决定》(第1版)，人民出版社2014年版，第30页。

诉讼的专门机构，可在现有的法院系统组织框架内，成立专门的税务法庭，待时机成熟时可单独成立各级专门的税务法院，专门受理有关纳税人相应的税务诉讼。

四、建立纳税人法律救助制度

党的十八届四中全会《全面推进依法治国决定》提出："发挥人民团体和社会组织在法治社会建设中的积极作用。建立健全社会组织参与社会事务、维护公共利益、救助困难群众、帮教特殊人群、预防违法犯罪的机制和制度化渠道。"①建立纳税人法律救助制度，实施对纳税人法律救助，保证纳税人特别是弱势群体在遇到税法问题或者利益受到侵害时，获得及时有效的法律帮助，更有效地维护自己的合法权益。建立纳税人法律救助中心，可由注册税务师、注册会计师、律师、纳税人代表等志愿者共同组成专业化的第三方组织。纳税人法律救助中心的建立，可为纳税人提供免费、高效、快捷的税法救助服务，为有效解决征纳双方的税务争议和纠纷提供一个经济便捷的可靠平台，在征纳双方之间搭建沟通理解的桥梁，提高征纳之间的信任度，有利于构建平等和谐的征纳关系，更好维护纳税人的合法权益。纳税人法律救助中心的主要职责：

一是依法实施对纳税人的法律救助和法律服务，为纳税人遇到税法问题及时获得有效的法律帮助，保护纳税人的合法权益，对纳税人反映的有争议的问题，及时进行调查了解、核实沟通。

二是对税务机关作出行政行为的合法性和可行性作出科学评估，提出合理化建议，从第三方的角度公平合理地作出调解。

三是接受纳税人特别是弱势群体的税法咨询和法律服务，为纳税人维权提供法律救助和法律服务，对税务机关日常行政执法行为进行监督等。

---

①　《中共中央关于全面推进依法治国若干重大问题的决定》（第1版），人民出版社2014年版，第28页。

第十五章　关于加快房地产税改革和立法研究

党的十八届三中全会通过的《全面深化改革决定》指出："加快房地产税立法并适时推进改革……"①第十二届全国人大四次会议表决通过的《中华人民共和国国民经济和社会发展第十三个五年规划纲要》在第十五章加快财税体制改革第三节改革和完善税费制度中明确提出，要"建立税种科学、结构优化、法律健全、规范公平、征管高效的现代税收制度，逐步提高直接税比重"。稍后又进一步指出要"完善地方税体系，推进房地产税立法"。② 这个五年规划纲要再一次强调优化税制结构，完善地方税体系，推进房地产税立法的重要性和紧迫性。举世瞩目的党的十九大报告再次强调

① 《中共中央关于全面深化改革若干重大问题的决定》（第1版），人民出版社2013年版，第20页。

② 《国民经济和社会发展第十三五规划纲要》，新华网2016年3月17日全国两会特别报道，第15章。

指出，要"深化税收制度改革，健全地方税收体系"。① 为我国加快税制改革，完善地方税体系，加快房地产税改革与立法指明了努力方向。

第一节　加快房地产税改革与立法势在必行

房地产税是一个综合概念，既包括房产税，也包括土地增值税、土地使用税、城镇土地使用税、耕地占用税等多个相关税种，与房地产有关的各种税以及整个房地产开发、交易、保有全链条中各种税之外的费，都可以纳入整个"房地产税"的视野并加以整合，因而这个税种涉及面非常宽，涉及的利益攸关方相当多，牵一发而动全身，相应的房地产税改革与立法的难度很大，任务繁重艰巨而又非常紧迫。加快房地产税改革与立法，不仅是尽快构建现代税制，培育充实地方财政收入，完善地方税体系的客观需要，而且对于稳定房地产价格，公平税收负担，调节收入分配差距，促进资源的有效利用，保障房地产业健康发展，有着特别重要的促进作用。

一、尽快构建现代税制，培育充实地方财政收入

党的十八届三中全会通过的《全面深化改革决定》提出，要"完善税收制度。深化税收制度改革，完善地方税体系，逐步提高直接税比重"。② 由于种种原因，长期以来我国税制存在两大问题：一是增值税等中间环节流转税的比例过高，流转税占全部税收收入的70%左右，而所得税、财产税等直接税的比例过低，直接税占全部税收收入的30%左右。这两个比例正好与西方发达国家的流转税占30%左右、直接税占70%左右的比例相反，也可看出我国税制与现代世界税制仍有一定差距。二

---

① 《党的十九大报告辅导读本》(第1版)，人民出版社2017年版，第33页。

② 《中共中央关于全面深化改革若干重大问题的决定》(第1版)，人民出版社2013年版，第20页。

是我国地方税收体系不健全，特别是缺乏主体税种，地方财政收入过分依靠土地出让金。通过房地产税改革与立法，不仅可以加快我国现代税制建设，有效提高直接税的比例，而且可以培育地方主体税种，完善地方税收体系，充实地方财政收入。

二、调节收入分配差距，缓解社会收入分配不公

经过40年的改革开放，我国的经济建设飞速发展，国民收入迅速提高，社会收入分配差距也随之逐步加大，收入分配不公矛盾逐步加剧。从我国近10多年收入分配的现状来看，贫富差距逐步扩大，最高收入与最低收入相差好几十倍。我国基尼系数早已超过国际公认的收入分配差距悬殊0.4的警戒线，据国家统计局公布的我国基尼系数，到2008年创下改革开放以来最高值，为0.491，此后逐步持续下滑，2016年再次转为上涨为0.465，2017年基尼系数为0.467。必须尽快采取有力措施，逐步解决收入分配差距悬殊、收入分配不公的问题。

房地产税则是调节收入分配特别有效的重要手段，应当在调节收入分配方面发挥更加重要的作用。通过房地产税改革与立法，不仅可以加大对房地产投资特别是房地产投机交易的税收调节，有效调节房地产交易中的过高收入甚至暴利，而且可以有效缩小社会收入分配悬殊差距，缓解社会分配不公矛盾，促进社会公平正义，加快小康社会全面建设。

三、稳定房地产价格，促进房地产业健康发展

近20多年来我国的房地产价格迅猛上涨，上涨好几十倍，有些地方甚至更多，远远超出了一般工薪阶层的购买能力，特别是大部分中低收入群众根本无力购买基本住房。“房子是用来住的，不是用来炒的”。房子暴涨有多方面的原因，但囤积居奇、炒买炒卖、人为炒作是重要原因。有暴涨就有暴跌，没有房地产价格的稳定，就没有房地产业的健康发展。推行房地产改革与立法，既可有效遏制房地产炒作，稳定房地产价格，又可促进房地产资源的有效利用，促进房地产业健康发展，进而促进经济社会持续协调发展。

第二节　加快房地产税改革与立法的政策措施

一、要将房地产税改革纳入财税改革顶层设计，以完善房地产税为基本目标

这次房地产税改革的基本目标是推动地方财税体制改革，完善房地产税和地方税体系，促进房产和土地资源的优化配置和有效利用。为此，要将房地产税改革方案纳入财税改革顶层设计，并与其他财税相关改革互相联动，才能使房地产税改革方案更加科学可行，并与其他相关改革配套协调，才能顺利推行房地产税改革，取得预期的良好效果，并为制定房地产税良法奠定良好基础。

从税收的本质属性来说，房地产税实质上是纳税人为公共服务支付的对价，即公共服务的提供与政府税收之间，或纳税人税收支付与公共服务享受之间，本质上就是一种市场式的等价交换关系，因此，房地产税的征收，应体现"谁受益谁纳税"或"谁纳税谁受益"的原则，将公共服务的价值内化到房地产的价格中，房地产税不应也不能承担过多的政治功能和社会功能。因为房地产价格和收入分配受到诸多复杂因素的影响，房地产税只是影响因素之一，对于其调控房地产价格或者收入再分配的政策目标不能有不切实际的过高要求。房地产税仅针对房产保有环节和交易环节征税，能否成为地方税主体税种、能否完善房地产税，在很大程度上取决于其他相关的财税体制改革，需要有一个财税整体改革的顶层设计和联动改革方案，而不能只是房地产税的独自改革、单兵突进。否则房地产税改革不可能取得预期的成功，不可能获得满意的效果。

二、要把房地产税成为地方主体税种，完善地方税体系作为改革主攻方向

房地产税最直接的功能应该是为地方政府提供公共服务筹集必需的资金，应当成为地方财政收入的主要来源。通过这次房地产税改革，

要使房地产税成为地方主体税种,成为地方财政收入的主要来源,这是这次房地产税改革是否成功的重要标志之一。近10多年来,地方财政收入的主要来源依靠土地出让金收入,许多地方的土地出让金收入占当地财政收入的50%~60%,有的地方比例甚至高达70%以上。据中国经营报2014年9月13日报道,2013年四川省内江市土地出让金收入达90多亿元,占市财政收入的近70%。据财政部公布的数据测算,土地出让金收入占地方财政收入比重,在2013年达到顶峰比例为59.8%,到2014年开始回落至56.6%,2015年最低为39.6%,2016年为40.8%,有的地方回落更快。其主要原因是土地市场需求不足,用地结构发生变化,出让面积继续萎缩,地价增幅逐步趋缓,使土地出让金收入不断减少,也使一些主要依靠土地出让金收入的地方财政收入更是锐减,有的地方财政甚至入不敷出、难以为继。随着房地产税改革的出台实施,房地产税收入则相应日益增多,逐步取代土地出让金收入,最终成为地方税的主体税种,成为地方财政收入的主要来源,这是这次房地产税改革是否成功的重要标志之一。

诚然,作为一种地方税,不可能要求房地产税为地方政府的公共支出承担筹资的全部责任,而应该有其对应的支出范围。基于我国实行相对集中的财政分配体制,如果地方财政收入不能满足地方政府维持日常运转所必需的基本支出需求,则应通过上级财政的转移支付或者其他税收收入来弥补;同样,那些上级政府委托下级地方政府举办的公共事项所需要的专项支出,也不能依靠房地产税来为其筹集资金,而应该由上级政府相应拨付必需的专项资金。只有那些当地政府自主决策的、当地民众必要的、普惠的、非基本的公共支出项目,才应由房地产税来筹资。这个结论并非来自纯学术的逻辑推理,而是由许多西方法制健全国家房地产税制度得出的经验总结。房地产税应该具有清晰而有针对性的公共支出目标定位。因此,要将房地产税的立法宗旨明确表述为,由地方政府筹集服务于当地公众普遍受益的、必要的公共支出项目,才能获得科学正当的法理支持和广大群众的衷心拥护。

三、要顺应国际税制改革的发展趋势，房地产税改革遵循“拓宽税基、简并税种、降低税率、严格征管”的原则

目前西方法制健全国家的税制改革呈现如下特点：一是降低税率、拓宽税基成为税制改革的主要方向；二是近些年来宏观总体税负出现下降趋势，税制结构也发生一些变化，增值税迅速推行，商品税比重有所上升，社会保障税地位提高；三是所得税、财产税等直接税在税收收入中占有较高比例，所得税等直接税占全部税收收入的70%左右，而增值税等间接税占全部税收收入的30%左右；四是税制改革总体发展趋势为，在简化税制、注重效率、公平税负的同时，降低税率、扩大税基、强化征管。

拓宽税基，就是尽量拓宽我国房地产税的征收范围，尽可能将所有地区、所有纳税人的房地产包括进来。确定征税范围是为了更好地实现征税目标。从房地产税的征税范围来看，由于房地产税是一种受益税，凡是享受了政府所提供的公共服务的居民都应付出相应的对价，因此，我国房地产税的征税范围的设计应尽可能地将所有地区、所有纳税人的房地产都包括进来。房地产税将从以下几方面逐步扩大范围：由工商业用房地产扩大到住房用房地产，由企业或单位等法人、非法人组织扩大到自然人或家庭，由合法房地产扩大到目前尚不合法的小产权房地产等。由于某些条件的限制，上述改革目前只在某些地方才有可行性。因此，扩大征税范围只能逐步进行，不可能一次性到位完成。但从房地产税的长期发展看，有必要在立法时设定较大的征税范围，为今后房地产税的发展留出较大空间。

简并税种，就是将原来涉及房地产税所有的有关税种，如土地增值税、房产税、城镇土地使用税、耕地占用税等税种及其有关税费全部精简合并为统一的房地产税一个税钟，其他税种及其税费一律取消。简并税种有利于简化税制，避免重复征税，提高税收征管效率。

降低税率，就是对房地产税实行低税率政策。为了使房地产税改革既不给广大消费者增加很大税负,又能顺利推进这项改革,在简并上述各有关税种的同时,要尽可能降低房地产税税率。并对不同类型用途的房地产如居住用房地产、工商用房地产和空置房地产,分别实行由低到高的差别税率,还要对不同类型的居住用房地产如普通住宅、公寓、别墅等,分别实行由低到高的差别税率,以公平税收负担,缓解社会收入分配不公的矛盾。

严格征管,就是对房地产税严格依法从价计算,依率计征,应收尽收。由于房地产税涉及面宽,征管任务非常繁重,难度又相当大,为了使房地产税改革不流于形式,必须严格依法征收管理,既不得按任务指标征收,也不得擅自包税或变相包税;既不得征“过头税”(多征税),也不得征“人情税”(少征税),更不得擅自越权减免税。

四、要对不同类型的房地产实行差别税率,促进资源有效利用和税负公平

由于不同用途的房地产收益不同,不同类型的房地产业主负税能力不同,对社会公共服务的消费程度也不同,因而对不同的类型和用途的房地产,应当予以区别对待,实行有差别的税率。以美国为例,华盛顿特区的房地产税就区分居住用房地产、工商业用房地产和空置房地产,分别确定了由低到高0.85%、1.65%~1.85%和5%~10%等的不同税率。对空置房地产征收较高税率的目的是防止囤积炒作房地产,促进房地产资源的充分利用,减少资源空置浪费,同时促进房地产价格的稳定。

对于我国房地产税的税率设置,不仅也要针对不同类型和用途的房地产,相应分别实行差别税率,而且要结合各地现实情况逐步改进。在房地产税改革初期,设置差别税率宜粗不宜细,重点把居住用房地产和工商业用房地产区别开来,分别制定不同的税率。考虑到我国的居住房地产存量情况相当复杂,除商品房外,既有历史上形成的福利分配房,也有因配合城镇建设而取得的拆迁安置房,还有乡村自建房等,较为合理稳妥的处理方法是,对经营性空置房地产应当征收高额税收,特别是对短期持有的投机性房地产实行高度超额累进税率，但对居住性空置房暂应按普通居住用房地产适用相同的较低税率。

五、要做好房地产税改革相关税费的信息收集和数据测算，促进新旧税制的顺利衔接和平稳过渡

这次房地产税改革任务非常繁重，难度也相当大。房地产税改革涉及的税种很多，如土地增值税、房产税、城镇土地使用税、耕地占用税。2015年我国税收收入124,922亿元，财产税收入11,820亿元，约占全国税收收入的比重为9.4%，[①]其中，房地产税即由土地增值税3832亿元约占3.0%，房产税2051亿元约占1.6%，城镇土地使用税2142亿元约占1.7%，耕地占用税2048亿元约占1.6%等的相加数，约占全国税收收入的比重为7.9%。[②] 房地产税涉及的利益主体更多，既涉及国家、集体、个人的利益分配，又涉及中央财政与地方财政的分配关系，包括中央财政、省级财政和县级财政的利益分配。因而这项房地产税改革牵一发而动全身，为了使房地产税改革顺利推进，必须做好新旧税制相关所有税费的信息收集和数据测算，促进房地产税新旧税制的科学设计、顺利衔接和平稳过渡。

第三节　科学制定房地产税法的核心要素

一般来说，每部税法都包含八大要素，主要包括：纳税人、课税对象、计税依据、税率、计税方法、税收优惠等内容。税法中上述的核心要素是该部税法的核心内容，它直接决定该部税法的质量高低和优劣，在制定房地产税法的过程中必须予以高度重视，经过认真酝酿、仔细斟酌、反复

---

① 《2017年中国税制概览》（第1版），经济科学出版社2017年版，第12页。
② 《2017年中国税制概览》（第1版），经济科学出版社2017年版，第489页。

推敲,最后才能科学合理予以确定。加快房地产税立法,首先必须科学制定房地产税法,特别是要深入钻研、科学把握好核心要素,切实把房地产税法变成良法,才能达到促进资源有效利用,公平税收负担,提高征管效率的良好效果。

现将房地产税法的核心要素,包括纳税人、课税对象、计税依据、税率、计税方法、税收优惠等内容的立法建议分别简述如下。

一、纳税人

纳税人是指税法规定的直接负有纳税义务的自然人、法人和非法人组织。纳税人是课税要素中的首要要素。按照合理、便利、节约、可行的原则,房地产税作为财产税,谁拥有财产就对谁征税,因而应将房地产税纳税义务人界定为,在我国境内拥有土地使用权和地上建筑物所有权,负有缴纳房地产税义务的自然人、法人和非法人组织。

二、课税对象

课税对象是指根据税法规定征税的直接对象或者国家征税的标的物。西方多数发达国家如美国、英国、法国、加拿大、荷兰等国都将房产与地产合并,作为课税对象统一征税。我国目前将房产和土地分开课税,给计税和实际征管带来许多矛盾和困难。因此,我国应将房地产税的课税对象界定为在我国境内的土地和固定于土地之上的建筑物及其附属物。

三、计税依据

计税依据是指按照税法规定所确定的用以计算应纳税额的依据,即据以计算应纳税额的基数。以房地产市场价值作为房地产税的计税依据,有着诸多的优点:不仅客观公开、公平合理,而且随着房地产市场价值的上涨,房地产税收入也相应增加,有利于体现税收公平税负原则,而且由政府定期、按区域评估确定的房地产市场价值也比较客观公正,因而我国房地产税计税依据可界定为由当地政府定期、按区域评估确定的房地产市场价值。

四、税率

税率是指应纳税额与征税对象数额之间的法定比例。税率高低直接关系到国家财政收入和纳税人的负担。它是课税要素中的核心要素。针对目前房地产税费繁杂的情况,在科学制定房地产税税率之前,要先清理收费,取消不合理的收费,保留少量必要的收费,同时将部分含有税收性质的收费转化为税收。鉴于我国各地经济发展差距很大,中央可制定一定幅度的比例税率,各地方可在这个规定的幅度范围内,采用适宜本地的税率。

根据现阶段我国的实际情况,参考国际上西方有关国家房地产税率的设计,我国可按房地产的不同用途分类为三大类房地产,并分别设定相应的税率:一类为居住用房地产,其税率可定为0.5%～0.8%的比例税率;二类为工商业用房地产,其税率可定为1.5%～1.8%的比例税率;三类为空置房地产,其税率可定为5%～10%的超额累进税率。各地方可在这个规定的幅度范围内,采用适宜本地的税率。

以空置房地产为例,可参见以下设计的空置房地产税率表(见表4)。

表4　空置房地产税率(空置房地产面积适用)

级数	每平方米政府评估价×空置房地产面积(平方米)	超额累进税率(%)
一	每平方米政府评估价×不超过300平方米的部分	5
二	每平方米政府评估价×超过300平方米至1000平方米的部分	6
三	每平方米政府评估价×超过1000平方米至3000平方米的部分	7
四	每平方米政府评估价×超过3000平方米至10,000平方米的部分	8
五	每平方米政府评估价×超过10,000平方米至50,000平方米的部分	9
六	每平方米政府评估价×超过50,000平方米的部分	10

五、计税方法

计税方法是指根据税法规定计算这个税种应纳税额的具体方法。由于对住房用房地产、工商业用房地产和空置房地产分别设置了不同的税率,因而我国房地产税法对不同类型房地产税的计税方法,可分别用下列各相应的应纳税额的计算公式表示:

(一)居住用房地产税应纳税额的计算公式

居住用房地产税应纳税额 = 单位面积政府评估价 × 应税房地产面积 × 上述适用税率 = 单位面积政府评估价 ×(居住用房地产面积 - 税前应扣除标准优惠面积) × 上述适用税率

举例:某公民居住用房地产面积500 平方米,全家有4 口人,按照当地有关规定,允许税前扣除标准面积人均 50 平方米后计税,当地房地产税适用税率 0.6%,每平方米政府评估价 2 万元。该公民应纳房地产税额的计税方法如下:

应纳税额 =2 万元 ×(500 平方米 -50 平方米 ×4 人) ×0.6% =3.6 万元

其中,免税优惠面积总共可扣除 50 平方米 ×4 =200 平方米(可参阅本章六、税收优惠)

(二)工商业用房地产税应纳税额的计算公式

工商业用房地产税应纳税额 - 单位面积政府评估价 × 工商业用房地产面积 × 上述适用税率

举例:某企业经营用房地产面积 1000 平方米,每平方米政府评估价 3 万元,当地房地产适用税率 1.6%。该企业应纳房地产税额的计税方法如下:

应纳税额 =3 万元 ×1000 平方米 ×1.6% =48 万元

(三)空置房地产应纳税额的计算公式

空置房地产应纳税额 = 单位面积政府评估价 × 空置房地产面积 × 上述适用超额累进税率

举例:某业主空置房地产 1000 平方米,每平方米政府评估价 2 万元,当地适用税率 300 平方米以下部分税率 5%;300 平方米以上至 1000 平方米以下部分税率为6%。该业主应纳房地产税额的计税方法如下：

应纳税额 = 2万元 × (300 × 5%) + 2万元 × (1000 − 300) × 6%

= 30万元 + 84万元 = 114万元

六、税收优惠

税收优惠是指以减轻纳税人的税负为主要内容的各种减免税措施的总称。借鉴各国有关的优惠措施经验，我国的房地产税应对国家、政府、军队等公共用途的不动产和为社会公共服务的公园、街道、广场、名胜古迹等的公共物业，农业生产用的物业，医疗保健、老弱病残等社会福利机构自用的不动产统一给予免税。

出于对人权保障的基本需要考虑，为了保障大部分人民群众特别是中低收入阶层的基本生活免受影响，对他们居住用房地产给予税收优惠，如同征收工资薪金所得税，要将税前工资薪金收入先扣除基本生活费用标准5000元的优惠后再计税那样，[①]将税前居住用房地产面积先扣除人均居住标准面积的优惠后再计税。也就是说，如果居住房地产面积如不超过人均居住面积扣除标准的，则给予全部扣除的税收优惠。根据我国目前居住用房地产面积的实际情况，税前居住用房地产面积扣除标准，最好定为人均居住面积标准50平方米。也就是说，人均居住面积50平方米以下的给予全部扣除的税收优惠；人均居住面积50平方米以上的，只就50平方米以上的部分计算应纳税额。

以4口之家为例，税前扣除人均居住面积标准50平方米 × 4人 = 200平方米，即200平方米以下的全部免税优惠，居住面积超过200平方米的，只就超过人均居住标准面积的部分征税。在房地产税立法中明确规定上述税收优惠，不仅有利于保障中低收入人民群众的基本生活，缓解社会分配不公矛盾，促进社会安定团结，而且有利于完善房地产税和地方税体系，促进新旧税制的顺利衔接和平稳过渡。

---

① 《2017年中国税制概览》(第1版)，经济科学出版社2017年版，第172页。

第十六章　关于制定税收基本法（或税法通则）若干重大问题的研究

第一节　关于加快制定税收基本法（或税法通则）的必要性

党的十八届三中全会《全面深化改革决定》指出："完善税收制度。深化税收制度改革，完善地方税体系，逐步提高直接税比重。"①制定税收基本法（或税法通则），不仅是贯彻落实上述决定精神的客观需要，而且是完善税法体系的迫切要求。从税收基本法或税法通则本身的重要性来看，它是统领税收的一般性规范，是税法领域内的"宪法性法律"，是税法体系的主体和统率，用以统领、约束、指导、协调各单行税法、法规，具有仅次于我国《宪法》的

---

① 《中共中央关于全面深化改革若干重大问题的决定》（第1版），人民出版社2013年版，第20页。

法律地位和法律效力，它对税收的基本制度做出规定，对税收的公共问题进行规范，一般规定税收的立法原则、税务管理机构及其权利与义务、税收立法及管理权限、税收执法、税收司法、纳税人的权利与义务等，是关于税法体系建设的纲领性规范，其范围包括税收法律的一切基本内容。

从税收法律体系的建设来看，各部分构成一个完整的整体，相互联系，不可分割。其中税收基本法或税法通则处于主导统领地位；实体法是规范各个税种的核心；救济法和处罚法是对税收法律体系的保障；程序法是对所有涉税事务的执行程序加以规定。以上税法体系中亟待构造的首先是税法通则的立法，这是整个税法体系的灵魂所在，没有灵魂的统帅，税法立法将如一盘散沙，税收执法将变形走样，税收守法会无所适从。

从我国的现状来看，目前我国的税收基本法或税法通则还是一片空白，我国税法体系整体结构不完善，缺乏一个统领性的一般性规范，这就在很大程度上削弱了税法的权威性、严肃性。因而当前我国制定税收基本法或税法通则很有必要，税收基本法的制定对于加快完成税收实体法的立法，完成税收程序法的修订和完善，规范税收法律体系，提高税收执法和司法的法律效力具有关键意义。只有尽快制定一部税收基本法或税法通则，把我国税收法制原则（税收法定原则、税负公平原则、依法治税原则等）、税法构成要素、税制结构、税收管理体制、征纳双方的权利与义务等重大问题由法律明确规定下来，才能总揽和协调税收法律制度的全局，才能弥补各个税种单行规定的欠缺和漏洞，才能使税法具有更高层次的权威和法律效力，形成更加统一的税收执法环境，才能强化税法的系统性、稳定性和规范性，并为单项税收立法提供依据和范例。最终建立一个以税收基本法为统帅、税收实体法和税收程序法并驾齐驱的税收体系。

从税法与其他法律的关系来看，税法作为我国法律体系的重要组成部分，不可避免地要与其他法律发生关系。但在目前税法体系不完整、各有关税法松散排列的情况下，税法与其他相关法律之间不可避免地出现了一些不协调之处，如现行税法与我国《宪法》之间形成空当，税法与民商法、行政法之间存在不协调之处，导致税法实际上游离于整个法律体系之外，制定税收基本法，从根本上明确税法在整个法律体系中的地位和作用，对税法中一些最基本、最重要的概念、规则等作以科学、明确的规定，理顺税法与其他法律之间的关系，对于完善我国的法律体系，促进社会主义的法制建设，意义十分重大。

从当前我国税制改革来看，制定税收基本法不仅有利于促进全面深化税制改革，包括深化分税制财政管理体制改革，深化所得税制改革，完善增值税制改革，健全完善地方税体系，而且有利于健全完善整个税法体系，促进依法理财、依法治税，其中推进税收基本法出台又是其关键所在。

从税收法定来看，由于我国《宪法》是国家的根本大法，其地位和作用决定了它只能是原则性的，充实《宪法》对税收的规定尚需假以时日，这就凸显出税收基本法的重要性。而由于税收基本法是税收领域专门性、基础性、原则性的规范，它不仅可以制定（或根据我国《宪法》重申）国家税收制度的基本原则，而且可以把宪法原则具体化，使之更具实用性和可操作性。这是目前世界各国税收法律体系的发展趋势。因此，我们应当借鉴国外在这方面的有益经验，在探讨补充完善我国《宪法》关于赋税规定的同时，尽快制定我国的税收基本法或税法通则，增强税收基本问题的立法力度。

第二节　关于法律名称建议采用税法通则为宜

一、制定税收基本法的条件尚不成熟

税收基本法涉及国家、集体、个人三者利益分配、中央与地方利益分

配、社会和经济发展的各个方面,需要制定的范围很广、内容很多、难度很大,由于目前一些关系重大的政治经济体制尚未改革或确定下来,中央和地方事权、财权和支出责任的划分改革正在进行,中央与地方的分配关系尚未理顺,分税制财政管理体制和转移支付制度尚未规范化、法制化,要制定带有这些根本性、深层次内容的税收基本法的条件还不成熟。税收基本法已经连续列入全国人大常委会立法规划,但由于我国的上述现状和条件的制约,矛盾争议很大,起草进展缓慢,没有完成立法起草任务。必须改变原有的立法策略和设计思路,以免前功尽弃、重蹈覆辙。

二、制定税法通则有利于尽快制定出台

由于税收基本法是税收领域中的根本大法,不能回避上述有关中国特色社会主义市场经济管理体制和财税根本制度,而税法通则主要规范税收立法、税收执法、税收司法方面的主要原则,与税收基本法相比,税法通则涉及的范围小得多,可以适当回避一些重大的体制机制性问题,对于目前一些上述争议比较大、制定条件不太成熟的问题可以放到以后逐步解决。

三、制定税法通则符合国际通行做法和我国立法惯例

从国外相似立法的有关情况看,目前国际上已制定税收基本法的国家和地区,有些称《税收通则》(如德国);有的称《国税通则法》(如日本);从我国相似立法的有关情况看,我国以“××通则”命名的法律较多,如《民法通则》《企业财务通则》《会计准则》《贷款通则》等,将税收基本法适当缩减内容规模后,改称为税法通则也符合我国的立法习惯和通常做法,为此,建议采用税法通则的名称为好。

第三节　关于税法通则中争议较大的两个难点问题

一、关于合理划分税收立法权限的问题

合理划分税收立法权限问题是制定税法通则过程中不可回避的重

大问题。由于我国目前实行的是分税制的财税管理体制，因此，适应分税制的要求，适当下放税收立法权限已成为目前大多数人的一种共识。但存在的问题是：第一，税收立法权限下放的范围和程度应如何确定；第二，如何协调中央与地方的税收立法关系；第三，如何对地方的税收立法实施必要的监督和控制。这些问题需要逐一加以解决。

按照《立法法》第 8 条第 8 款的规定，有关税收基本制度方面的事项属于法律保留的范围，只能制定法律，法律的制定权限是全国人大及其常委会，地方权力机关只能按照《立法法》第 63 条、第 64 条的规定，由省、自治区、直辖市的人大及其常委会以及较大的市的人大及其常委会来制定地方性法规。因此，税收立法权下放的范围应该只能是省、自治区、直辖市的地方权力机构以及较大的市的人大及其常委会。

在我国实行分税制的税收管理体系下，在科学划分中央和地方事权、财权和支出责任的前提下，将原有的中央税、地方税和中央地方共享税的有关税种进行合理调整，并由国家税务机构统一负责征收管理。因此，完善我国税法体系，不仅应当完善中央税法体系，而且应当包括健全完善地方税法体系，使中央和地方各自的税收权限划分明晰化、合理化，中央与地方的税收权限规范化、法制化，为此建议在税法通则的设计中作出规定，借鉴国际经验，采用中央税收适当集权并有效实施宏观调控前提下的地方税收适度分权的模式。

二、关于税收司法的有关问题

从目前情况来看，税收司法问题主要集中在两个方面：一个是有关税务警察问题，另一个是有关税务法院问题。对于有关税务警察的管理体制、机构设置，税务法院的案件管辖范围、机构设置等问题，不仅涉及公安机关、检察院、法院等司法各部门有关权责的合理分配，而且涉及纳税人的人生自由、生命安全和合法权益保护等重大问题，有关主管部门意见较多，分歧较大，无法统一。由于上述两个税收司法问题比较敏感，公、检、法管理体制改革也有待于深化，目前设立税务警察和税务法院的条件还不成熟，设立的必要性也有待于进一步研究论证，因此目前制定税法通则的主要内容，可暂不涉及税务警察和税务法院的问题。

第四节　关于税法通则框架结构的初步设想

正确选择税法通则的体例结构，搞好税法通则顶层框架设计，这是制定该法成为良法的关键环节。力争做到立法规模适中，框架结构合理，内容系统完整，用语概念科学，条文表述准确。从理论上讲，由于税法通则本身的地位和作用，它应该对税收法律、法规的一般的和共同的事项都要作出规定，但做到这一点较为困难，为此应突出重点，抓住主要内容。

从我国现行税收立法情况看，税法通则的框架结构大体可包括：总则；税收立法程序；纳税人的权利和义务；税务组织机构人员；税务执法；税务司法；税务违法处罚；税务争议的处理；税法解释；税务中介机构；附则等部分。

税法通则所要解决的主要是税收法律关系问题，就是税收法律权利和义务问题：税收立法机关的权利和义务；税收执法机关的权利和义务；纳税人的权利和义务。对于税收立法机关来讲，主要是税收立法和解释权的占有和分配，涉及哪些机关享有税收立法权，是否给予地方一定的税收立法权等。对于税务执法机关来讲，要解决税收执法的管理体制和权限划分问题。对于纳税人来讲，要解决纳税人依法诚信纳税和纳税人的权利及其保护问题等。这些问题既是当前我国税收立法和执法中面临的重大问题，也是税收法律体系中的核心问题。税法通则的制定可围绕这一主要问题，而对其他某些次要问题，可以通过以后的修订逐步予以解决。

第五节　关于税法通则应当包括的主要内容

税法通则应当包括以下主要内容：

一、总则

(一)立法宗旨、适用范围、通用的重要词和概念的定义

立法宗旨表明立法的目的,确定立法的精神;适用范围限定本法所涵盖的范围和界限,应包括涉及工商税、关税、农业税的所有问题:用语定义是对税法要素以及引进基本术语的法律解释。

(二)税法的基本原则

主要包括税法制定的原则、税收法定原则、税收管辖权原则、适当分权原则、税收公平原则、效率原则、税收执法独立原则、保障纳税人权利原则、税法适用原则(如实质课税原则、诚信原则、法律不溯及既往原则、法律优位原则等)、税款的征收原则。其中,税法的适用,应包括适用期间和时效、溯及力、追索权以及适用原则等。

(三)国家基本税收制度

主要包括税收的种类、税收立法权限的划分、税收管理体制、税收征收管理机关、税收管辖权等问题。其中,税收管辖权,包括税收管辖权原则、税收管辖范围、取消国际重复征税的措施和国际税收协定的优先权等。

二、税收立法

税收立法权是国家立法权的重要组成部分,它是国家立法权在税收这一特定领域的具体体现。从总体上讲,税收立法权是有权机关制定、修改、补充、解释和废止税收法律规范,配置、调整税收资源,明确涉税主体各方包括税务机关、纳税人及其他税务当事人的权利义务关系,实现国家税收职能作用的权力。税收立法权的表现形式主要包括税法的初

创权、税法的修改权和解释权、税法的废止权。

关于税收立法权的合理划分，有以下思路：

（一）在权力机关与行政机关税收立法权划分上，应坚持税收法定原则

根据我国《宪法》的规定，全国人民代表大会及其常委会是国家最高权力机关，代表人民行使权利，税收的基本制度理应由全国人大及其常委会制定法律，这是税收法定主义的基本要求。按我国《立法法》的规定，税收基本制度只能由全国人大及其常委会制定；国务院就税收基本制度立法，须取得全国人大及其常委会的授权。因此，税收立法应坚持权力机关为中心，坚持"无代表则无税"的税收法定主义原则。

当前，在实现由行政机关立法向国家立法机关立法的转变过程中要进一步改进和完善授权立法，对授权事项要有严格限制，并加强事后监督和制约，而在条件成熟时，应及时将授权立法通过立法程序上升为正式法律。并要积极建构我国税收立法监督机制。

（二）在纵向税权划分上，应规范地方税收立法权

地方享有一定的税收立法权符合中央、地方立法权限适当划分的宪法原则，也符合我国《立法法》的具体规定。应坚持在中央统一领导下的适度放权，既调动中央、地方两个积极性，又维护国家法制的统一和完整。

三、税务组织机构和人员

主要包括明确税务主管部门及其主要权责，规定税务机构设置、税务人员安排、中央和地方征收管理权限和职责分工等。

四、纳税人和税务机关的权利和义务

主要包括明确纳税人的权利和义务、税务机关的权责和义务两个方面。如纳税人享有税务机关无偿提供纳税服务的咨询权、了解国家税收法律规定的知情权、减免税的申请权；对税务机关所作出决定的陈述权、申辩权；另外还依法享有申请行政复议、提起诉讼、请求国家赔偿的权利，对有违法乱纪行为的税务机关、税务人员享有控告检举权等。

五、税务执法

税收执法权属于政府，由政府代表人民独享。根据我国《宪法》对国家机构职能和权限的划分，税收执法权属于行政权力，由最高国家行政机关国务院及税务行政管理机关和其他法定行政机关行使。税收执法权行使的是一种法定权力，就是依照法定程序确认国家与纳税人的法律关系，这种法律关系的实质就是国家与纳税人在行政领域的权利、职责、义务关系。政府必须依法征税，纳税人应当依法纳税。

税收执法权大体可分为以下几项主要权力，即税款征收权、税收减免权、税务检查权、税务处罚权、税务行政复议裁决权和其他税务管理权。

行使税收执法权的主体包括最高国家权力机关的执行机关、最高国家行政机关——国务院，国家税务总局、国家税务局系统、海关系统和财政系统。

税收执法的内容具体包括税收征管基本程序、税收征管特别程序、税务行政救济程序和税收基础管理工作四个方面。其中基本程序主要是税务登记、纳税申报、税款征收和税务检查，特别程序主要是税务行政处罚、税收保全、税收强制执行；税务救济主要是税务行政复议、税务行政诉讼、税务行政赔偿；基础管理主要是税源管理、账簿凭证管理和纳税服务管理。

目前我国税收执法在执法依据、执法主体、执法手段、执法监督以及纳税人权利保护上都形成了比较完善、良好的运行机制。我国1992年制定的、经过2001年和2015年三次修改的《税收征收管理法》是税收征管执法的核心内容和主要依据。这里也有一个税收基本法与税收征管法相互协调问题。

此外，为了促进依法理财、依法治税，推进依法治国，还要健全完善税收执法监督体系，健全完善税收执法监督机制。

六、税务司法

主要包括税务司法权的划分、税务司法机构、税务诉讼程序等。

税收司法权有广义和狭义之分。狭义上的税收司法权指人民法院按照法律规范审判税收案件的权力；广义上的税收司法权指有关国家机关按照法律、行政法规对税收案件进行侦查、检察、审判，并使依法作出的判决、裁定得以执行的权力。

上述税收案件可划分为两大类：税收行政案件和税收刑事案件。

税收行政案件是指在税收征收管理活动中，税务机关与纳税人和其他税务当事人之间发生税务纠纷，在第一审诉讼程序中税务机关为被告的案件。将税务行政案件进一步划分，可分为税务行政纠纷案件与税务赔偿案件。

税收刑事案件是指行为人实施了《刑法》规定的税收刑事犯罪行为，国家司法机关按照法律规定的程序，追究其刑事责任的案件，此类案件须坚持《刑事诉讼法》确定的罪刑法定原则，严格按照法定程序由司法机关处理。

从整个税权来看，税收司法权属于一种保障性权力，它运用司法手段确认当事人的税务活动是否合法，对税务纠纷或者违法行为应当给予什么样的制裁，以保证税收立法确定国家意志得到实现，保证税务机关税收执法行为规范，保证纳税人遵从税法，纳税人的合法权益又能得到保护。

行使税收司法权的主体主要是公安机关、人民检察院、人民法院、监狱行政管理机关。借鉴世界上其他国家的有益做法，在中国现行司法体制的基础上，建立既符合中国实际的能够保障规范的市场经济运行机制，又能维护良好经济社会秩序，对健全税收司法保障体系是很有必要的。

目前，我国税收司法还不够发达，公安机关行使税收（刑事）司法权具有一定的局限性，税务机关缺乏相应的税收司法权，缺乏独立、专业的税收司法审判机关。应借鉴一些税收法治健全国家的经验，继续探索和发展我国专门的税收司法机构。

七、税务违法及处罚

目前我国税务违法行为及处罚的种类较多，如违法税务管理的行为及其处罚、逾期不缴或少缴税款行为及处罚、偷税行为及处罚、抗税行为及处罚、逃避追缴欠税行为及处罚、骗取国家进出口退税行为及处罚、对扣缴义务人违法行为的处罚、对税务机关和税务人员违法行为的处罚等。在对上述违法行为及处罚进行分类梳理、合理压缩的基础上，按照下述内容及其原则要求，概括提炼出几大类税务违法行为及处罚的原则性规定并纳入税法通则。

主要包括违法行为的性质和构成条件、相应的处罚措施和处罚程序等方面。其中：违法行为的性质问题，必须予以明确规定，特别是关于避税、节税和税收筹划是否属于违法行为应加以界定；违法行为的处罚措施，应指出行政处罚、经济处罚、刑事处罚，并可视违法行为的程度和情节，选择并处或单处，处罚程序，应包括立案、取证、处理或审判等。

八、税务争议的处理

主要包括税务行政复议、税务诉讼和税务行政赔偿等部分。其中，行政复议是指纳税人不服税务机关做出的征收或处罚决定，向其上一级税务机关提出重新处理的申请，上级税务机关对原处理决定重新审议，并依法根据不同情况做出维持、变更或撤销裁决的法律制度。行政复议包括复议范围和复议管辖、复议参与人、申请与受理、审理与决定等内容。

九、关于税法解释

主要包括税法的法定解释和学理解释，税法解释的原则和方法，我国税法解释制度的完善。

十、税务中介机构

主要包括税务中介机构的性质、机构设置、人员设置、业务范围、代理人与被代理人双方的权利和义务等。建立税务机关和中介组织相结合的服务体系,积极稳妥地发展税务代理服务。

十一、其他政府部门、社会组织与税务机关的配合

主要包括工商行政部门、财政部门、金融部门、商务部门、海关进出口部门、对外经济贸易部门、企业主管部门等政府部门和工商联合会、各种行业协会和企业联合会等社会组织与税务机关在有关税务领域的协调配合。

十二、附则

主要包括税法通则适用空间范围的排除;税法通则的解释权;与本法抵触的处理规定;法律施行时间规定等。

第十七章　加强人大对预算的审查监督，促进依法理财和经济社会持续协调发展

第一节　加深对预算的理解是人大搞好预算审查监督的重要基础

我国现有中央、省、市、县、乡(镇)五级政府,一级政府有一级预算,相应地我国有五级预算,即中央预算、省级预算、市级预算、县级预算和乡镇预算,这五级预算综合构成了国家预算。各级人大搞好对各级预算的审查监督,不仅可以促进国家预算职能作用的充分发挥,而且对于保证各级政权履行职责、促进依法理财和经济持续协调发展,有着非常特殊的重要作用。

一、深刻理解预算的主要特性，使人大审查批准预算更好体现其特性

人大及其常委会审查监督预算的重要性和法定性，是由国家预算的主要特性决定的。只有深刻理解预算的这些特性，才能深刻理解人大审查监督预算的重要性和法定性，并使人大审查批准预算更好体现其特性。我国财经学界一般认为，国家预算是经立法机关审批、具有法律效力的财政计划，是国家集中分配财政资金的主要渠道，是宏观调控社会经济的重要手段。我国预算具有以下主要特性：

（一）法定性

预算的法定性，是指预算从成立、执行到决算都要经过立法机关审查批准，具有法律效力。通常预算是按照一定的立法程序成立的，预算成立之后，就是法律性文件，它是国家集中性财政资金来源规模、去向用途的法律性规范。非法定程序，任何个人和单位不得改变。我国在这方面做得不够理想，各级领导"乱批条子、乱开口子"的现象时有发生，这不符合依法理财的要求。世界上许多国家制定了预算法，以法的形式，把财政资金的筹集和分配方式，组织机构及其职权范围，预算的编制、审核、批准、执行程序固定下来，建立预算管理的法律程序。1994年第八届全国人民代表大会通过了《预算法》，使我国的预算编制、审查、批准、执行、决算，具有可靠的法律依据，把预算管理基本制度纳入法律轨道，促进预算管理法制化。

（二）指令性

预算的指令性，是指预算确定的各项收支指标，经国家权力机关审查批准后下达，各地方、各部门、各单位必须严格执行。指令性计划是对社会经济进行宏观调节和控制的重要手段，具有组织、管理、指挥、调节、控制的机能。指令性计划一般具有强制性、系统性、全局性、直接性控制的特点。市场经济条件下，为了保持社会总供给与社会总需求的平衡，协调国家经济的重大比例关系，确保国家掌握必要的物质力量和保证重点建设，保证国家重大决策的实现，把预算作为指令性计划，维护预算严

肃性、权威性，仍然是必要的。

(三)集中性

预算的集中性，是指预算的规模、来源、去向、收支结构比例和平衡，由国家按照社会生产力水平和政治经济形势的需要，从国家全局整体利益出发进行统筹安排。预算资金是国家履行其职能所必需的财力，预算收入都应及时、足额地缴入国库，任何部门、单位或个人不能挪用；预算支出，其用途、比例、指标和数额等，都是按照国家整体利益确定的，各地区、各部门、各单位必须遵照执行，不得各行其是。从预算收入和支出的统筹安排上看，都能充分体现国家预算的集中性特征。我国 2005 年、2007 年全国一般公共预算收入分别为 3.1 万亿元、4.3 万亿元，占 GDP 的比重分别为 17.3% 和 19.0%；2016 年、2017 年分别为 16.0 万亿元、17.3 万亿元，占 GDP 的比重分别为 21.4%、20.9%，如此大规模的分配，充分反映了国家预算的集中性。

(四)综合性

预算的综合性，是指预算的收支指标通过价值形式综合反映国民经济和社会发展计划的内容，综合反映政府各部门、国民经济各方面活动的情况。预算收支的货币化，即以价值形式来表现，在市场经济条件下，由财政分配的货币化决定的。国家预算既能综合反映中央与地方、地方各级之间的纵向分配关系，又能综合反映国家与国民经济各部门及企、事业各单位之间的横向分配关系。也就是说，国家预算通过其收支活动，从宏观与微观的结合上综合反映国民经济和社会发展的基本情况，使国家预算在经济社会管理中，居于重要地位，是国家治理现代化的基础和重要支柱。

(五)公开性

预算的公开性，是指各级政府预算和单位预算的编制、执行和决算的全部过程，不仅要经过国家权力机关审批，同时还要通过新闻媒介向广大公众公布宣传，许多法治健全国家议会在召开预算辩论会、听证会时,向社会开放,公众可以直接与会旁听,就体现了这个特性。

二、全面认识预算的职能作用,使人大审查监督预算立足于更好发挥其职能作用

人大及其常委会审查监督预算,对于促进依法治国、依法理财,推进依法治国,充分发挥预算的职能作用,促进经济与社会持续协调发展,具有十分重要的意义和作用。只有全面了解国家预算的职能作用,才能使人大对预算的审查监督更好促进预算主要职能作用的充分发挥。

(一)国家预算的主要职能

财经学界一般认为,我国预算具有分配资金、宏观调控、综合反映、监督制约四大主要职能。国家预算的各个职能相互联系、相辅相成。

1. 分配资金职能

预算的分配资金职能,是指在预算具有统筹分配国家集中性财力的职责和功能。预算作为国家掌握的一个重要分配手段,其基本职能是安排、筹集、分配国家集中性财政资金,以实现资源优化配置。随着市场经济的发展,预算集中分配资金的规模数量会适当增大,分配资金职能的范围将更加广泛,在社会产品分配中的地位也会得到加强。

2. 宏观调控职能

预算宏观调控的职能,是指预算在对集中性财政资金进行统筹分配过程中,具有从价值量上对社会经济宏观调控的职责和功能。预算从宏观上调节国民收入生产总额和分配总额的平衡,控制国民收入超分配。在这一环节,主要是坚持预算收支平衡,把量力而行、尽力而为的原则落到实处。同时,通过预算机制调节国民收入中积累与消费的比例,保证预算资金的合理使用,促进经济社会发展的综合平衡和良性循环。

3. 综合反映职能

预算综合反映职能,是指预算具有以价值形式对社会经济活动进行综合反映的职责和功能。国家预算是国家的基本财政计划,作为国家分配集中性财政资金的手段,是社会经济活动的综合反映。国家预算在分配国民收入过程中，以价值形式综合反映国民经济和社会发展变化的基本情况。它既能以货币形式及长远规划综合反映国民经济和社会发展的状况，又能预测今后的发展趋势，为科学制定国民经济和社会发展计划提供重要依据。

4.监督制约职能

预算的监督制约职能，是指预算分配在制定与执行过程中监督制约政府和社会事业的活动，使其符合国家法律和客观经济规律要求的职责和功能。我国预算在制定与执行过程中与社会经济各方面发生密切的联系。国家预算代表国家的整体利益，体现国家的法制要求，在各部门、各单位发生分配关系的过程中，一方面综合反映它们的经济活动情况，另一方面以货币形式对它们的经济活动进行监督，使之符合国家法令和社会经济规律的要求，保证国家的路线、方针、政策的正确贯彻执行。

（二）国家预算的主要作用

预算的作用，是预算职能的具体表现、是预算职能在履行过程中发挥出来的效果。财经学界一般认为，国家预算具有以下五大主要作用：

1.保证国家集中主要财力服从整体利益需要

国家预算集中国家统一支配的主要财力，成为国家基本财政计划，首先是国家预算从国家的整体利益出发，把分散在全国各地区、各部门、各单位的国民收入集中起来，由国家各级政府从全局出发，统筹安排使用，使国家政府职能的发挥得到物质保障，使重点建设得到资金支持。这样，就保证了国家有限的财力得到合理、有效地使用，有利于充分发挥资金的使用效果，保证因家各级政府职能全面履行的资金需要。

2.保证国民经济协调发展的资金需要

保证国民经济协调发展的资金需要，是社会主义制度优越性的根本标志。国民经济的协调发展，需要国家按照合理配置资源的要求，对社会资源在国民经济各部门、各地区之间进行合理的分配，保证国家重点建设资金需要，促进区域经济协调发展。发展社会主义市场经济，投资主体多元化，投资渠道多元化，财政逐步退出经营性、竞争性领域，但财政投资对重点建设、基础产业的发展及投资环境的改善仍然具有不可替代的重要作用。

3. 保障社会公共服务经费的供给

行政、国防和科教文卫环保等事业，是国家社会经济活动的重要组成部分。它关系到社会主义的前途，国家的命运，人民的安宁，以及物质文明和精神文明的建设。随着社会生产力的发展和预算收入的增长，国家预算逐步增强社会公共服务的保障能力，增加科教文卫环保等事业支出，促进社会各项事业持续发展。

4. 促进人民物质文化生活水平的提高

我国对改善人民生活一直非常重视，在快速发展经济的同时，采取一系列措施，尽可能地较快改善人民生活。特别是进入新时代后，要不断满足人民日益增长的美好生活需要。随着社会主义市场经济的发展，社会生产力的提高，人民生活将会越来越好。

5. 保证有计划地建立国家后备的资金需要

为了保证社会经济的正常发展，国家预算每年安排的一部分资金作为国家后备基金，成为建立国家物资后备的可靠资金来源。同时，本着增产、节约、多留后备是国家预算三道防线的精神，国家预算每年还安排一定数量的预备费，以备发生天灾人祸急需的紧急支出，保证国家预算执行中的调整平衡。

三、了解预算管理的主要任务，使人大审查监督预算更好抓住重点并取得实效

预算管理的具体任务很多，人大对预算的审查监督必须抓住重点，紧紧围绕预算管理的主要任务，才能取得比较好的实效。国家预算管理一般有预算编制、预算平衡、预算法制、预算调控等方面的主要任务，预算审查监督也应围绕这些主要任务，抓住重点开展工作。我国预算管理的主要任务如下：

(一)科学编制预算是预算管理的首要前提

编制预算，一要明确国家政府的职能和预算年度的各项经济任务；二要正确认识社会主义市场经济客观规律，深刻领会党和国家的路线、方针、政策和发展战略；三要依据国民经济和社会发展计划确定的宏观经济主要目标及经济发展趋势，按规定程序编制出科学的国家预算。科学的国家预算的主要标志有：一是能正确地体现政府活动的范围和方向，满足国家实现其职能的资金需要；二是能对国民经济和社会发展计划进行综合反映和制约；三是能够全面反映党和国家的方针政策；四是能体现社会主义经济规律的要求，包括价值规律的要求。

(二)搞好预算的综合平衡是预算管理的核心内容

搞好国家预算的综合平衡，是编制预算的根本问题，也是预算执行管理的核心内容和组织预算圆满实现的主要标志。要做好这项工作，应处理好以下几方面的关系：

一是正确处理需要与可能的关系。从多年的实践经验看，解决这一矛盾的正确方法是从实际出发，量力而行，量入为出，循序渐进；在编制安排预算时，必须在积极可靠、留有余地的基础上，以当年的预算收入保证当年的预算支出，在预算执行中，要千方百计组织收支平衡，年终执行结果，达到当年收支平衡，略有结余。

二是正确处理积累与消费的关系。历史经验证明，国家预算综合平衡中的一个重要问题就是对积累与消费、生产建设与人民生活关系的正确处理。在预算分配中，多少用于积累，多少用于消费，对最终形成的积累与消费比例是否合理，起着一定的制约作用。国家预算的合理分配，对国民收入中积累和消费比例的合理形成，有着重要的制约影响作用。

三是正确处理全局与局部的关系。一般地说："顾全大局，照顾各方"是处理全局与局部关系的基本准则。一方面，为了保证整个经济社会协调发展的全局，各地方、各部门、各单位都必须顾大局，坚持全国"一盘棋"，服从整体需要。另一方面，又要防止集中过多，统得过死，在保证中央全局需要的前提下,充分注意地方、部门、单位的权益,尊重他们的自主权,以发挥局部优势。这样使全局与局部利益有机结合起来,预算的综合平衡才能真正实现。

四是正确处理开源与节流的关系。社会经济的发展和增产节约是国家预算增收节支的基础。国家预算的增收节支,也会促进经济社会发展和增产节约。国家预算要搞好综合平衡,必须把主要精力转移到促进增产节约、增收节支上来,转移到促进经济社会的稳定增长上来,只有广开财源,增加收入,才有坚实可靠的基础;推行厉行节约,以最少的消耗,取得最大的经济效果,才能节省财政开支,少花钱多办事。增产、增收是平衡预算的根本措施,节约、节支也是平衡预算的重要途径。两个方面相辅相成,必须同样重视,才能真正搞好预算的综合平衡。

(三)搞好预算法制建设是推进依法理财的首要环节

为了加强国家预算管理,必须建立一套适合中国国情、符合实际需要的现代预算法制体系,包括各级政府预算和单位预算有一个统一行动准则,有一个权威的规范。只有这样,才能建立起预算管理的正常秩序,才能全面推行依法理财。新中国成立以来,特别是改革开放以来,我国的预算法制建设取得很大进展,但与依法治国、依法理财的要求,仍有很大差距。为了推进依法理财,从中国加强预算管理实际出发,在社会主义法制建设中,建立完善现代预算法制体系,已成为预算管理的紧迫任务。目前,一要尽快全面修订我国《预算法》;二要科学制定财政转移支付法;三要加快财税立法,建立完善现代财税法制体系。

(四)运用财税杠杆促进经济协调发展是预算调控的中心任务

在社会主义市场经济条件下,国家预算管理,必须综合运用税收、补贴、投资、财政信用各种经济杠杆,对国民经济和社会发展,从宏观上进行调节和控制,保证整个社会经济协调运行。在预算管理工作中,充分发挥税收杠杆作用,对于调节生产、流通、分配、消费,促进社会再生产正常进行和多种经济成分的发展,具有十分重要的作用。财政补贴、财政信用和财政投资杠杆，对于提高资金效率，促进社会经济协调发展，各有特殊作用。在预算管理实际工作中，通过各种经济杠杆的综合运用，对微观经济进行调节和引导，促使各方面、各单位的经济活动，符合我国社会经济发展的方向。

（五）深化预算体制改革是理顺预算分配关系的客观需要

为了适应社会主义市场经济发展的需要，我国财政管理体制几经变革，取得了很大的进展，但预算管理体制的改革还不到位，不能适应改革开放发展的新形势，需要进一步深化改革，完善预算管理体制，进一步理顺各方面的分配关系，这不仅是提高预算管理水平，促进依法理财的客观需要，而且是全面推进依法治国，推进国家治理现代化的迫切要求。目前，一要全面改革预算管理制度，健全完善一般性公共预算、国有资产经营预算、社会保障预算；二要改革预算编制，健全完善部门预算制度，细化和科学编制预算，编制跨年度滚动预算；三要改革财政支出管理，完善政府采购制度，提高财政资金的使用效益；四要改革国库支付制度，完善国库集中支付制度，对财政资金使用实行全过程的有效监督等。

四、明确国家预算的原则要求，使人大审查监督预算更好把握正确的方向

人大及其常委会对预算审查监督的衡量标准和基本要求与预算管理的主要原则和基本要求是一致的，只有明确预算的原则要求，才能使人大审查监督预算把握正确的方向和原则，促进政府有关部门更好地坚持以下主要原则和基本要求。

（一）国家预算编制的主要原则

1. 全面贯彻执行国家的方针政策。预算既然体现政府的活动范围和方向，必然反映着整个国家的政策。因此，在编制预算时，无论是中央预算还是地方预算，必须把全面贯彻落实国家的方针政策放在首位。国家能够集中多少资金，分配使用的方向如何确定，不单纯是一个收支计划问题，而是关系到贯彻执行国家路线、方针、政策的重大政治问题。预算的基本任务，是为实现国家各个时期的政治经济职能服务的。国家的路线、方针、政策是编制预算的根本指导思想。改革开放以来的实践证明，预算的编制，只有根据各个时期的政治经济任务进行统筹安排，保证国家各项方针政策在预算收支中得到具体体现，才能保证国家职能的正常履行，更好地发挥预算的职能作用。

2. 注重与国民经济和社会发展计划的衔接。预算从编制开始，就要为适应国民经济和各项事业发展的需要，积极开辟财源，挖掘潜力，把收入打足，厉行节约，把支出打紧，适当留有余地。同时预算及财力，又制约着国民经济和各项事业发展的规模和速度。在编制国民经济和社会发展计划时，不能单纯考虑国家建设的需要，还要考虑国家财力承受限度，考虑国家预算集中财力的能力，避免计划安排超过财力。所以国家预算与国民经济和社会发展计划的编制，两者必须紧密衔接，相互协调、相互制约、反复平衡，使国家预算和国民经济计划都建立在既积极又可靠的基础上，更好促进经济社会持续协调发展。

3. 坚持预算的科学性和连续性。编制预算讲究科学性原则，主要是指在编制预算时，必须遵循客观经济规律的要求。计划是未来社会经济活动的方案，是人们在认识客观基础上的主观反映。计划与规律的关系是主观与客观的关系，主观计划必须服从客观规律，计划与计划管理的科学性，从根本上讲，必须正确认识客观经济规律，遵循客观经济规律，严格按照客观经济规律办事，才能科学地预见未来的经济发展过程和国民收入的分配过程，正确地预见国家集中资金的规模、来源、去向和结构，编制出符合经济规律，符合客观实际情况的国家预算。坚持预算的连续性是指，由于社会再生产是连续不断进行的，社会经济活动同样是一刻也不能停止的，国家预算资金的筹集和分配活动也是不会间断的。整个社会政治经济活动的连续性，要求编制预算时要注意瞻前顾后，要在以往年度预算执行情况的基础上，从计划年度的政治经济条件出发，考虑到以后年度的发展变化趋势，确定预算收支指标，编制国家预算，使国家预算能够上下衔接，具有连续性和可持续性。

4. 坚持预算收支平衡。预算收支平衡是国家利用价值形式对国民收入的集中和再分配之间的平衡，它对社会总供给与总需求具有很大制约作用，是保证持续、协调、稳定发展的关键。只要坚持当年预算收入和预算支出的平衡，当年分配的国民收入总量就不会超过当年创造的国民收入总量，全社会国民收入分配就大体上是平衡的。通过预算支出的分配所形成的有支付能力的社会总需求和由社会商品物资作保证的社会总供给之间，大体上也是平衡的。如果预算收支不平衡，支大于收，出现赤字，就意味着国民收入超分配。这说明一部分预算支出是没有收入来源的，这部分没有相应物资保证的预算支出所形成的社会购买力会破坏社会总供求的平衡。实践证明，如果大规模财政赤字或者连年出现大量赤字，造成急剧通货膨胀，引起市场商品物资供求关系紧张，就会给经济社会带来严重危害，势必影响经济社会协调发展和小康社会全面建设。

（二）预算收支管理的主要原则

1. 发展经济、增加收入的原则。经济繁荣，财源茂盛。因此，预算收入的不断增加必须建立在国民经济持续、协调发展的基础上。自党的十一届三中全会以来，全党工作重点转移到社会主义现代化建设上来，国民经济走上持续、协调发展的轨道，改变了历史上多次出现的大起大落局面。实践证明，从发展经济入手，广开财源，是预算收入管理的基本原则之一。

2. 公平负担的原则。公平负担就要合理负担，区别对待。前者是横向公平，后者是纵向公平。国家预算要从各种经济成分和各行各业、成千上万个经济单位或个人那里取得收入，必须贯彻公平负担的原则，对同行业、同产品要合理负担，平等对待；对于不同行业、不同产品、不同经营范围和项目要区别对待，以利于它们在平等的条件下开展竞争，发挥各自的优势，扩大生产，繁荣经济，扩大财源，增加收入。

3. 量入为出与量出为入相结合原则。量入为出是预算支出管理的基本要求，国家要根据当年能够筹集多少预算收入，然后量力而行、实事求是地安排支出规模,有多少钱办多少事。只有把预算支出控制在预算收入的基础上,支出才有保障,收支平衡才有可能。但从预算管理的动态情况看,每年预算支出中的维持费用占有很大比重,每年的发展费用也有正常的增长幅度。这就是说,每年的预算支出规模,在正常条件下,必须达到维持费用加上正常发展费用的规模,客观上要求有相应数量的预算收入规模。因此,在预算支出管理中还要考虑量出为入的原则。把量入为出与量出为入结合起来。

4. 统筹兼顾、讲求效益原则。我国社会主义现代化事业规模宏大,政府的门类繁多,各部门存在相互联系、相互制约的关系,客观上要求按照一定的比例来分配财力。国家预算支出安排和使用必须适应这一客观要求,从全局出发,统筹兼顾,保证重点,兼顾一般。再加上国家在不同时期的战略重点、投资方向不同,国家预算支出必须根据实际需要,区别轻重缓急,正确处理各项支出间的比例关系,促进经济社会持续、协调发展。党的十二大早就明确提出,把全部经济工作转移到以提高经济效益为中心的轨道上来,预算管理是一项重要的经济工作,必须把提高经济效益放到重要地位,既要注意总支出的效益,又要注意每一项支出的效益;既要注重宏观支出的效益,又要注重微观支出效益;既要注重国家统一集中的预算资金安排使用的效益,又要注重地方预算、单位预算资金的使用效益;既要注意预算支出当前的效益,又要注意预算支出长远的效益,使我国预算支出真正发挥最大的经济效益。

第二节　提高对预算审查监督的认识是人大搞好预算审查监督的首要前提

一、加强预算审查监督是推进依法理财的重要内容和途径

(一)预算审查监督的主要含义

预算审查监督是指预算审查监督主体对各级政府及其财政部门和

预算单位的预算编制、预算执行、预算调整以及决算等活动的合法性和有效性实施的审查、监察和督导。严格依法审查预算是否符合法律规定，监督预算活动是否合法有效，促进政府及其有关部门按照批准的预算执行，其本身就是严格依法理财的重要内容。

（二）预算审查监督主体及其权限的划分

预算审查监督主体是国家机关，包括国家立法机关、各级政府及其财政部门和审计部门。其预算监督权的划分是：

1. 各级人民代表大会及其常务委员会具有预算审批监督权

这是我国《宪法》赋予各级人大及其常委会必须行使的重要职权之一。全国人大及其常委会要对中央和地方预决算进行审查、批准和监督；县级以上地方各级人大及其常委会对本级和下级政府预决算进行审查、批准和监督；乡、镇人民代表大会对本级政府预决算进行审查、批准和监督。各级人大及其县以上人大常委会对预算的审批监督权，主要体现在对预算编制、执行、调整及预决算的审查、批准和监督上。

2. 人大代表和人大常委会组成人员具有预算审查监督权

对预决算进行审查监督，是人大代表和人大常委会组成人员的一项基本权力。其行使监督权的方式，除了听取关于预决算草案的报告、审查预决算草案、参与预决算中的重大事项或特定问题的调查外，各级人大和县级以上各级人大常委会举行会议时，人大代表和人大常委会组成人员，依照法律规定的程序有权就预决算中的有关问题提出询问或质询，受询者或受质询的有关政府或财政部门必须及时给予答复。

3. 各级政府及其财政部门具有部分预算监督权

各级政府监督下级政府的预算执行，下级政府应当定期向上一级政府报告预算执行情况；各级政府财政部门负责监督检查本级和下级政府各部门的预算执行情况，定期向上一级政府财政部门报告预算执行情况。

4. 各级政府审计部门对本级各部门和下级政府预算执行具有审计监督权

各级审计机关依照我国《审计法》以及有关法律、行政法规的规定，对本级预算执行情况、对本级各部门和下级政府预算的执行情况和决算，进行审计监督。

（三）预算审查监督的主要对象和内容

预算审查监督的主要对象，包括各级政府及其部门和预算单位的预算编制、预算执行、预算调整以及决算活动的全过程。其目的在于确保政府及其部门预算活动和单位预算活动的合法性和有效性，充分发挥国家预算在收入分配和宏观调控中的职能作用。

预算直接审查监督的主要内容，包括对预算资金自身运动的审查监督和对预算活动直接有关的资金审查监督两部分；预算间接审查监督的主要内容，包括对调控市场运行、引导企业行为的监督和宏观经济运行决策的监督两个方面。

1. 对预算资金自身运动（预算收支）的审查监督

如对税收收入、国有资产收益、债务收入等预算收入的审查监督，以及对预算投资、预算补贴、社会事业经费、行政管理费等预算支出的审查监督。这些都属于对预算资金诸要素的直接监督，具有一定的运行规则，而且有相应的法律法规和政策的要求，必须保持统一性，必须强化其直接监督。

2. 对预算活动直接有关资金（专项基金）的审查监督

如对财政扶贫资金、财政支农资金、支援经济不发达地区发展基金、劳动就业基金、社会保障基金等的审查监督，还包括通过国家预算统借统还的外国贷款、行政事业性收费、罚没收入等的审查监督。这些资金有特定的收入来源和支出用途，有很强的政治影响和社会效应，因而必须进行直接监督。

（四）加强预算审查监督对促进依法理财有着重大的推动作用

综上所述，国家预算是具有法律效力的国家财政计划，其本身就有很强的法律性。国家预算一经人大审查批准，就是法律性文件，非经法定程序，任何个人和单位不得改变。严格预算审查监督的目的，一方面，就是要使理财即生财、聚财、用财严格按照批准的预算执行，严格预算约束；另一方面，无论是预算收入的来源、结构、数量、规模，还是预算支出的去向、用途、结构、比例都要符合法律法规的规定和要求。因而加强预算审查监督，严格按照批准的预算执行，其本身就是依法理财的重要内容；预算审查监督又是财政监督的核心内容，加强预算审查监督，促进各有关方面严格依照批准的预算办事，无疑对依法理财起到特别重要的促进作用。

二、预算审查监督主要内容及其分类

预算分配和调控的宏观性、综合性，决定了预算审查监督内容的复杂性、广泛性。按照不同标准，预算审查监督的主要内容可分为两个大类：

（一）直接审查监督与间接审查监督

按照与预算资金运动的联系，预算审查监督的内容可分为直接审查监督与间接审查监督两大方面。

1. 直接审查监督

直接审查监督主要包括以下两个部分：一是对预算资金自身运动（预算收支）的审查监督，如对税收收入、国有资产收益、债务收入等预算收入的审查监督，以及对预算投资、预算补贴、社会事业经费、行政管理费等预算支出的审查监督。这些都属于对预算资金诸要素的直接监督，具有一定的运行规则，而且有相应的法律法规和政策的要求，必须保持统一性，必须强化其直接监督。

二是对预算活动直接有关资金（专项基金）的审查监督，如对财政扶贫资金、财政支农资金、支援经济不发达地区发展基金、劳动就业基金、社会保障基金、政府基金等的审查监督，还包括通过国家预算统借统还的外国贷款、行政事业性收费、罚没收入等的审查监督。这些资金有特定的收入来源和支出用途，有很强的政治影响和社会效应，因而必须进行直接监督。

2. 间接审查监督

间接审查监督主要包括以下两个部分：一是对调控市场运行和引导企业经营行为的监督。如督促政府部门建立健全财税预算法规制度，理顺中央政府和地方政府之间、政府与企业、个人之间的责权关系和预算分配关系，规范财务、会计制度，硬化预算约束，有效发挥预算调控作用等，为市场公平竞争和企业自主生产经营创造良好的外部环境。

二是对宏观经济运行决策的监督。包括对国民经济发展的速度、规模、结构、效益、长远规划和近期计划的决策的监督；对同财政预算有关的各项经济体制改革的决策的监督；对社会投资规模、结构和技术改造的决策的监督；对科教文卫等事业发展的宏观决策和相关政策的制定的监督等。人大之所以要对同宏观经济运行和社会发展有关的决策进行监督，是因为上述事务与预算资金的运行有着极其密切的关系：一方面，上述决策是否科学合理，实施是否有效，会影响预算规模、结构和效果；另一方面，上述各项经济和社会事务的决策及其实施也离不开预算的支持和配合。

（二）预算控制全过程各环节的审查监督

从按预算控制全过程的各环节看，预算审查监督可分为对预算编制审查监督、预算执行检查监督、预算调整审查监督、决算审查监督等。

1. 预算编制审查监督，主要是审查监督各级政府预算、部门预算和单位预算是否符合国家财经方针政策和国民经济与社会发展计划的要求，预算规模与结构是否合理，各项预算收支的核算依据是否充分、可靠，预算编制的内容是否完整等。

2. 预算执行检查监督，主要包括检查监督收入预算执行中征纳双方是否严格遵守财税法规和财务会计制度，各项预算收入是否及时足额入库，有无拖欠、截留预算收入的现象；检查监督各项预算支出是否按预算、按进度、按用途及时拨付，预算资金使用是否有效等。

3. 预算调整审查监督，主要是审查监督预算调整方案编制的依据是否可靠，预算调整程序是否合法，预算调整的方法是否适当等。

4. 决算审查监督，主要是审查监督预算决算数字是否真实、有效，决算资料是否完整、可靠，决算编报是否及时准确并符合法定程序等。

三、预算审查监督的主要原则

（一）依法审查监督原则

国家预算的法定性决定人大必须依法审批预算和监督预算执行。我国《宪法》明确规定，“中华人民共和国全国人民代表大会是最高国家权力机关。它的常设机关是全国人民代表大会常务委员会”。“国家行政机关、审判机关、检察机关都由人民代表大会产生，对他负责，受它监督”。党的十九大报告指出：“要支持和保证人民通过人民代表大会行使国家权力。发挥人大及其常委会在立法工作中的主导作用，健全人大组织制度和工作制度，支持和保证人大依法行使立法权、监督权、决定权、任免权，更好发挥人大代表作用，使各级人大及其常委会成为全面担负起宪赋予的各项职责的工作机关。”①依法加强人大对预算的审查监督，不仅是贯彻落实党的十九大报告精神，依法履行人大监督权的客观需要，而且是确保审查监督预算的正确方向，促进依法理财，推进依法治国，推进国家治理现代化的迫切要求。加强预算审查监督的目的是维护社会主义市场经济运行秩序包括分配秩序，确保预算活动的合法性和有效性，而市场运行秩序和财税分配秩序都要通过法律法规予以规范。同时，人们对各种经济行为是否符合市场经济秩序和财税预算规范的要求，在认识上和行动上也各有差异。判断是非的标准以法律为准绳，只能是国家的财税预算法律法规，做到依法审查、依法监督、依法处理。因此，人大常委会组成人员和工作人员要带头学法、懂法，特别是预算、财税方面的法律，善于运用法律，不断提高依法审查监督的能力和水平。

① 《党的十九大报告辅导报告》（第1版），人民出版社2017年版，第37页。

例如，人大及其有关机构应当按照法定的范围、权限和程序开展预算审查监督工作，既不能缺位，又不能越权；有些重点支出应当按照法定的比例安排预算等。

(二)以事实为依据的原则

国家预算的真实性要求人大对预算审查监督必须以事实为依据。预算审查监督涉及面广，内容复杂，政策性强。因此，预算审查监督主体——人大及其常委会组成人员，必须深入实际，加强调查研究，掌握第一手材料，以事实为依据，用事实来说话；同时，又要实事求是，从我国国情出发，结合本地实际情况，讲求实际效果，既量力而行，又尽力而为，才能搞好预算审查监督。例如，预算工委曾开展对财政转移支付、县乡财政困难、出口退税欠税等问题的调查研究，在预算审查监督中抓住要害、切中时弊，提出了不少针对性强、切实可行的意见和建议，得到很好的效果。

(三)全面审查和抓住重点相结合原则

国家预算的综合性决定人大对预算审查监督必须突出重点。党的十八届三中全会《全面深化改革决定》指出："审核预算的重点由平衡状态、赤字规模向支出预算和政策拓展……建立跨年度预算平衡机制。"预算审查监督的范围很广、内容很多，由于多方面的原因，在很短时间内难以对预算进行深入细致的全部审查。因此，人大要在全面审查的基础上，抓住经济生活中的重大问题和人民群众关心的热点问题和难点问题，提出有针对性的意见和切实可行的解决办法，才能得到各方面的支持，才能提高审查监督的质量和效果。例如，2003年重点抓了出口退税问题，针对前几年出口欠税严重(累计欠税3000多亿元)、影响外向型经济持续发展问题，在加强调查研究的基础上，在预算审查报告中提出几点要求：一是当年不得再发生新的拖欠；二是用新增的进口环节增值税和消费税，弥补出口退税指标年初预算安排不足的问题；三是完善出口退税机制，尽快还清历年陈欠。受到国务院及其有关部门的重视，并在国务院出口退税机制改革机制方案中予以采纳。2004年重点抓了拖欠农民工工资、农村义务教育问题，2005 年以来重点抓了“三农”问题、安全生产问题和解决最低工资等问题。

（四）审查监督与工作支持相结合原则

国家预算的集中性意味着预算及其执行情况集中关系到全国人民根本利益。预算审查监督与加强预算管理的根本目的是一致的，审查监督与工作支持是相辅相成的两个方面。通过强化预算审查监督，可以限制那些违反财经法规和财经纪律的现象，减少预算收入的流失，保证制度内和计划内的合理支出需要，保证预算资金的合理、节约和有效使用，促进经济单位改善经营管理，健全财务制度，提高经济效益，维护公平的市场竞争秩序和国民收入分配秩序。因此，人大在开展预算审查监督工作中，要把预算审查监督与支持预算工作有机地结合起来，才能得到有关方面的理解和支持，才能取得事半功倍的理想效果。例如，预算工委积极支持财政部门推行部门预算改革、政府采购制度改革、国库集中支付制度改革、预算科目体系改革等，在监督中有支持，在支持中有监督，互相促进，不断深化预算监督，提高预算管理水平。

（五）专业审查监督与群众审查监督相结合原则

国家预算的公开性要求人大对预算审查监督必须广泛听取人民群众的意见。预算审查监督专职机构对预算进行的审查、批准和监督是预算审查监督的基本方面，在审查监督中起主导作用。群众审查监督主要指各部门、各单位以及有关的专家学者、广大群众对预算及相关的经济活动进行的审查监督，它是预算审查监督的基础。因此，人大要把专业审查监督与群众审查监督结合起来，在群众审查监督的基础上，不断提高专业审查监督的水平，使二者互相促进、相互补充、互相提高。例如，每年年初，预算工委都要召开由有关部门专家学者参加的座谈会，进行财政经济形势的分析，研究人民群众关心的热点问题和难点问题，征求各有关方面的意见，使预算审查报告能较好地体现民情、反映民意。

（六）教育与惩处相结合原则

教育旨在预防，惩处旨在挽救。对通过预算审查监督和审计监督所发现的预算违纪案件,人大必须提请有关机关严肃处理,涉及预算违法犯罪的案件提请司法机关依法惩处,以维护财经法纪的严肃性。同时要通过财税预算法纪宣传教育,提高预算部门、单位和全体公民的财税预算法制观念,为依法理财创造良好的外部环境。例如,在抗洪救灾那年,中央政府某部挪用水利建设资金数十亿元,擅自建设水利部办公大楼,造成很坏影响,必须严肃处理,但由于种种原因,没有对此案的主要负责人和直接责任人及时处理,难以达到惩前毖后、治病救人的目的。

四、预算审查监督的主要方法

预算审查监督的具体方法多种多样。人大审查监督预算的主要方法有:

一是对预决算中的重大事项或特定问题进行调查;二是对预算执行中普遍存在的某些问题进行专题检查;三是借用审计力量对预算收支、财务收支是否符合财税政策法规和财会制度进行审计;四是对预算部门、机关团体、企事业单位执行财税政策法规和财会制度的情况进行业务视察;五是对财政部门依法理财的情况和对税务部门执行税法的情况进行执法检查;六是向有关部门收集了解财经运行情况和预算执行情况;七是听取关于预决算草案的报告;八是审查预决算草案和预算调整方案;九是审议财政、预算、税收等方面的法律草案;十是就财经运行和预算执行中的问题向有关部门提出询问或质询等。

第三节　加强预算审查监督是人大推进依法理财的迫切需要

一、加强预算审查监督的必要性

长期以来,我国预算在加强宏观经济调控,促进国民经济和社会发展,改善人民生活,维护政治稳定和社会安定等方面,发挥了重要作用。

特别是20世纪90年代末以来，面对亚洲金融危机的冲击和国内需求不足的影响，我国实施积极的财政政策，对保持国民经济的快速发展起了关键性的作用。党的十八届三中全会《全面深化改革决定》提出："健全宏观调控体系……健全以国家战略和规划为导向、以财政政策和货币政策为主要手段的宏观调控体系，推进宏观调控目标制定和政策手段运用机制化，加强财政政策、货币政策与产业、价格等政策手段协调配合，提高相机抉择水平，增强宏观调控前瞻性、针对性、协同性。"①预算分配作为国民收入分配的主渠道和宏观调控的重要手段，集中反映了政府的政策取向，涉及地区、部门、行业的发展，涉及国家、集体、个人三者利益分配。预算资金取之于民、用之于民，关系广大人民的切身利益，也关系到国家综合实力、经济社会发展和社会的稳定，因而世界上几乎所有国家的议会，特别是美国议会，把对预算的审查监督当作头等大事，作为体现纳税人权利和监督政府的首要内容。

二、各地人大加强对预算的审查监督

近几年来，根据全国人大常委会《关于加强预算审查监督的决定》的精神，全国各地人大采取许多措施，普遍加强了预算审查监督，其总体情况和主要特点如下：

一是全国省级人大常委会普遍制定有关加强预算审查监督的规定。到2003年几乎所有的省级人大常委会都已制定了有关加强预算审查监督的条例、规定或决定。

二是预算审查监督条例规定的内容比较全面、系统，程序比较清晰、具体。不仅普遍涉及有关预算审查监督各方面的内容，而且从预算的编制、审批，预算执行的监督，预算调整和决算的审批，到法律责任等方面都有比较明确、具体的规定，具有较强的可操作性。

---

① 《中共中央关于全面深化改革若干重大问题的决定》（第1版），人民出版社2013年版，第16页。

三是成立预算审查监督机构，加强了队伍建设。目前已有20多个省、市成立人大常委会预算工委，有些省、区、市在人大财经委增设了预算审查机构或处室，增加了审查监督预算的专门人员。

四是在加强预算审查监督的方法途径上，各地人大作了许多有益的探索，不断有所创新，取得了可喜的进展。

三、各地人大加强预算审查监督方法不断有所创新

在各地人大制定加强预算审查监督的法规过程中，结合本地实际情况，不断有所创新，其方法归纳起来，主要有：

一是人大常委会主任会议可责成审计部门对重点部门和重点项目资金使用情况进行专项审计，并报告审计结果；

二是人大代表或常委会委员可以依照法定程序，对预算、决算中的有关问题提出询问与质询；

三是人大常委会可就预算、决算中的重大事项或特定问题组织专题调查；

四是人大常委会可就预算审查监督中的重大问题举行听证会，对预算工作进行评议，作出有关决议；

五是人大常委会组成人员可以按照法定程序，提出有关预算修正案；

六是严格对超收收入的管理和监督，政府动用超收收入，必须编制超收收入使用方案，报经人大常委会批准；

七是对暂时不能纳入预算管理的预算外资金，应按年度编制预算外资金收支计划和决算，并向人大常委会报告预算外资金收支和使用管理情况；

八是部门预算应当按照综合预算编制，包括一般预算、基金预算和预算外资金；

九是要编制临时预算，规范人民代表大会召开前的财政支出；

十是对违反规定负有直接责任的主管人员和其他责任人员追究行政责任或其他法律责任等。

四、加强预算审查监督体系建设的主要目标

为了改善预算审查监督，必须不断完善上述预算审查监督的方式、方法、程序和手段，并建立和完善相应的组织机构体系，使预算审查监督落到实处。

从预算控制的全过程看，预算审查监督的可以分为事前审查监督、事中执行监督和事后检查监督三大环节：

（一）事前审查监督

这是在各级政府预算和单位预算批准成立之前，对预算编制、审核和批准的过程进行检查监督。其目的在于防患于未然，确保预算编制的合法性、科学性、真实性和可靠性。事前审查监督是损失最小、效益最大的监督。

（二）事中执行监督

这是指在预算执行过程中的监督，它是从预算批准成立交付执行起到预算年度结束止，每天都要进行的经常性的监督工作，其目的在于及时分析和监督检查预算执行中出现的问题，及时采取措施，确保预算目标和各项预算收支任务的顺利完成。

（三）事后检查监督

这是指在政府预算、部门预算和单位财务收支事项发生后，对执行结果所进行的一种定期和不定期的检查分析，其目的在于发现问题，揭露矛盾，总结预算管理中的经验教训，纠正预算和财务收支计划执行中的偏差，处罚违法违纪行为，不断改进和加强预算审查监督工作。

为了促进依法理财，必须加强预算审查监督及其体系建设。预算审查监督体系建设的目标应当是，建立一个适应社会主义市场经济发展的，事前审查监督、事中执行监督和事后检查监督相结合的、各环节的、全过程的预算审查监督体系。

第四节　人大加强预算审查监督的努力方向

由于种种原因，目前我国预算审查监督中还存在一些问题，亟待改进和加强，促进预算审查监督由程序性审查转向实质性审查。各级人大加强预算审查监督的努力方向主要有以下几个重点。

一、督促早编细编预算

之前，政府财政部门编制预算时间太迟太短，一般每年11月才开始布置预算编制工作，预算编制时间总共不到两个月，预算编制工作要在全国人大批准后几个月才能全部完成，形成批准后还在做预算的怪现象；同时预算编制的内容过粗，过于简单，预算科目多数只有类级的数据，少数有款级的数据，很多预算支出没有落实到具体项目，预算内容既不完整，透明度又太低，致使“外行看不懂，内行弄不清”，既不利于人大对预算的审查监督，又不利于预算的严格执行，影响了部门预算的批复和预算资金的下拨使用，有的资金甚至到年底才能下拨，不仅影响了财政资金的使用效益，而且形成“一年预算，预算一年”的现象，追加支出不断，随批随用，影响国家预算的严肃性。自2000年起，中央预算编制不断改进，编制时间逐步提前，预算内容有所增加，特别是最近几年改进较大，但离加强预算审查监督的要求仍有一定距离。

先有预算，后有支出，严格按预算支出，是预算管理监督的一项基本原则，编好预算则是坚持这项原则的基本前提。因而必须克服上述预算编制的问题，早编、细编预算，提高预算编制质量。为此，改进预算编制起码应当达到以下要求：一是至少提前一年编制下年度预算；二是细化预算编制内容，政府本级预算的经常性支出按一级预算单位编制，建设性支出按类别以及若干重大项目按项目编制，对地方总的补助支出按补助类别编制；三是规范和细化部门预算编制，明确规定部门预算编制的范围、内容、标准、方法、程序和要求等；四是在每个财政年度开始前必须将预算草案全部编制完毕；五是按照党的十八届三中全会《全面深化改革决定》要求，建立跨年度预算平衡机制，编制3年滚动预算规划，以增强预算的前瞻性和财政的可持续性。

二、全面推进部门预算改革

实行部门预算是我国预算管理的一项重要改革。全面推行部门预算改革，必须规范和细化部门预算，对部门预算提出明确的、统一的要求，包括部门预算的实行时间、适用范围、主要内容、编制方法、定额标准、报批程序和有关要求等。2002年开始，在提交人大的中央部门预算草案中提出了中央预算编制的说明，包括中央预算编制的宏观经济政策依据，中央财政收支政策及主要收支项目安排，中央财政部门预算编制的基本原则和方法；提交了中央部门预算报表，包括国务院当年部门预算汇总表，26个部门的部门预算表；并对国务院部门预算编制口径进行说明，包括部门预算报表格式说明，部门预算报表有关预算指标注释。从2003年起，实行部门预算逐步扩大到中央财政一级预算单位。2005年以来已有40多个部委向人大提交了部门预算表。

通过深化部门预算改革，可使国家预算不断规范和细化，不仅人大提高了预算的科学性和透明度，有力地促进财政部门合理分配和有效监管预算资金，而且为各级人大对国家预算、部门预算进行有效的审查监督创造了良好条件，增强了人大审查监督预算的力度。归纳起来，应当增强以下"四性"：一是增强部门预算完整性。国家预算是由部门预算和单位预算组成的，虽然我国《预算法》对部门预算早有规定，但多年来一直没有实行，使国家预算缺了一大块，有了部门预算，国家预算才能完整。二是增强部门预算综合性。由于部门预算实行综合预算，即对预算内外的收入、支出统一编入部门预算，统一安排、统一监管。由于部门预算包括一般预算、基金预算和预算外资金，综合反映政府收支的全貌，使预算内容更加完整，使人大审查监督的范围更加全面。三是增强部门预算透明性。部门预算编制到部门、单位和项目,反映预算的具体内容和支出方向,使预算内容大大细化,更加公开透明,使人大审查监督的对象更加明确具体。四是增强部门预算科学性。部门预算按因素法编制,反映政府职能的转变,坚持有保有压,使预算资金的投向更加科学合理,使人大审查监督更好把握重点、富有成效。

三、明确初步审查的主要内容

为了改善预算审查,提高预算的审查质量和效果,人大必须明确对预算进行初步审查的主要内容及其重点:(1)预算安排的指导思想是否符合国家的财经政策,是否反映了经济和社会地位的实际情况和基本需要;(2)预算编制是否符合有关法律的要求,是否提体现积极可靠、量入为出、收支平衡的原则;(3)收入安排是否与国内生产总值增长幅度相适应,该纳入预算的收入是否都纳入了预算;(4)预算支出结构是否合理,各项法定重点支出项目是否达到法定的增长幅度;(5)预算费是否按法定比例设置;(6)为实现预算拟采取措施是否切实可行;(7)上年预算执行是否严格按批准的预算执行,是否符合有关法律法规的规定;(8)其他重要问题。

党的十八届三中全会《全面深化改革决定》指出:"审核预算的重点由平衡状态、赤字规模向支出预算和政策拓展……建立跨年度预算平衡机制,建立权责发生制的政府综合财务报告制度,建立规范合理的中央和地方债务管理及风险预警机制。"①通过明确规定预算审查监督的主要内容,不仅可以规范人大财经委员会审查监督的行为和要求,而且可以在全面审查预算的基础上,突出重点,抓住关键,进行深入的、实质性的审查监督,不断提高预算审查监督的质量和效果。

四、加强对预算超收收入使用的监督

由于有关法律缺乏对预算超收收入使用的规定,目前政府财政部门

---

① 《中共中央关于全面深化改革若干重大问题的决定》(第1版),人民出版社2013年版,第20页。

多收就可以多支，致使预算超收收入的使用出现较大的随意性，也游离于人大常委会的监督之外。近几年以来，全国每年超收数千亿元，超收数额也越来越大。2016年全国一般公共预算超收收入2404.97亿元，比预算超收1.5%；2017年超收收入3962.77亿元，比预算超收2.4%；2016年、2017年中央一般公共预算超收收入分别为1795.62亿元、2511.36亿元，分别比预算超收2.5%、3.2%。预算超收是件好事，但超收过多也反映预算的预见性、科学性不够，在确定预算盘子时主管部门为了便于超收，往往强调困难多，有压低预算收入指标的倾向。

为了加强对预算超收收入使用的监督，必须明确要求政府财政部门，应把预算超收收入主要用于弥补财政赤字和其他紧急的如抗灾救灾等特殊支出。在预算执行过程中，如需要动用超收收入追加支出超过原预算总支出的2%时，政府财政部门应当编制预算调整方案，送财经委员会和预算工作委员会初审，报同级人大常委会审查批准；如需要动用超收收入追加支出低于原预算总支出的2%时，由政府财政部门及时向人大财经委员会和预算工作委员会通报情况，向同级人大常委会报告预计超收收入安排使用情况。

五、严格控制预算科目之间的资金调用

目前有关法律对预算科目之间的资金调剂没有作出明确规定，致使政府财政部门在预算科目之间随意调整或挪用资金的现象时有发生，如某年中央某部挪用水利资金几十亿元，用于楼堂管所建设等，没有按批准的预算科目严格执行，既不利于人大加强预算审查监督，也不利于政府规范预算管理，硬化预算约束。

为了严格控制预算科目之间的资金随意流用，应当对政府财政部门提出以下要求：一是在预算执行中，预算科目不得随意调整，对于非调整不可的预算科目，一般应在年度编制预算时调整；二是对预算安排的农业、教育、科教、社会保障等重点科目资金的调减，应当视同预算调整，必须编制预算调整方案，提请同级人大常委会审查批准。

六、严格对预算调整的审批监督

由于有关方面的法治观念淡薄，又缺乏严格的责任制，预算约束软化，调整过于频繁，各级预算“乱批条子、乱开口子”的现象时有发生，政府多收可以多支，实际上使预算调整脱离人大监督范围。为了规范政府的预算调整行为，加强人大常委会对政府预算调整的审查监督，在我国《预算法》中应进一步明确预算调整的概念、界限、范围、程序及其要求。关于预算调整的概念，应修改为“预算调整是指经全国人民代表大会批准的中央预算和经地方各级人民代表大会批准的本级预算，在执行中因特殊情况需要增加支出或减少收入，使原批准的预算总收入调减超过2%或总支出调增超过2%的，或者使原批准的预算中举借债务的数额增加的部分变更”。

在预算调整范围上应规定：在预算执行中，遇有下列预算收支变化情况之一的，政府应当提请本级人大常委会审查批准：(1)本级预算总收入调减超过2%的；(2)本级预算总支出调增超过2%的；(3)本级人民代表大会批准预算决议中强调确保的预算重点支出项目和法定必保的支出项目需要调减指标的；(4)比原批准的预算中举借债务的数额增加的；(5)其他可能引起预算收支不平衡的预算调整方案。在预算调整程序上应规定：因特殊情况必须调整预算时，政府应当编制预算调整方案，并于当年第三季度提交同级人大常委会审查批准。在常委会举行会议审批前一个月前，将预算调整的初步方案提交财经委员会进行初步审查。

七、加强对跨年度预算平衡机制的监督

党的十八届三中全会《全面深化改革决定》指出：“建立跨年度预算平衡机制。”预算审核重点由财政收支平衡状态向支出政策拓展后，收入预算从约束性转为周期性，预算执行结果有别于预算预期的平衡状态，即不平衡将成为常态，特别是年度预算赤字可能突破，要进一步严格规范超收收入的使用管理，原则上不安排当年支出。为了应对年度预算执

行可能出现的超赤字状况，应当建立跨年度财政赤字弥补机制。

为了建立跨年度预算平衡机制，应当对政府财政部门提出以下要求：一是为确保国家财政的可持续发展，对全国财政赤字总规模应设置一定的警戒线，参考国外的有关经验，根据我国的实际情况，年度全国预算赤字不得超过当年 GDP 的 3%，全国财政赤字余额不得超过当年 GDP 的 30%；二是为实现跨年度预算平衡，建立财政跨年度预算平衡机制，先编制财政 3 年预算滚动规划，实现 3 年预算更新滚动管理，强化 3 年预算滚动规划对年度预算的约束性；三是待条件成熟后，再编制 5 年预算滚动规划，以增强财政政策的前瞻性和财政发展的可持续性。

八、加强对预算执行的审计监督

加强对同级政府预算执行情况的审计监督，各级人大常委会可以委托国家审计机关对预算执行情况和决算进行全面审计，也可责成审计部门对重点部门和重点项目资金使用情况进行专项审计，并报告审计结果。

按照我国现行《预算法》的规定，各级审计机关应当依照我国《审计法》的规定对下级政府预算执行情况和决算进行审计监督，这与后来出台的《审计法》规定对同级政府预算执行情况进行审计监督的要求不一致，也不符合目前对预算审计监督的实际情况。为了加强对政府预算的审计监督，《预算法》要与《审计法》相一致，《预算法》应当修改为：各级审计机关应当依照《审计法》的规定对同级政府预算执行情况和决算进行审计监督。

附录1

杨孝天参赞所作的诗

读俞光远《中国财税改革和财税法制建设40年回顾与展望》有感

上海出生来北京，
学习外语成尖兵。
“文革”站队在顺境，
天津种稻破冻冰。
中学教师八年整，
教育学生有名声。
调入财政随待命，
研究所里钻财经。
紧研财税十三载，
不患“左倾”与“右倾”。
细细琢磨计划病，
深深理解市场经。
财法税法件件清，

涉猎财经全方位，
触动要害同行称。
人大巧干十八载，
著作至今热度升。
财税论文四百篇，
篇篇放光似塔灯。
反洗钱法书稿定，
所得税法条款增。
财产公示不留缝，
资金流动终身盯。
一旦收支现异动，
立刻监控问究竟。
依法行政政廉洁，

聚财理财样样精。
赴美学习财统法，
赴墨进修管理径。
财经委里法旨奉，
预算委里打冲锋。
亲历改革与变革，
主研国计与民生。
依法治党党风清。
紧跟形势盼新政，
坚信财税使国丰。
古稀之年仍坚劲，
甘当繁荣一老兵。
爱国爱民盼昌盛，
财税界里一明星。

杨孝天
2018 年 8 月 28 日于北京

附录 2

财会信报记者腾娟的采访稿

俞光远：财税改革和法治建设 40 年的见证者

“老骥伏枥志在千里，烈士暮年壮心不已。”这一名句用在俞光远身上再合适不过。

俞光远，1946 年生人。1968 年毕业于北京第二外语学院西班牙语系，在部队农场锻炼 2 年后，到学校教了 8 年西班牙语。1978 年他被调到财政部研究所工作后，便终身与财税研究结下了不解之缘。如今已年过七旬的他，仍在为我国的财税法治建设终日操劳。他亲历并见证了我国的财税法制建设由停滞不前、举步维艰到渐成体系、健康发展的全部历程。回顾过去，他思绪万千、心潮澎湃；展望未来，他信心满怀、充满希冀。这种激情豪情伴随了他的整个人生。

见证财税改革　勇当时代弄潮儿

他见证了我国财税改革的艰辛与探索。在财

政部研究所从事财税政策理论研究的13年间，他如饥似渴地学习，不断开阔视野提升理论水平，并积极投身改革浪潮中，很快便有了研究成果。1986～1987年他撰写出版了学术专著《企业理财学》，全面探索、系统概括了企业在再生产过程中，运用各种现代科学理财手段，全面提高经济效益的方法和途径。该书受到时任财政部科研所我国著名财政专家许毅所长、财务专家黄菊波副所长的赞赏和鼓励。1988年他用西班牙语撰写并发表了《关于中国经济改革的研究》和《关于中国农村经济改革的研究》两篇论文，分别阐述我国经济和农村经济的改革背景，探索改革的主要缘由和路径，分析改革的初步成效和经验教训，受到墨西哥国立自治大学及经济研究所有关专家学者的好评。1985年他进入美国国际货币基金学院进修财政统计。1987～1989年，赴墨西哥州立大学研究所和墨西哥国立大学研究生部进修公共财政及其管理，对我国的财税法制建设有了许多新的认识。

他见证了国家预算审查监督制度的完善与创新。1991年俞光远进入全国人大财经委办公室和预算工委法案室，从事了17年的预算审查监督和财税法治建设工作。期间，他连续8年为财经委起草并修改全国人大财经委员会《关于××年度国家预算和上年度国家预算执行情况的审查报告》，还参与编著《国家预算审查监督实用手册》等多部书籍，为加强预算审查监督、促进人大对预算由程序性审查逐步转向实质性审查、不断提高审查质量和效率做出了贡献。1999年他参与研究起草了全国人大常委会《关于加强中央预算审查监督的决定》，促进政府规范预算行为，充分发挥中央预算的重要作用。在对全国各省市人大审查监督预算进行全面调查研究的基础上，他系统总结了各地审查监督预算的先进经验，研究提炼出"预算审查监督的十大有效经验和创新做法"，并提出吸收进全国人大常委会《关于加强中央预算审查监督的决定》修改稿的建议，获得重视并部分采纳。

他见证了我国《反洗钱法》诞生的突破与攻坚。2004年加快反洗钱立法、保证国有资产和金融安全成为全国人大的重要工作。2004年3月由全国人大预算工委牵头、19个部门参加的《反洗钱法》起草小组成立，俞光远任工作小组组长。在预算工委领导下，有关部门配合下，他制定了起草工作计划，组织开展了一系列卓有成效的工作，夜以继日，加班突击，仅用2年时间，完成了我国开创性的反洗钱立法重任，在我国立法史上留下了精彩的一页。同时，他还领导法案室同志因之取得了一系列学术价值较高的反洗钱研究成果。如撰写发表的《关于南京反洗钱法国际研讨会情况的报告》《德国、瑞士反洗钱立法考察报告》《关于我国反洗钱立法的研究》《关于反洗钱工作和立法若干问题的研究》《关于反洗钱法工作和立法的调研报告》等，之后还编辑出版了《反洗钱理论与实践》《中华人民共和国反洗钱法释义》等著作，受到有关部门的重视和社会的广泛关注。

参与财税立法　推进财税法制体系建立

他参与了2001年全国人大对我国《税收征收管理法》的第二次修改。在深入系统调查研究的基础上，提出了针对性强、科学适用的修改意见，许多意见得到采纳。之后，他编著出版了《税收征收管理法实用指南》《常用财经法律法规全书》，为依法理财、依法治税搭桥铺路。

他参与了2005年《关于废止农业税条例的决定》报告的起草修改，重点阐述废止农业税的必要性和重大意义。上述报告经全国人大常委会审议通过，在全国范围内废止农业税。该决定的通过标志着几千年对农民征收的“皇粮国税”成为历史。

他参与了2005～2008年全国人大对《个人所得税法》的多次修订。立法机关在全国范围内首次开门立法、公开征求意见，他在央视《焦点访谈》多次宣讲税法改革精神，引起国内外各阶层的广泛关注。俞光远撰写发表了《关于全面修订个人所得税法的重点问题和发展方向》，编著了《个人所得税法实用手册》《新编个人所得税法实用指南》，为财税改革保驾护航。

他多次远赴各地参与企业所得税制改革的调查研究。2006年他撰写多个调查研究报告，并发表了《尽快改革企业所得税制，统一企业所得税法》《尽快合并内外资企业所得税制，统一企业所得税法》等论文，提出要尽快统一内外资企业所得税率，降低内资企业的税负，增强民族企业的发展后劲。2007年全国人民代表大会审议通过了《企业所得税法》，结束了我国内外资有别的两套企业所得税法、税制的历史，为企业公平竞争创造了良好的税制环境。俞光远积极着手宣传法律知识，编著了《企业所得税制改革和立法实用指南》《企业所得税法辅导读本》《企业所得税法释义》等专著，为学好、用好我国《企业所得税法》、促进依法治税提供了有效的途径。

他呼吁财税法律体系的建立完善。多年的立法实践，使俞光远深刻感受到建立中国特色财税法律体系的重要性和必要性。他撰写了《加快中国特色社会主义财税法律体系建设》一文，在研究分析我国财税法律建设的现状和存在问题的基础上，率先提出了加快社会主义财税法律体系建设的总体目标、社会主义法律体系的主要构成以及加快财税法治建设的主要措施等。该文作为全国人大预算工委的内部研究报告，报中央有关部门，受到有关领导和专家学者的关注和好评。他满腔热忱地投身于财税法治建设的宣传培训工作中。他应邀给有关省市人大常委会、人大财经委和全国人大北戴河培训中心分别作了《加强人大对预算审查监督，促进依法理财》等专题讲座。在第九届、第十届全国人民代表大会期间，他先后举办有关的财税讲座和法治报告100余场，受到广大干部和人大代表的普遍好评。

笔耕不辍　献礼祖国70华诞

俞光远积极参加财税法治学术研究活动。2003年受全国人大预算工委委托，他参与了中国法学会财税法学研究会的筹备组建工作，并3次当选为研究会副会长。2017年因年龄原因改任研究会顾问。10余年来，他不仅认真履行学会职责，不辱使命，而且每年都积极参加研究会组织的理论研讨活动，结合财税法治热点难点问题撰写论文，积极参加研究会组织的财税立法专家咨询会和法律草案征求意见会，深入调研、认真准备发言材料，以自己多年的财税监督经验积淀和财税立法技术发展优势，为我国的财税法治建设添砖加瓦。

他几十年如一日地密切关注我国的财税法治建设。2008年俞光远参加中国法学会改革开放30年法制建设征文活动，撰写发表了《中国财税法制建设30年的光辉成就和启示建议》论文，获得了中国法学会的奖励。在此基础上，编著出版了《中国财税改革和财税法制建设30年回顾与展望》专著，得到了海峡两岸有关财税专家学者的普遍好评和赞赏。

他学术成果丰硕。从事财税法治建设工作40年来，俞光远发表重要财税论文300多篇，财税著作10多部，合著10多部，撰写内部调研报告100多篇，可谓殚精竭虑，一生的精力心血都贡献给了我国的财税事业。

他对财税法制建设的未来充满期待。2018年是改革开放40周年，也是我国财税改革的40年，俞光远表示，我国财税法治建设取得了举世瞩目的伟大成就，但离建成和完善中国特色社会主义财税法治体系还有很大距离。展望未来，他希望进一步加快财税立法步伐，完善财税法治体系建设，注重运用系统论的科学方法，加强财税法治体系的顶层设计，集中力量攻克财税法治建设中的重点难点问题，不断提高立法质量和立法效率。

俞光远2018年有个计划——完成一部《中国财税改革和财税法制建设40年回顾与展望》著作，回顾总结我国财税改革和法治建设40年的光辉历程和主要经验，向祖国母亲70年诞辰献礼。目前，他已经收集整理大量资料，做了大量的案头工作，正在加班抓紧撰写上述著作，力争2018年国庆节前完成写作工作。他说要再接再厉、与时俱进、开拓进取，潜心钻研我国财税改革和法治体系建设，有一分热，发一分光，生命不息,奋斗不止,为完善我国财税法治体系、为全面建设小康社会,为中华民族的伟大复兴贡献毕生力量!

财会信报记者　滕　娟

2018年8月30日

主要资料来源

1. 全国人大常委会、国务院、财政部、国家税务总局、国资委网站。

2.《中国统计年鉴》《中国财政年鉴》《中国税务年鉴》。

3. 中国知网。

4. 俞光远:《中国财税改革和财税法制建设 30 年回顾与展望》,中国税务出版社 2008 年版。

5. 刘佐:《中国税制概览》,经济科学出版社 2017 年版。

致　谢

衷心感谢法律出版社分社长沈小英、编辑毛镜澄对本书出版给予的大力支持和辛劳付出。

衷心感谢苏州南开之星信息技术公司总经理葛以军、华税学院主任律师刘天永对本书出版的大力支持和无私资助。

衷心感谢北京财金法学研究会副秘书长郜彦铭、明税律师事务所主任施志群对本书出版的关心、支持和购书资助！

俞光远

2018 年 10 月

图书在版编目(CIP)数据

中国财税改革和财税法制建设40年回顾与展望 / 俞光远著. -- 北京 : 法律出版社, 2018
ISBN 978 - 7 - 5197 - 2863 - 2

Ⅰ. ①中… Ⅱ. ①俞… Ⅲ. ①财税 - 财政改革 - 研究 - 中国 - 1978 - 2018②财税 - 财政法 - 研究 - 中国 - 1978 - 2018 Ⅳ. ①F812.2②D922.204

中国版本图书馆CIP数据核字(2018)第256362号

中国财税改革和财税法制建设40年回顾与展望
ZHONGGUO CAISHUI GAIGE HE CAISHUI FAZHI JIANSHE 40 NIAN HUIGU YU ZHANWANG

俞光远 著

策划编辑 沈小英
责任编辑 沈小英 毛镜澄
装帧设计 贾丹丹

出版 法律出版社
总发行 中国法律图书有限公司
经销 新华书店
印刷 北京虎彩文化传播有限公司
责任校对 李景美
责任印制 吕亚莉

编辑统筹 财经法治出版分社
开本 A5
印张 12.625
字数 330千
版本 2018年12月第1版
印次 2018年12月第1次印刷

法律出版社/北京市丰台区莲花池西里7号(100073)
网址/www.lawpress.com.cn
投稿邮箱/info@lawpress.com.cn
举报维权邮箱/jbwq@lawpress.com.cn

销售热线/010 - 83938336
咨询电话/010 - 63939796

中国法律图书有限公司/北京市丰台区莲花池西里7号(100073)
全国各地中法图分、子公司销售电话:
统一销售客服/400 - 660 - 6393
第一法律书店/010 - 83938334/8335 西安分公司/029 - 85330678 重庆分公司/023 - 67453036
上海分公司/021 - 62071639/1636 深圳分公司/0755 - 83072995

书号: ISBN 978 - 7 - 5197 - 2863 - 2
定价: 80.00元
(如有缺页或倒装,中国法律图书有限公司负责退换)